四万十川 Ⅰ 山行き

〈田辺竹治翁聞書〉

永澤正好著

法政大学出版局

目次

II　猪猟と鹿猟の話　37

Ⅳ　犬と野犬、猫と山猫

はじめに

田辺竹治翁のこと

田辺竹治《たなべたけじ》翁は一九〇八（明治四十一）年二月十五日、高知県西部の幡多郡大川筋村勝間（現四万十市勝間）に生まれた。

四万十市は二〇〇五（平成十七）年四月十日、旧中村市と旧西土佐村との合併によって誕生した。勝間は今では三十軒足らずの集落である。四万十川の西岸に位置し、背後には広大な国有林が控えている。その国有林から勝間川が流れ来て、勝間の地で四万十川に流入している。

対岸の鵜の江の集落とは、一九五九（昭和三十四）年に沈下橋でつながっている。鵜の江の北の久保川の集落との間には四万十川水系で唯一「学校渡し」が続いていたが、小学校の統合により二〇〇二（平成十四）年三月をもって廃止された。

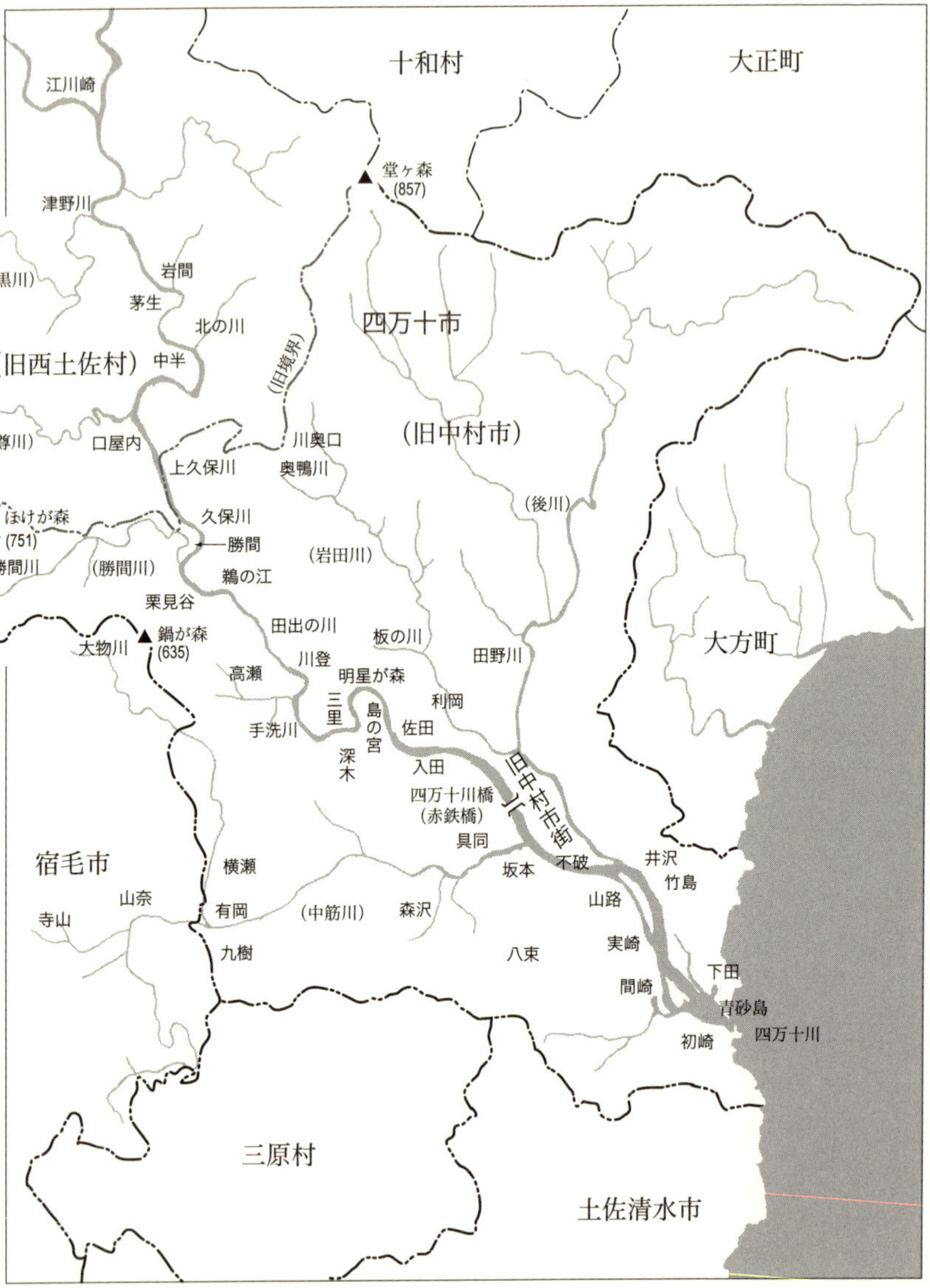

●本書関連地図 〔(　) 内は支流河川名〕

●四万十川水系で唯一の「学校渡し」も、二〇〇二（平成十四）年三月をもって廃止された。

昔からの田辺翁の家は、中山というほのぎ（小字）の山腹にあった。大水を避けるための高い土地にあったが、生活用水を四万十川から汲み上げる日々の苦労に耐えかね、両親の隠居家のあった大谷山の先端の金毘羅山の下に居を移した。

その地からは眼下に、四万十川の流れが見渡せ、初夏に上り秋に下る鮎の群れの撥ねる様も手に取るように分かった。家の先の切り立った崖の下は渦と呼ぶ深い淵で、その前後の瀬とともに絶好の漁場であり、大きな鱸《すずき》や鮎、鰻やイダ（ウグイ）やゴリが捕れた。冬になると、周りの山々や国有林の奥山で猪をはじめとした多くの獣を捕ってきた。

勝間川に沿って五、六キロほど上流には、勝間川という集落が川沿いに点在している。もともと勝間の枝村で一時期に独立していたが、今では再び一つの自治会となっている。広大な国有林を抱えた勝間川にはかつて営林署もあり、戦後しばらくは県内各地から多くの炭焼きが入っていたこともある。

●田辺翁の住まいからは、眼下に四万十川の流れが見渡せる。山は柏谷山。川原は鵜の江。

日本のありふれた風景のなかで

四万十川は高知県西南部の大小無数の支流を集めて流れ下り、やがて太平洋に流れ込む。そうした山と川と海の姿は日本のありふれた風景の一つである。そうした風景のなかで繰り広げられてきた先人たちの生き方の一端を、翁の語りが紡ぎだしてくれる。

二〇世紀後半に、金を取ることが人々の生き方の中心となるまでは、山間地に生きるということは、まず、食べものを作ることと食べものをとることだった。翁の語る世界には、ものをとることへの強い意思と情熱が込められており、ものをとる知識と技術と創意工夫とがうずたかく蓄積されている。翁はこの地方での山猟と川漁の文化を一身に集大成しているように思われる。また、そのような人生を支えあってきたのが自治的な地域共同体である。その、共にむらを生きる人々へのまなざしの鋭さと温かさも魅力的である。

ともあれ、そうした世界は二〇世紀後半をもって終りを迎えた。もののあり方が大きく変化し、四万十川も、そして、山の姿も大きく変貌した。今では翁の人生も生活もすでに新世界に組み込まれているが、翁の語りには「昔」という旧世界からの力強いメッセージが込められている。それは、自然の持つ豊かな姿であり、手間ひまかけて力を労する生活のなかにあった、中身のある、豊かな人生である。

ものとる世界の豊穣

かつて、自然は豊穣の世界だった。魚をとっても鳥獣を捕えても尽きることのない懐の大きな世界。自分たちの食料としてなら、自然はかぎりなく豊かなものの世界だった。

それらをとる猟（漁）師は、優れた自然観察者でもある。動植物の世界に注がれる精緻《せいち》な観察眼は自然の博物学であり、語られる世界は自然の博物誌ともいうことができる。そして、経験に基づいた広くて実用的な知識と技術の体系。獣をもしのぐ体力。そして、小さなむら社会を共に生きる知恵。実生活の上に立った確固とした人生観、社会観。それらを物語る豊かなことばの力。やがてそこへ、時代の大波が押し寄せてきた。

翁が獣を追いかけていた山中は、様々な事象の織りなす大自然だった。翁にはハシリ（獣道）の、山や谷の起伏も、その間の樹木や草むらの様子も頭に入っていた。犬の顔色や息づかいも、鳥の鳴き声も、獣の喘ぎも分かっている。それぞれの鳥獣が食む季節毎の餌のありかも、すべて記憶されている。そうでなくては、獣を仕留めることは不可能だ。

川漁とて同じこと。鮎の習性を知り尽くし、手段を尽くして小さな網の目に追い込んでゆく。そして、季節による風の微妙な変化も、雲の様子から分かる天気の予測も、すべて翁の記憶の中に生きている。

そこでは人間と動物とは知恵と力を尽くして戦う。銃を持ち犬を連れた猟師が全力で獲物を追いかけてゆく。また、鋭い観察に基づいて創意工夫を凝らした罠を仕掛けて待つ。

しかし、そこには生き物との間に不思議な親和力がある。人間も動物も対等に近い、親しい存在である。異性を求めてたたかう動物の雄にも、吠えかかる犬に対して逆上して人間に討ち取られる猪にも、同じ生き物としての共感も表れている。山中で小鳥を捕って飼う心も、自然との親和力の一種なのかもしれない。

人間には自然が必要だ。だが、どのような自然が必要なのか。戦後、林業課が、おいしい動物と言って放したというハクビシンが、今では従来の狸などとともに農作物を荒らしている。さらに、世界中の珍しい動植物が盛んに日本に持ち込まれている不思議さ。

ものとる世界の衰退

二〇世紀後半には貨幣経済が山や川の隅々まで浸透した。さまざまなものが商品として流通するようになると、どんなに豊かな大自然でも痩せてゆく。

ダムが生まれ、川砂利が売られ、河川改修が行われた。鰻はノボリコ（幼魚）が川下ですくい取られて谷々へ上ってこない。はるか上流までおびただしく遡上していた鮎も、他府県の稚鮎が放流されて急流を上りきる力がなく、縄張りを張る力もないものも出来てくる。山々にまで上っていた蟹もエビも種絶えになるほど捕られてゆく。

そして、奥山まで杉、檜が植林されて鳥獣の安住の地がない。獣たちは餌を求めて人里へやって来る。二一世紀にも自然が必要不可欠であるならば、鳥獣の安心して棲《す》む世界が必要だ。また、狩猟という場があって全力で獣を追うことも人間にとって大切なことかもしれない。翁の人生で発揮された知力、体力、すなわちパワーというものは、最先端をゆく科学者や技術者や経営者が新しい世界に挑戦したエネルギーとも共通しているのではないだろうか。

現代人は子どもの時から「ものとる」生活を失って、生きた自然との接点を急速に失いつつある。情報化社会の進展は、それをさらに加速するにちがいない。現代人は観賞者として自然と接するようになって、自然に対する畏怖や畏敬の念を失いつつあるのではないのか。そして、自然の深い闇のない世界では、自らの内部に深い闇を抱えてしまうのではないのだろうか。
もし、たった一人で大自然に対峙すれば人間は圧倒され、そこにさまざまな怪しいものの力を感じてしまう。深山を迷わず歩くだけでも、恐怖とたたかい、乏しい力と知恵を総動員しなければならない。闇夜ともなれば恐怖に戦《おのの》くこととなる。

まして、圧倒的な大自然の力の前にはわたしたちはなす術もない存在である。その脅威に対抗し、脅威を克服してきた先人たちの人生や生活の知恵に敬意を表さずにはいられない。

大自然にものの力を感じるのも、人間として大切な精神の働きであろう。同時に、そのものに打ち勝つ精神力と知識、技術はなおさら大切であろう。翁は一人で闇夜に立ち向かった。月明かりもない深夜の広大な山中でも、大木の枝の様子や苔の付き具合で方角を間違えない知恵や技術を数多く持っている。

何よりも、漆黒の闇夜の山中にあるさまざまな山の音にも怯《おび》えない精神力や、そこでどんな怪異を感じても人間以上の存在はないという揺るぎない確信を持つにいたっている。そういう力を現代人は持ちえているであろうか。翁が真に恐れるのは人間である。

二一世紀の大都会に生きようとする日本人の生き方とその生活に、自然とともに生きた前世紀までの遺産を生かす道があるかもしれない。自然は、現代人の心の闇と自己の肥大化を抑制し、人間を育ててくれる力を今も持っている。

●田辺竹治翁　九十六歳（二〇〇四年）

山間住民の生活

水田稲作によって山と海や川とが分断される以前の長い年月、われわれの祖先の生活は、山と川あるいは山と海とがセットになった山麓での生活が主だったはずである。

千葉徳爾氏は「山間住民は実にさまざまな仕事に従って生計を維持し、住居を移動し、季節ごとに生業を転じたのである。それが近世の中ごろ、十八世紀のあたりから商品経済が浸透するに従って専業化していったらしい」（『狩猟と漁撈』）と述べている。

四万十川水系は、山と川とがセットになった生活を営む上での利点を十分に備えており、古くから人々が居住していたようだ。四万十川沿いに縄文時代の遺跡も点在しており、その痕跡が勝間の地にもあるという。

翁は狩猟や漁撈に卓越していたが、自らを「百姓」だとのべている。水田や畑を耕し、先祖が苦労して開いた山田を猪から守り、蚕を飼ってむら一番の繭を出荷し、自家用の炭を焼いていたという。九十六歳（二〇〇四年）の今でも農作業を続けている。

かつては、現金収入の道としてセンバ（運搬船）によって木炭の運搬をし、その間には筏乗りをもしていた。その後、トラックの運送を手掛けたこともあり、土木工事や砂防工事をし、庭造りをもしている。その時代時代に、収入の道を求めてゆく器用さをもっていたのは、翁一人だけのことではなかったにちがいない。

ものつくり世界

ついこの間まで、子どもの遊びや生活の中には、自然からさまざまなものをとってくることが大きな比重を占めていた。

今、「ものつくり」の大切さが語られているが、その最初のものとは、ものをとるための道具であったにちがいない。翁が繰り返し自分の知識と技術が自分の実体験に裏打ちされていることを語るように、「ものつくり」の世界は自然界のもののあり方に深く規定されていた。常に自然と向きあって、獲物や作物がとれるかとれないかの検証を繰り返し、道具や技術の実効性を確かめてきた。自然環境に応じて人々の性格も行動も規定されてきたといえよう。

農家の仕事もまた、「ものつくり」の世界であった。育てたものをとると考えれば、「ものとる」仕事とも考えられる。生活全般にわたって家族全員で創意工夫しながらさまざまなものを作ってゆく世界だった。そういう生き方が、近代の様々な職業分化を支える母体だったように思う。われわれの先人たちは、「ものとる」世界と「ものつくり」の世界を重ねて生きてきた。そこに、近現代の職人や技術者の優れた技を育てる一つの基盤があったのではなかろうか。しかし、そうした自然を相手に心や体を労した人々の世界も終わりを迎えている。

高度な組み立て生産工場に見られるように、現代では個人が部分の作業を受け持つシステムが大勢《たいせい》となっている。巨大な組織に組み込まれた人間はそれだけ責任も希薄となり、主体的な決断力が劣化してきているように思われる。社会の隅々まで、高度に組織化、専門化した世界では、人間としての全体的な力が弱体化しつつあるのではなかろうか。それが、子どもの世界の生きる力の脆弱化にもつながっているように思われる。

イタヅリの花と雲定め——実証的な経験知の世界

イタヅリ（イタドリ）の花が咲いたら蟹の季節よ。柏谷（翁の家の前を流れる小谷）では流れ込み（蟹籠）で捕っと。昔の人がよう試しちょら（試しているよ）。イタヅリの花が咲いたら今年もするぜ。何日か置いちょって上げたら、五匹から十匹ばあ（くらい）は入っちょるぜ。

雲定めやち（でも）同じこと。昔の人が試しちょら。今年は四国には台風が寄らんぜ。

●「イタヅリの花が咲いたら蟹の季節よ。柏谷では流れ込み（蟹籠）で捕っと」

翁は自ら実証できた経験知に基づいて生活してきた。その中の一つに「雲定め」がある。旧暦の二月、六月、十月の二十日に勝間の沈下橋に立ち、空高く行く（高層の）雲の様子を見て、今後四か月間の長期予報をしてよく当たっている。昔、河口の下田で船に乗る人から教わったものという。

一九九九（平成十一）年の旧六月、翁は今年は四国にいくつか台風が来ると雲定めして、その通りにいくつもの台風が次々と上陸した。二〇〇〇年には、今年は四国に台風は来ないと見立てて、その通りに台風がまったく上陸しなかった。二〇〇〇年の旧十月に、今年はちょっとひやい（寒い）日があるのうと言った。実際に寒波が来た。二〇〇一年の旧六月、今年の夏はめっそ（余り）台風が来んと雲定めし、その言葉どおりに、台風が二つ室戸岬に接近しながら一つも上陸しなかった。二〇〇一年の旧十月にもちょっとひやいと予想して、確かに冬の前半の一月までは寒く、当地では二回も雪が降った。二〇〇二、三年も同様な予報で、台風は接近しても上陸せず、冬の積雪があった。

あるいは将来、地域ごとに長期の気象に連動している要因が解明され、それが一定の期間の雲や風の具合に反映されていることが分かるかもしれないと思う。

翁はまた、深夜の山中をもまったく恐れないし、山中の怪異を信じない。きわめて経験的、実証的な精神の持ち主である。狐や狸が人間を化かすなどとはまったく信じていない。狐狸に人間を化かす力などあるはずがない、と。

そして、山の猟は昔から女を嫌わんと言う。おかね（本文後述）のように女性の狩猟者は昔からおった。昔からこうな（怖がらない）女の人がようけおる、と言って少しも気にかけない。それは、猪や鹿猟での平等な分配方法や、さらには正月にじふという獣肉や鳥の鍋料理を食べることなどとともに、近世封建思想や仏教の影響を受ける以前の、古い日本人の考え方、生き方を受け継いでいるのかもしれない。それも、この四万十川水系の自然の豊かさがそういう生き方を継続させてきたのかもしれない。

自然は無尽蔵だった

魚でも鳥でも獣でも、いつでもいくらでも捕ってきた。子猪でも孕み猪でも何でも捕らえてよかった。捕っても捕っても、後から後からいくらでも出来た。鳥獣類は食生活に使われて多少減ったが、種の尽きることはない。魚類は五十品おろうが、百品おろうが順に出来ていくもので、減ってしまうことはない。鰻らは減ったが、蟹もえびもおってなくなることはない、川を止めて産卵させせんといかんのは鮎だけよ、と言う。自分の経験した世界に立って、自然の恵みは無尽蔵の世界だったと考えている。

鳥は多少減ったが、春になったら産卵してまた増える。ここは暖かく越冬しやすいところだから、日本の隅々から餌を求めてやって来る。それに鳥なら外国からでも渡って来る。もっとも、植林のせいで山の餌が少なくなったが、里へ出てきて餌を拾うので、なくなってしまうことはない。しかし、かつてのように大群で渡ってくるようなことはなくなった、とも言う。

猪は少なくなったが、雪の深い他町村からも来るし、春になったら繁殖する。交尾時期が次々あって子が出来る。絶えるということはないし、捕り尽くすというほどには捕ることは不可能だ。それこそ無尽蔵よ、と言う。だから、雌猪や幼獣の狩猟制限もなかったと言う。それに、猪や鳥を捕らえることは有害鳥獣駆除で百姓のためになる、と言う。

そして、翁が猪を捕り続けた戦後の時代は、肉類のない時代であり、猪の肉の需要が一番あった時代だった。

人間が自然に大きな負荷を加えなかった時代の、幸福な自然観である。動物が人間世界から自立して生きることのできた時代の動物観だといえよう。

翁の話しことば——幡多弁のことなど

本書では、翁の「ものとる」生活の中の動物たちの中でも獣に絞り、それも猪を中心に取り上げている。当初は説明的に記述していたが、翁のさまざまなニュアンスを含んだ言い回しを生かすために、次第に翁の語りを生かす話しことばで記述をするようになった。

高知県のことば（方言）は大きく東西に二分されているが、翁の話しことばは高知県西南部の四万十市を中心とした西のことばで、県内では幡多弁《はたべん》と呼ばれている。翁は、勝間を中心とした地域共同体の空気を吸って成長し、その中で生きてきた。幡多弁が翁の肉声を伝え、翁の語りにふさわしいと思う。そのことによって、さまざまな事柄の細部、さらにはその心を確かめることができた。また、狩猟をはじめとしたさまざまな仕事や生活のことばを記録できたものと思う。もちろん、戦後も六十年近くたち、テレビなどのマスメディアを通して標準語が浸透し、かつての言い回しが急速に影を潜めつつあることは言うまでもない。

翁の話しことばは、句点で切らずに続く話し方が多い。「けん」を中心に「けに・きに」などの読点、句点を兼ねた語が多用されているが、特に気づいた以外は「けん」で記述している。また、「に」とも「へ」とも区別のつきにくい、軽く発音する「ぃ」という助詞を多く使っている。

一文の終わり方には、「た」以外に「と」と軽く終わる言い方と、「とう」と少し強い響きの話し方があって、微妙なリズムをなしているが、十分に翁のことばの呼吸法を踏襲しているとは言えない。また、この地域では「じ」と「ぢ」、「ず」と「づ」の発音を区別して使ってきており、その発音に従ったため「ぢ」「づ」の表記が多用されている。

さらに、当地で多用することばには「が」や「ばあ」などがある。「が」は「の」という意味のことが多く、「ばあ」は「ほど、だけ、くらい」などの意味がある。

なお、翁の語りの中で集落、地区、自治会などを併せ持ったことばとして部落ということばを使っている。部落はかつての自治的な地域共同体・むらのことであり、明治時代から行政の末端組織の名称としても使われてきたようだ。戦後もしばらくしてから、自治会という言い方が使われるようになってきたが、翁はかつての自治的な存在としての部落ということばをそのまま使っている。

また、身体の障害や職業に関して、今日「差別語」とされている表現についても、話しことばであることと時代的背景を考慮して、そのまま使用した。

翁の話の展開力――壮大な物語

人生は物語を紡ぎだすもののようだ。翁の胸中には壮大な物語世界がある。翁は人間と動物との、自分の物語を紡いで生きてきた。それが、昔から引き継がれた山間住民の文化の継承の仕方だったのではなかろうか。それは、岩井のおかねの話が翁の心に生きていることからもうかがえる。そしてもし、今もなお、翁の語る「昔」の世界が続いていたら、翁の黒尊《くろそん》の大猪捕りや、兄弟で矢負いの猪を討ち取った話などは、この地の伝説として語り継がれるようになっていたかもしれない。

一九八〇年代から時々、猪猟について聞き書きを続けていたが、当初は翁の広大な世界を開く力がなかった。ところが、前回の疑問点を聞くと、問以上の答えが返ってくるという具合に、次々と新しい世界が広がってきて果てしないほどの分量となった。翁は、「わしの知っちょることを問いよったら終《しま》いがつかんぞ」と言う。確かにそうだと思う。

翁は弓矢の猟のことをほとんど語っていなかったが、二〇〇二年夏（九十四歳）のある日、矢尻のことを聞いたら、弓を作る話になり、弓の胴にかたし（椿）油を塗ったことから、かたし油の製造法、その油の話からシラシメという灯心の話、その連想から電気が明日来るというその晩に曾祖母が亡くなり、親父はテレビが来る直前に死んだ話となった。そこから葬式の講組の仕組みとその仕事に移り、その葬具からアカビの蜘蛛という古い信仰を含んだ、岩井のおかねという豪胆な女猟師の話となった。さらに、敗戦で復員するために乗った米軍輸送船での水葬の船葬。さらに当地での、葬式時に立てる灯明板に付けた六文銭を猟師が豊猟のために身に付けた話。最後に身内の葬式に備えて棺板を予め用意していた話という具合に展開して、目を見張る思いがした。

弓矢の猟の有無、弓を作る話、矢と矢尻の話と何度となく、疑問点を問い重ね、聞き重ねてはじめて弓矢のことがまとまるのである。したがっていくつかの項目の話は、翁が力点を変えながら繰り返し語った話を再構成したものとなっている。何度も重ねて聞いて初めて理解できたことも多いし、聞き分けることができず消えてしまったことばも多い。

また、翁の話をまとめようと思ってからでも十年にわたる聞き書きのために、翁自身の記憶や判断の中での少々の食い違いもある。人間の過去というものもまた、その時々の文脈によって異なった相をみせるものであろう。また、昔を語る旧暦と尺貫法から、今を語る新暦と「新しい尺貫法」（メートルやキログラムのことを翁はそのように言う）とには注意しているが、十分ではないかもしれない。

なお、本書は順を追って読む形式ではない。どこからでも翁の語りに耳を傾けていただければありがたい。

Ⅰ　田辺竹治翁――人間の器用

一　四万十川今昔

1　水はすいすい、川はきらきら

昔の四万十川は水が豊富やっとう。きれいな水ですいすいしちょった。どんなに深い淵でも下の川原まで見えちょっと。だいいち、魚が多かった。

昔の川はきらきらやっと。その水をなんぼ飲んでもよかった。ひよう（寒く）なって川からほけ（霧）が上がりだしたら、きれいに澄んで下の川石までくっきり見えるようになっと。

仕事もふとかった（大きかった）。筏に乗ったり、木炭を運んだりして銭が取れとう。ところが今は水の恩典がない。ひとつももうけることがない。

家地川ダムが出来て水が少のうなった。杉や檜の植林でも水質は特に変わらんけんど、水が少のうなることはあるねえ。杉や檜はうんと水を吸う、特に杉は水がいるがよ。

昔は、山でちいと地を掘ったら水が湧きよったけんど、今りゃそういうことはない。山の谷にもやっぱり（いつも）水があったが、今りゃ水がはようなしになる。山にも谷にも水が少のうなりやすい。水が引きよいがよ。そんで、川に水がはよう出る。

2　洗剤と農薬はおとろしい

川が汚れて魚が少のうなった。こればあ（これほど）流域の人が川を汚すとそれもしかたない。だいいちに、洗剤よ。魚やその他の動物に毒ぢゃと思う。田んぼに田螺《たにし》がおらんようになった。ヒルもおらん。虫も少のうなったけんのう。

農薬の害もあるがよ。ＤＤＴ・ＢＨＣで虫も蚤も蚊も死んだ。たまるもんか（ひどいもんよ）、どんな虫でも死によったが、人間も死んどう。

このあたりでも熱中して農薬をボーボーとかけよった人は、若い人でも皆死んど。一時《いっとき》のことやったが、手動式の機械をぐるぐる回して頭のてんす（てっぺん）から薬を浴びよった人は、死んでしもうた。白髪が生えるばあ真っ白うなるに、マスクもせんづくに（しないで）薬を吸い込みよった人は皆死んどう。たまるかえ（何と、ひどいことよ）、共同駆除の時も、率先して掛けてまわる人が肝臓を悪うして死んだ。

わしは、虫が死ぬようなもんぢゃけん自分もよけ食べたらいかんと思うた。死にぬくい（なかなか死なない）虫が死んでしまうがぢゃけん、人間にも害があると思うと。今ぢゃ動力で田んぼの両側から撒いたり、ヘリコプターで撒いたりしよる。

3　大水の苦労と水汲みの苦労

勝間は地がくぼうて（窪んで）水に浸《つ》かりやすいとこやったけん、よう水に浸かって、いよいよ骨の折れるとこやっと。

大水が出て対岸の鵜の江が浸かったら、勝間川の水が沖へ抜けれんようになって、水が逆流して勝間も浸かった。水が逆流しだしたら、

「今日は雨がふといけん水上がりするぞ」と言いよった。勝間が浸かる時は、一つ下流の手洗川の集落も一緒に浸かりよった。

四万十川の西岸の、沖（海）へ出る際《きわ》の初崎には、港柱《みなとばしら》さんという海の神様が祭られちょる。昔は、三崎から河口の港柱さんまで長く延びた中島と、河口の東岸から港柱さんの横に張り出した青砂《あおさ》島という二つの島があっと。それらの島を大島と小島ともいうた。そうした島のために水が海へ抜けにくうて大水が多かったがよ。

その河口を塞ぐ青砂島には、十町以上もの畑があって砂糖キビをうんと作りよった。その島の周りには、両手で抱えきれんばあの松の大木がぐるりっと生えちょっとう。

今りゃ、河川改修によってそれらの島の大部分を削り取ってしもうたけん、水はけがようなってそ

●四万十川河口の初崎に「港柱さん」が鎮座する。

●河口を塞ぐ青砂島の跡。洪水時には、この砂州の堆積をユンボで切って水を流す。

んな洪水ものうなってしもうた。

　昔は、大島（中島）で塞がれた川が両側へ分流して、沖の方は流れも速うて炭を一杯積んだ川舟には危険やけん、水の浅い、流れの緩い岸の方を通ろうとして潮待ちしたりしとうね。

　前に住んぢょった中山の家は、祖父が水に浸からんように高いとこへ屋地《やぢ》を構えて、大水が出ても浸からんばあの高さに家が建っちょった。そこでは水盛《みずも》りいうて上がり下がりがない、水平な高さに家が並んぢょっと。それは、百姓は担い上げたら担い下ろし、担い下ろしたら担い上げんといかんがやけん、その苦労を少しでも減らすためやっとう。

●昔の田辺家。昭和十六年の大水では、この家の直下まで水に浸かった。

けんど、そこは水の便が悪うて四万十川から水を汲まんといかんけん、大変やった。家内らぁ毎日毎日、四万十川へ水汲みに行《い》ていよいよ骨が折れと。うちは人の三倍も高いとこへ水を汲んだけんねえ。何でも担い上げんといからって（いけなくて）、いらん労力を使うとう。

4　大災害のこと

ここでは火の元や盗人に気をつけちょるけん、火事らあはない。

大水害は、昭和十（一九三五）年災害、十六年災害、十九年災害と続いとう。

一番の大災害は戦争よ。人間はときときの（計画性のない）ものでのう、先々考えられん。先の戦争は政府の先槍らが若者をおだてて爆弾を抱えて突っ込ませた。大事な若者をちゃんと（残念なことに）ようけ殺してしもうと。たまるもんか、若者の命を湯水のように使うてしもうた。

昭和十六年はえらい年やった。大水で中山の部落が浸かっと。

家もだいぶ流れた。座（座敷）へ水が乗るには、下の道路からは十メートルの高さよ。増水して川幅いっぱいになった高さからでも三メートルの水があっとう。それでも浸からん家が、うちと近藤さんとこと、植田さんとこの三軒やっとう。大水の時は、安心しておれた。家は広いし、皆も集まって来たけんど、普段は家内が水を汲みまろんだ（水汲みに忙殺された）ぜ。普通にまろぶいうたら転ぶことでのう、急傾斜に体がもてんようなって転ぶいうことよ。

大水では土壁が落ちてしまう。金持ちの家では新しい土で壁を塗り直したけんど、普通の家ぢゃ落ちた壁土を使うたがよ。土間の味噌、醤油の桶がかやって（倒れて）土に味噌、醤油が溶け込んぢょったけん、何か月たっても壁がしめしめしちょって（じめじめしていて）、白いかびが出来ちょった家もあっと。

二　明治、大正、昭和、平成と生きて

1　わしの世は終わったようなもんよ

明治、大正、昭和、平成と生きた。山も川もして、何でもしちょる。もうこればあ生きたら上等よ。ちぃと過ぎた。いつ死んでもようなったがぢゃ。わしの世は終わったようなもんよ。もう早いか遅いかよ。

2　人間の器用

わしには人間の器用というもんがあった。何をしたち（しても）、器用を持っちょった。何を始めたち熱中しとう。そうして、習うということもあんまりなしに、わ（自分）が考えて、それを身に付けとう。物事に真剣に取り組んで、何事も恐れることがなかった。部落の仕事も先槍になってしてきた。

3　たふさとお歯黒

たふさ（ちょんまげ）は子どものころまでは残っちょっと。明治の末から大正にかけて、年寄りの物好きみたいな者が結うちょった。中剃りはしちょらんかわりに、前の方は摘んぢょっとう（はさみ切っていた）。

祖母の代までは、女房になったらお歯黒を付けちょっと。家内の来たころは、七、八十の人は皆お歯黒を付けちょった。わしの子どもの時には、真っ黒にきれいに付けちょる人がおっとう。子どもが見つけて飲んだらいかんけん、お歯黒の墨と真っ黒になった茶碗を箱に入れて、子どものよう見つけん家の隅に隠しちょっと。

4　舟に乗る

親父が百姓を好かん人やったけん、わしは働かにゃいかん、親父の手伝いをせにゃいかんかった。

学校へは妹をおぶって行《い》たりしたけん、遊ぶち（いうても）遊べんかった。七つ八つの時から親父が舟乗りをして炭を運びよったけん、手伝いに行《い》たりした。

十二、三になって学校を上がって、炭の八貫俵（約三〇キロ）をようよ（やっと）担《にな》うようになった時分から舟に乗った。舟には十四、五年から大方二十年乗っちょるけに、舟の搬出らあも詳しいわえ。わしは舟に乗っても人よりえらかっとう（上手だった）。

木炭はセンバいう太い舟で四万十川の河口の下田まで、四万十川の水を飲みながら運んだがよ。中村の赤鉄橋を過ぎたらもう塩辛いけん、川舟乗るもんは、その上《かみ》の塩気のないとこで茶瓶へ水を汲んで下《しも》へ行っとう。

5　親父は商売、わしは労働

昔はとにかく、労働せんと食うていけらっとう（食べていけなかった）。稼ぐに追いつく貧乏なしで、働いたら食うていけた。米麦を作って、それを臼で搗いてすり、水を汲み牛馬を飼うたら食うていけと。それが田舎のよいとこよ。都会では、えっころ（よほど）頭がようてこすいくらいぢゃないと食えんやろ。

わしはあらゆる労働をやっとう。百姓せにゃいかん、牛馬を飼わんといかん、蚕を飼わんといかん。それに、ようけの山田があってそれが大変やった。二つの池から水引いちょったが、その水がなしになったら田んぼが出来らっとう。米が出来よっても、蚕を飼いよる間に猪が来て食うけん、米が取れらっと。若い時から苦労してきちょるぜ。それだけ生活の技術を会得するに優れちょったと思う。親父は商売をしよって労働せんかった。それに五、六人のきょうだいの中で男は自分一人やったけん、学校の四、五年か五、六年になったら、一人前に近いことをしよっと。犂《すき》の後ろについてまわり、馬で田を起こしよった。

大正の終わりから馬が牛になった。部落では皆が寄りおうて、牛も二、三匹入って田んぼをかいたけん、その中へ入って勉強しとう。十四、五になったらどんな暴れ牛でも使うたね。

牛や馬に引っ張らして田んぼの代《しろ》かきをした。犂で起こし、カナコ（牛馬に引かす農具）でこなし、水でドロドロにしてエブリ（丁字形の定木）で突いて均《なら》した。前は、田植えに縄を両側から引っ張りよったが、今度は（次には）定規が出来て縦横《たてよこ》をじゃんと（きちんと）植えた。

米が出来たらカナバシ（鉄箸）でこいて、臼へ入れてすって踏んで米にした。雨降りには、ダイガラいうて二人上がって搗く杵《きね》で、米搗いたり麦搗いたりしとう。石臼でも松の木の臼でも、雨のかからん庇《ひさし》みたいなとこへこさえちょっと。

社会的生活は古うからやっちょっと。若い衆《し》のころから、この時期にどういう種物を蒔くか分かっちょった。また種芋、種麦の調査に農事試験所へ行て、新品種を村に広げた。

当時は毎年秋になると、各戸から一人ずつ出て検見《けんみ》して供出量を決めよっと。

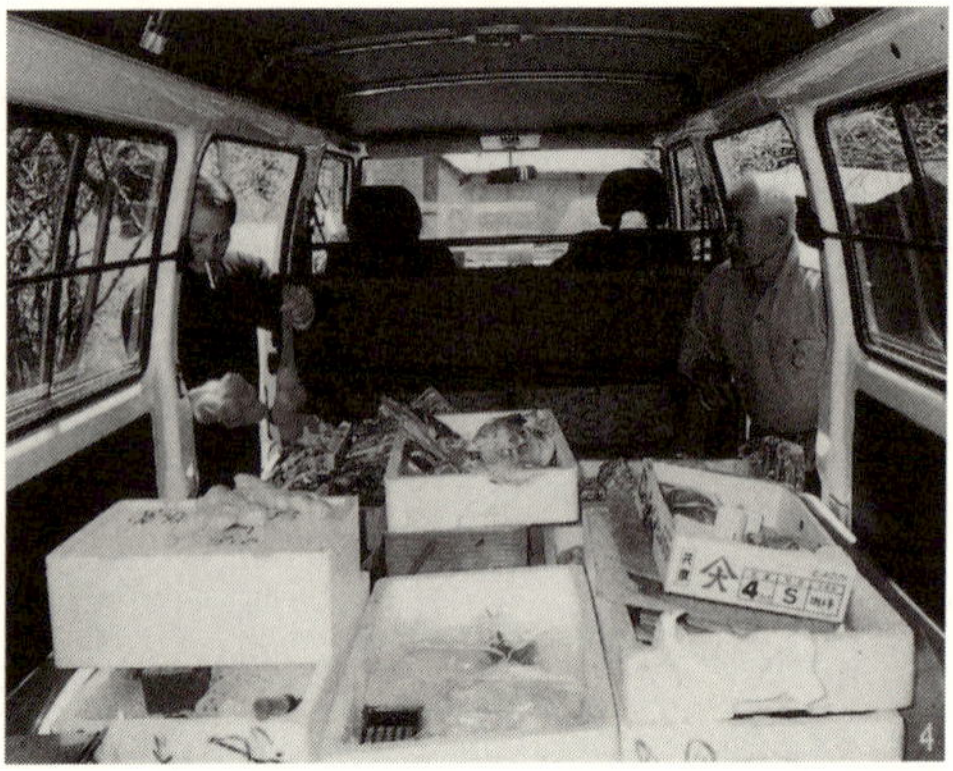

●現在の巡回商人から買い物をする田辺翁。

6　折り目切り目のある仕事

当時は自給自足の生活で、食べる物もそう豊富にはなかったけん、山猟や川漁をして食べ物を手に入れよっと。たまに中村の店に一日がかりで歩いて行てきよったけんど、普段の日用雑貨品は、物売りの商人に頼っちょっとう。

わしは他人ができるような仕事で、骨が折れると思うたことはない。仕事は少しも嫌ではない。けんど、何の仕事でも、折り目切り目のある仕事が好きやっと。そうして、一仕事終わったら気まま勝手に休む仕事がよかっとう。

いつもかつもない（めりはりのない）仕事は嫌いやった。そんで、親父が店をせよと言うた時は監獄に入るみたいに思うと。こんまい（小さい）子どもが線香一つ買いに来ても、売ってやらんといかん仕事やけんのう。

親父はわしよりかさが太かった。ひところは百キロを越しちょった。お祖父さんの代から猟が続いちょるが、親父はめっそ（余り）猟は好きぎゃなかった。けんど、親父の助けがあったけん猟をして遊べたがよ。わしは極道のように思われちょるけんど、親父らには魚やってたんと取って食わした。獣類やち（でも）鳥類やちたんと食わしとう。

7　百姓と山猟

山する人は川もやりよった。山猟する人はたいてぇ川漁もやりよっと。川漁は山猟せん人でもやりよった。クビッチョ（鳥の罠）で鳥を捕ることは誰でもしとう。

昔は、魚でも獣でも鳥でも、何ぢゃち（でも）、いつでも、なんぼでも取ったちかまらった（かまわなかった）。魚やち鳥獣やち無尽蔵ぢゃねぇ。

わしは山猟も川漁もやったけんど、自分は百姓ぢゃと思うちょる。また、百姓ぢゃった。昔は猟期が四月十五日までぢゃった。猟期がすんだら百姓をしたがよ。

百姓仕事は三月、四月、五月が山ぢゃけん、家《うち》が裕福にないとそんな時まで山猟はできん。わしら家のもんらが自給自足できるけん、仕事せい（しない）でも食うていけたけに、猟ができた。そうでない、金もうけせんといかん人、百姓仕事せんといかん人は、びっしり（いつも）追い山をして、捕れるやら捕れんやら分からんことに付いてまわりよれん（かかわっていられない）。

わしが猪を捕った時が一番よかったね。終戦当時は肉がなかったけん、どんな猪でも売れと。

8　勝間の山猟

昔から各部落に猟する人がおって、その人らに付いてやってみて経験していく。また次に、下々の者らにも教えてやって連れて行くけん、猟の後が切れん。代々猟する家があっと。

勝間で昔から猟する人はよけおった。七、八人おったね。太い山の、猪のおるとこへ、多い時は十人も行っと。二、三人の人らは百姓が主で、今日は捕れると思うたら組に入れてくれと言うてきた。言うてきたら相談してから行っと。鉄砲かついで犬を連れ、ぼろ服に腕てご（手甲）して、雨雪には蓑を着いて行っと。

商売に捕る人はよけおららっと。商売にして奥山へしょっちゅう行く人は各部落に何人もおらんかった。山の猟は骨が折れる。犬を走らせ高い山を上がったり下がったりして、その日に猪に追い付かんと捕れんがやけん、体が出来ちょらんといかん。六十、七十まで元気で行く人はやっぱり肥えちょる。

少し上流の中半《なかば》や岩間《いわま》のような、百姓ばかりで山へひとつも行かん部落もあっと。そういうところから、作ったもんを猪や猿に食われるけに来てくり（くれ）、来てくり言われて、呼ばれて行っとう。

猪を捕るには鉄砲で撃つか罠で捕るかよ。罠はええ。わしらは宿で寝よっても猟しよるがとうんなし（同じ）よ。

猿を殺すことについては迷信な人（殺すのを嫌う人）が部落に一人、二人おった。わしは平気やっと。

●奥鴨川のお茶堂と手前の力石（三十二貫あるという）。

9　力石とバンモチ——五十貫を前後ろに担うた

若い衆《し》は少しでも重いもんをかたい（担い）だらえらい（強い）もんに思うちょっと。人よりか一貫でも上の物をかたいだらえらいと言われ、腕が立つと認めてくれとう。部落の仕事に行たち、あの人は腕の立つ人やけん言うて、ちいとでも賃をよけくれよっと。気は心よ。

若い衆でも年寄りらのえらい人でも、お宮（神母神社）の二十五貫（約九四キロ）の力石を軽うに担ぐ人は二、三人しかおららっと。抱えて脛へ取るに、すっと取る人はあんまりおららった。そんでえらいもんに言うけん、おだてにのってかたぎよっと。

若い衆の時、泊まり屋で朝起きて力石を肩へ載せちゃあ下ろし、載せちゃあ下ろしして十回かたごうと思うてやりよっと。十回目に肩からずり落ちて地へ落としてしもうた。今りゃその力石もないようになってしもうと。人よりかちいとでも重いもんをかたいだり担うたりしたけん、今りゃ脛が痛いがよ。

何でも人より重いもんを持ってまわる人が部落におってのう、

「力持ち」と言うと。人より力がえらい人は「バンモチ」と言うと。わしは若い時から鍛うちょったけん、バンモチにえらかったがよ。わしは力持ちをしてバンモチやっとう。バンモチになると人よりも日役《ひやく》賃（日当）が高うなっと。

ここでは、わしについて来るもんはおららっとう。昔、わしが二十四、五の時ぢゃね。その時には、家内をもろうちょった。この奥の、お宮の前の砂防工事に、セメント四俵担《にの》うたぜ。セメント一俵は十二貫五百あったがやけん、二十五貫（約九四キロ）ずつをサスで前後ろに担うたがよ。今までに一番えらかった（重たかった、苦しかった）のう。

今の沈下橋の元から半里（二キロ）ばあるけんど、おらについて来る者はタケミより他にはおらっと。タケミはまあまあ後から遅れ遅れ来た。二俵でもこたわらった（できなかった）者もおっとう。おなごではセメント一俵を持って抱えたがはえらい（力持ち、男勝り）よと言いよっと。

10　いつ米俵が重とうなるろう

今じゃぜいたくばっかりして、横着を言うけんど、わしらの時代はそうぢゃなかった。今みたいに、座って居眠り漕いでバスで中村の町へ行くがぢゃないけん。草鞋《わらじ》を履いてズンズン歩いて、グジャグジャ雨が降っても傘さして行きよっと。それだけ体を鍛えちょるけん、元気ぢゃ。今の人が何しよるかにしよる言うたち、わしらの真似がこたうかえ（できるかい）。

六一《ろくいち》（還暦）の時分は、いつが来たらこの米俵が重うなるがやろうと思いよっと。そういう時代が

●「嫁が実家に戻りたいと言うたら、あの岩が落ちたら暇をやると言うてなだめたというがよ」

あっとう。小学校の運動会に出ても、米一俵を小口をつらまえてピョイッと肩に載せて走るに、ひとつも足を止めるによばらっと（必要がなかった）。わしゃ七十四、五までは、米一俵かたいだち（担いでも）重たいと思わらっと。

八十の声を聞いたら重いと思うたけんど、八十四、五ごろまでは、田んぼで米を刈ってもろうて、籾二俵ずつ肩にかたいで道の車まで運びよっと。籾二俵を米にすらしたら六十キロあるがやけん、二俵で米一俵の重さやのう。今、うちの若い衆ら、田んぼからかたいで来ることがこたわん（できん）けん、田んぼの中でも車を使いよる。

今でこそ、脛が痛うてヨロヨロしよるけんど、それぐらい若い時から鍛えてきちょる。うもうないもんを食うて、粗末なもんを着いて、体を使うちょらね。無理をしちょるけん、今脛が痛いがよ。けんど、昔からの大旦那みたいな生活をしちょった夫婦でも脛が痛い言うて、ぎっちり（いつも）病院へ通いよったがのう。

11　家内と暇取り岩と

家内と一緒に骨も折っと。家内は下《しも》の手洗川《たらいがわ》から嫁いで来とう。昔の親戚端《しんせきばし》やった。兄弟の分かれ家の、隣の田辺の世話で嫁いで来とう。うちらだて（部落のたてまえ）では行李一つ、風呂敷一つに普段着で嫁入りしたけんど、家内は帯を締め、膝から下に裾模様のある嫁さん構えをして、高島田でやって来とう。

昔は、嫁を酒一升でもろうたが、今ぢゃ結納出して買うものになっちょる。昔は、結納やいうもんはなかった。仲介人が貰いに行く時、酒二、三升を下げて行くだけぢゃっと。

今のうちの家のそら（上）は、大谷山のはな（先端）で金比羅山というて、山のそらに金比羅さんを祭っちょる。その近くに岩の上に岩が重なって、今にも落ちそうに見える暇取岩《ひまとり》があろうが。勝間に来た嫁が実家に戻りたいと言うたら、家の親父や仲人があの岩が落ちたら暇をやると言うてなだめたというがよ。落ちそうで落ちん岩ぢゃ。

12　金比羅さん

うちのそらの大谷山を通る道は、宿毛市《すくも》山奈の奥長瀬に抜ける道ぢゃっと。その山奈にあった金比羅さんをここへ勧請して来たがぢゃ。

金比羅さんは土地を治める尊い神様でのう、一つ下流の手洗川や一つ上流の久保川をはじめいたるところに祭っちょる。大山鎮めの神様で、川舟の安全や山猟の守り神様ぢゃった。大山鎮めは、昔、

●「勝間の真ん中にある中山の畝（尾根筋）は墓ばかりよ」

山が荒れることがあった時、太夫が山を鎮めるために捧げる祈禱やった。

部落毎に金比羅講があって、代参講をしようった。勝間の講は上組と下組に分かれちょって、一人ずつ順番に代参しとう。太いお守りを包んで、じゃんとかるうて（しっかり担いで）もんて（戻って）きた。背丈より長いお守りもあっとう。上組の人の中には自分の費用で付いて行く人もおった。

お伊勢講は勝間全体で一つの講があっとう。毎年順番で二人ずつが代参し、お守りとお札を受けてきた。そして、当番の家で労をねぎらいよっとうね。

13　鵜の江一目、四万十川一目

勝間の真ん中にある中山の畝《うね》（尾根筋）は墓ばかりよ。共同墓地の墓地床になっちょる。墓所《はかしょ》が狭うなったけん、ほとんど火葬になった。火葬にしたら何体も一緒に入れるけん、納骨堂にして先祖代々墓にしよる。みなが納骨堂の方が安いと計算しだしたがよ。個人の墓を立ててお参りできる力のある人がおらんようになったのう。今の人は裕福になったがぢゃない。生活に追われちょるだけぢゃ。その墓を近ごろ、あづま（宅地）の背戸《せど》（裏）に下ろしだした。

今度、このそらの金毘羅山へわしんく（わが家）の墓所を持って来とう。隣の同意書をもろうて、保健所で許可をもろうと。

人間は土に生まれて土に帰る。人間は五十年たったら土に帰って、供養もするによばん（必要ない）。そんで、五十年たったら納骨堂へも骨を拾わんでも、土を入れたらかまわんが。石碑を取ってきて、下の土を取ってきて敷いたらええ言うけん、わしはその通りに墓を移した。五十年過ぎんがもそうしとう。人間は死んでもどこへも行くかえ（行くものではない）。向こうへ行くことは、人間のこさえたことぢゃけん。

鵜の江一目《ひとめ》、四万十川一目の見晴らしのええとこやけんどのう、若い衆らはそれも下ろして納骨堂にする言いよる。自分のほのぎの山やったらどこへ下ろしてもかまわん。死んだらどこへ持って行たちかまん。（今では納骨堂形式にして下へ下ろしている）

II　猪猟と鹿猟の話

一　猟に生きる――わしばあ猟をやったもんがあるかえ

わしの人生はりょうが一番ぢゃった。山の猟ぢゃち川の漁ぢゃち、りょうしとして、わしばあ何かに（何もかにも）捕った者《もん》はおらんがぢゃけん。

四万十川の鮎漁なら専門にやっちょるもんもあろうが、猟師ぢゃどうぢゃ（猟師や猟に長けた者の中で）言うたら、わしばあ猟をやった者があるかえ。猟は主に猪《しし》狩りと鹿狩りぢゃっと。食べれんようなもんは撃たらっと（撃たなかった）。

けんど、わしもどじくじになった。どじくじいうたら、本当のきれいな話ができん、疎い、記憶喪失とでもいうことやね。長生きしてもひりばり（大小便）の世話をしてもろうて生きるがでは、いかんいかん。

1　山のもんがなろへ来る

今年は空《から》梅雨かのう。梅雨の雨は降らいでも（降らなくても）ええ。雨が降りゃ、勝間は直《じき》に水につかって夏作（野菜もん）が取れんもん。

近ごろは、猿が出て何もかにも食うてしまう。ここらのびわの実も、桑苺（桑の実）もちゃんと（残念なことに、すっかり）食われてしもうた。種芋まで全部食われた家もあらあえ（あるよ）。戸口まで来るけんねえ。こういうなろへ来るがは、鉄砲も放せんけん捕りようがない。なろいうたら平地のことよ。人家《ひとや》のあるなろいとこをいうた。なろや（集落内の家）の人の端へ出て来るがをおどすと、ちいと向こうの山桃を食うてしまうけん、おさまりがつかん（手におえん）。けんど、猿が増えたがぢゃない。

狸もうんと出て、よけおりだしたけんねえ。瓜も茄子もみな食うがよ。けんど、狸が増えたがぢゃない。

2　山には食うもんはひとつもない

(1)　杉、檜植えて二十年たったら

昔はどの部落にも焼け野があっと。茅野《かやの》へは虫がようけおるけん、鳥も訪ねてきよった。それを入会林にして杉、檜を植えて二、三年は葛《くず》も山芋もようけあるけん、それを食とするもんが出らね。

雑木《ざつぼく》山にも杉、檜を植えて二十年たったら、山の畝《うね》には猪《しし》も獣類も鳥類も食うもんはひとつもない。木の実もない、葛もない。下刈りをきれいにするけん山芋ものうなる。乾燥したらカンタロー（大ミミズ）も下へ滑り落ちる。

(2) 人間があいとらを下へ呼んだ

昔は、猪はなんぼでもおった。山の畝におって谷へ下りて来たが、今りゃ谷におって畝向いて行く。あいと（あいつ）らも生活ができんけん、今は谷縁《たにぶち》におる。谷端に樫があるけん、その樫の実をほうで（食んで）まわりよる。山の畝まで杉、檜を植えてあいとらの食べ物がのうなったけん、嫌でも下へ来る。谷の周囲には蟹がおる、エビがおる。猪は川類（川の生き物）は一切食べて何ちゃ残さん。湿っちょるけんカンタローもおる。この家の辺りも谷縁を通る。うんとあった山芋も掘ってしもうて見えんようになっちょる。猪は食い物を役《やく》にかかって（手間をかけて）探しよる。よう探しちょらえ。それで人間の食う物を頼って下りて来らね。

人家《ひとや》の端《はた》へ出て来て、人の植えちょるもんや、椎・樫・楢《なら》あの雑木の実を食うしかない。柿がなると狸が木に登って食う。栗がなると猿が来て食う。それは、獣が山に棲《す》めんようになっちょる証拠ぢゃ。

猪が出てわりい（悪い）ことをする、猿がわりいことをする言うけんど、人間がよう（呼ん）だと一緒ぢゃけん。皆、人間の食う物ばっかり食うて生きてきちょるもんぢゃけん。猪ぢゃち（でも）、狸ぢゃち。

(3) 山奥には住めん

山の生活しよるもんは食うもんはひとつもない。雑木と杉、檜はそればあ（それほど）違う。何百羽も来よったツグミ、ヒヨ（ヒヨドリ）らあの渡り鳥も来んようになってしもうた。来たち餌がないけん、やっぱり雑木のあるとこをたんね（探し）て行くがやね。

昔は山に餌があったけん、猟師らあは山奥で獣を追いよった。猪や狸をたんねて高いとこへ行かんといからった（行く必要があった）。獣類はすべて夜行動しよったが、今ぢゃ食べるもんがないけに昼でもなろへ出て来るようになった。猪や狸が山から下りて来て、昼も餌をたんねてまわるようになっと。

3 山行き川行き道楽もん

りょうしは道楽もんよ。山行き、川行きする者は道楽もんと言われとう。山の猟や川の漁ではあまり商売にもならったけんね。けんど、多くの人と付き合うてこそ社会のことが分かるもんよ。

わしは川の漁、山の猟何でも来いやった。川漁も面白いけんど、ものが太い、品が太いだけ山猟が面白かっと。

ここらには十人も十五人もの猟師がおったけんね。一緒に山に行《い》て猟を勉強した。猟師には、下寄《しも》りいうて、ここから下《しも》の利岡《としおか》や、後川《うしろがわ》、中村などの人もおった。

わしは子どもの時分から、何事でも他人の秘伝を盗んだ。いっぺんええと会得したことは忘れることがない男やった。人間それくらい熱心にやらんかったら、天下の猪捕《ししと》りにはなっちょらん。

4　わしばあ猪に打ち込んだもんがあるかえ

わしばあ道楽して猪《しし》に打ち込んだもんがあるかえ。好きこそものの上手なれ。一途に打ち込まんといかん。名人になるには一つの特徴をつかまんといかんけんねえ。人に言えんようなことを自分で編み出さんといかん。

四十代のころには、猪猟のことは日本一ぢゃ、わしは山の主ぢゃ。わしにこたう（かなう）者はおりゃあせん。誰でも来い、どっからでも来いと思うちょった。昭和十年ごろからは、そう思うちょったのう。

自分は他人をあてにせん性分ぢゃった。それに、他人に問うようではいかん。他人まかせでは腹に入らん。納得いくまで腹に入れんといかん。それに経験が大事ぢゃった。わしは何でもした。そして、他人のする事をするのに、骨が折れるとは思わらった。

そして、今日猪が捕れんでも、明日は明日の風が吹く。また明日捕る、と思うた。わしは持って生まれた知恵というかのう。そういう仕事が向いちょったもんぢゃ。誰がどう言うたち人の言うことを聞からった。おれは猪を捕るのぢゃと、わしはこれでやり通すと。わしばあに猪を捕った者はおらん。

5　猪五千匹

(1)　猪捕りを本腰でやった

猪は商売にやっちょったけん、わしほど本腰でやったもんはない。

猪は勝間辺りから西土佐の中半《なかば》にかけて、少ない年で六、七十匹、多い年で百四、五十匹ばあ捕りよった。肉のない戦時中で、値がよかったけん儲かっとうえ。

ここらでは二千匹ばあしか捕れんかったが、山口県、広島県では勝間川の中山萬太郎さんらあと、年間二百匹を最高に二十年にわたって捕りよっと。少ない年では三、四十匹のこともあったけんど、全部で二千五、六百匹ばあは捕ったろう。ほんで、両方を合わせたら五千匹ばあになるろ。年に、三月の間《あい》に向こうとこっちで二百四十匹捕ったことがある。

わしは猪を何匹と数えるが、何頭と言う人もあったね。

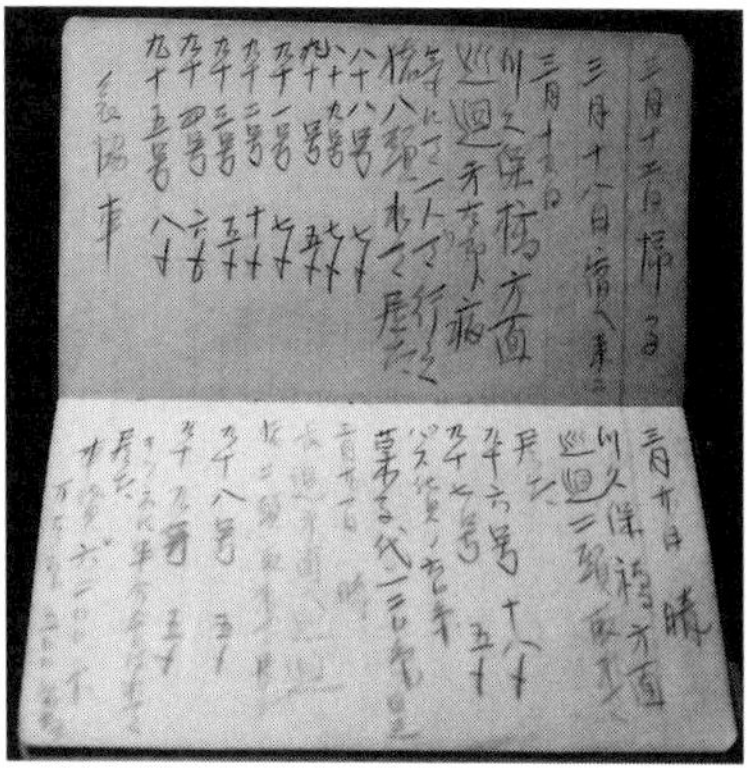

●「日記帳に猪の目方を何貫いうて書いちょるが、わしが十五貫ぢゃ言うたら、実際に目方をかけても狂わんかっと」

(2) 猪の尻尾に褒賞金

なし（なぜ）捕った猪の数が分かるかいうたら、山口県には雇われて行《い》たがやけん、猪の尻尾一つで三千円から四千円の褒賞金をくれよったがよ。その尻尾が二百あった年を覚えちょる。そんで五千匹と言うがよ。

仲間と組んで行たけん、全部平等に分けた。大体は萬太郎さんとその若い衆《し》（息子）と三人で行たけんど、勝間川の宮川さんが運転手で行く時はわしと二人だけで行っと。車のことは費用一切の面倒をみた。

(3) 日記帳

わしは仲間で捕りよった分は、全部日記に付けちょる。そうでのうては、なんぶ（いくら）捕れたやら、なんぼで売れたやら分からん。

日記帳に猪の目方を何貫いうて書いちょるが、わしが十五貫ぢゃ、十六貫ぢゃ言うたら、実際に目方をかけても狂わんかっと。勘で分かっちょった。

捕った猪の年齢も、牙の出方か歯の出揃いを見たら何歳になっちょるか大体分かったのう。

二　猪と猟師——猪くらい素手でも捕まえてやる

わしは足元が軽うて山を抜けるにも早かっとう。始終猪猟へ出て猪を撃ったが、最初から猪は怖ぃもんぢゃないと思いよったのぅ。初めて撃った時、ああ、こたぁない（たいしたことはない）怖いこともどうもないと思うた。来たら撃つぞという腹があって、来たら最後、度胸がすわってきた。家族も期待しちょるが。慌てすぎてもいかん。猪よりか一寸ちごうたら向こうの山ぃ鉄砲の弾飛ばすも一緒ぢゃけん。

猟には仲間と行たり一人でも行たりした。夜が夜でも恐ろしいこともなく、一人でも寂しいこともなかっと。とにかく研究熱心にないと上達はせん。納得いくまで腹に入れんといかん。

猪を待ち伏せよっても、自分の持ち場になるべく来なきゃあええという人もおるけんど、わしは若い時から猪が来りゃええが思うておりよったが。猪くらい素手でも捕まえてやるくらいの気持ちぢゃった。それに実際に捕まえたこともある。

ある日、六十キロぐらいの猪が罠の撥《は》ね木を引っ張って逃げよった。手負いのため気違いになって、犬が吠えたてると犬をまくり（突っ掛け）、何に対してでもまくりよった。その猪の耳を捕まえて腰まして（腰に引きつけて）、立木に止めちょいて短刀で刺しとう。けんど、そういうことはなかなかできることぢゃない。それに、鉄砲持っちょったら鉄砲の方が早い。
猪は真っ直ぐ来るけん、その瞬間危ない方の片足を上げて下を通すくらいに機敏に考えちょらんといかん。猪に切られるがは疎い人、敏感でない人やねえ。わしも逃げ場がないとこで猪にまくられて、股の間に飛び込まれて着物が切られたことがある。その時は、猪を崖から蹴り落とした。そしたら、猪がしばらく崖下からねらみ（にらみ）よっと。

1 追い山

(1) 追い山師の極道たれ

① 追い山師と殺生人

猪猟《ししりょう》するもんらは追い山師といいよった。わしらも追い山師と言われと。猪のおるとこを見つけて追うて捕るけんねえ。わしらは追い山師の極道たれ、と言われよっと。町の近《ちか》の人らは殺生人《せっしょうにん》と言いよったけんど、ここらの近の人は、その時分は「追い山」いうことばをよけ使いよって、「追い山に行かんか」と誘いよっと。猪山《ししやま》とも言うたね。

猪を撃つには喜びがあるねえ。猪が目の前で引っ繰り返るところに快感があっとう。

② 二十歳までは犬引きやら猪担きやら鉄砲の免許を取れるがは、二十歳過ぎてからやっと。わしは免許のない時から猪捕りについて行っ

て、犬引き（勢子《せこ》）やら捕った猪を部落まで担う猪担き《ししかき》（猪の運搬）やらばっかりしよったけん、猪の足跡から猪がどっちへ向けて飛ぶかよう分かっちょった。そうでのうては、犬で追うて猪を捕るがは籠の鳥を空へ放すようなもんで、なかなか捕れるもんぢゃない。今りゃ、シーバー（トランシーバー）があるけん、楽になっとう。

③　結婚してから猪追いに打ち込む

結婚せんと猟はできんけん、数えの二十歳で親が決めた結婚をしたがよ。その時分には、好きな人がおっても大体は親が決めとう。家内にうちの仕事をさせちょいて猪猟に行《い》たがよ。

猪追《ししお》いは、猪がこれぱあ食《は》んだら腹一杯になっちょるかどうか、次にどこへ抜けるか、それとも寝《ね》場《ば》（寝床）におるかどうか分からんといかん。

どこの猪も通る道は同じハシリ（獣道）よ。今でも山を見るとどこに猪が通っちょるか分かる。それぱあにならんと、旅館がかりで（旅館で寝泊まりしながら）猪を捕って生活することはこたわん（できん）。

鉄砲は、中村銃砲店で村田式の改造銃や散弾銃を買うた。利岡にはカン小父《おじ》という鍛冶屋が、鉄砲の許可を持って鉄砲の修理をしたりしよったけんど、台替えぐらいしか頼まんかった。カン小父はとっから（早くに）死んでしもうた。

(2)　矢開きの猟祝いをしたことよ

昔は、猪でも兎でも初めて撃って仕留めたら、「この人が撃った矢が真っ直ぐ当たった、矢を開いた」言うてその晩に矢開きの祝いをしたことよ。勝間の人はたいてぇ矢開きをしとう。家でしたね。太夫であれ誰であれ、石鎚さんでも他のお山ぃでも行って山伏としての名を得た人らが神棚で祈っと。野でする場合は、木や竹串を削って猪を焼いて酒を飲んで矢開きの祝いをした。皆から祝福されて杯を貰う。猪は内臓を焼いた。心臓、赤ガル、黒ガル、マルらよ。けんどマルはおいしゅうない。足らんと股肉を食べた。

① わしの矢開き

がき大将の時も若い衆の時も弓矢で鳥を撃つことはやりよった。鉄砲の許可を取る前は罠掛けたり、鉄砲を借ったりして捕りよった。本当はせられんがやけんど、昔は貸し借りしよったけん。

わしが矢開きした時は、二十四、五ぢゃった。わが鉄砲を初めて持って獲物を撃った時よ。兎か山鳥ぢゃったと思う。猟師の仲間を呼ぶがよ。自分で捕ったもんを煮いて披露するわけよ。家族が祝うてくれ、仲間に酒も飲ましと。

わしゃ川登の太夫の浦田さんが神棚で祈ってくれた。神掛けて事故のないように、後々なんぼでも捕れるように祈るがよ。

② 久保川の男の矢開き

ある日、筵四、五枚の広さのシダのこちらひら（側）を通りよった猪が、わしに感づいて向こうひらへ行きよる。犬を解いて撃ったら、畝を越して転んで死んぢょった。それを久保川の男が自分が撃った言うて、「弾で初めて撃った猪ぢゃ」と言う。久保川の人家を借り、矢開きの酒を一升買うてきて、猪のあらを煮いて祝うと。

猪をさばくとけつから一寸あらき（開き）に二八《にはち》（二十八番の大きさ）の弾が出た。わしは、鉛を煎った弾を二つ入れて撃ちよったけん、わしが撃ったがよ。けんど、そういう時は穏便にすますがよ。誰が撃った、かれが撃った言わずに、その人一人にまとめと。

(3) 犬と『猪取り込み帳』

二十二、三で猪捕りを始めたころに、部落に猪を吠え止めるええ犬が三、四匹おった。植田の両家と土岐にええ犬が出来た。土岐の犬が一番よかったねえ。

犬がええけん、猪捕りが商売になっとう。犬がわしらが行くまで猪を吠え止めちょるがやけん、犬の力で猪が捕れるがよ。そんな犬でないと猪は捕れんけん。そんで、先山《さきやま》（指揮者）が犬の株を取らにゃいかんぞ、と言うた。ええ犬には人間と同じように分け前の株を一株分けとう。

それらの犬を借って組で猪猟に行っと。その年は、一年に八十何匹の猪を捕ったぜ。最高の捕れ方やっとう。その時分には、植田茂さんが会長になって『猪取り込み帳』をこさえちょったけん、よう覚えちょる。植田さんは有力者ぢゃが、猪猟の指揮をしたがぢゃない。収入から、売ったりを大将でやりよって、帳に付けたり計算したりした。書いちょかんと分からんようになるけに。言うたらわしの日記帳よ。

猪がようけ捕れよると、地下《じげ》の猟師が仲間に加わって犬も七、八匹おった。猟が減ると自然に猟師の数も減っとう。

●「中山萬太郎は山の人よ。昔は山フミともいいよった。中山さんの鉄砲が鳴ると必ず何かがかえっちょった」（二〇〇一年五月、一〇一歳）

(4) 鉄砲の先輩・中山萬太郎さんがひとかさ上

勝間川には中山萬太郎さんがおる。当時は、中山萬太郎さんかわしの鉄砲が鳴ったら、猪を運ぶ用意をしちょったほどやったが、鉄砲では中山萬太郎さんがひとかさ（一段）上ぢゃった。萬太郎さんは犬で捕ったがぢゃ。猪を生け捕りして犬の練習をさせよっと。

それからこっち（後）は、わしが罠を教えて、わしと山口県へ行た時は罠ばっかりぢゃった。（中山萬太郎さんは一九〇〇年一月生、二〇〇一年十二月三十一日に亡くなった。百一歳十一か月だった）

① 山の人、山の主

中山萬太郎は山の人よ。山の主と言うてもええ。勝間川という山におって、山に長《た》けちょっと。このように猪を捕ってまわる人を山マワリともいい、昔は山フミともいいよった。山フミと山の主とは、同じことぢゃねえ。

中山さんはぎっちり（いつも）一人で山マワリしよった。猪に寄るがはようて鉄砲が上手《うま》かっとう。中山さんの鉄砲が鳴ると必ず何かがかえっ（引っ繰り返っ）ちょった。

山フミとは、その山をほとんど回っちょる人で、熊狩りでも営林署から大将をおおせつかっとう。わしらもそうぢゃが、山中を夜の夜中でも他人を案内する力のある人でのうては山フミにはなれん。

② 猟綱で猪を引っ張って来る

萬太郎さんは一人で猪を何百頭も捕った。萬太郎さんは、なんせ（なんといっても）猪に寄るに早かっとう。九十三歳（一九九三年のこと）の今でも、若い衆（せがれ）は爺にようついて回らん。やせちょるけん、まだまだ猪を追いかけて山へ行ける。

今年、罠で五匹の猪を捕っと。六十キロばあの猪なら山から一人で引っ張って来る。いつも、二、三メートルの綿糸の猟綱《りょうづな》を持っちょいて、猪の首をくびって（括って）山をズルズル、ズーズー引っ張って下りて来とう。

山のことを知り抜いているけに、どこを通ったら下り一方で（下るだけで）もんて来れるか、じゃんと（十二分に）頭に入っちょる。そうぢゃのうては、猪も捕れるはずもなかろう。

③ 犬は朋輩で気が合うたもんよ

萬太郎さんはええ犬をこさえてその犬を連れて、一人ででも仲間とでも猪猟に行っとう。

猪を捕るにはえっぽど（よほど）ええ犬でないと捕れん。その犬を仕込むに、呼吸がよう合うちょった。犬は猟師の朋輩（友達）で気が合うたもんよ。

普通の人なら、畝（尾根）の向こうで犬を放すが、萬太郎さんは犬の顔色を見ては猪のおるとこの呼吸を計っと。

犬の顔色とは、犬が高鼻をかぎ始め、顔を回しだし、綱を引っ張って立ち上がる様子をいう。犬が顔を上げて、流れてくる匂いを嗅ぎ出す様子を見たがよ。それを見て、猪の居場所を判断しとう。そのように犬が働くことを犬のそう（仕事）といいよった。

そうして、猪のすぐ側まで行って犬を放して猪をまくり（追い）出したがよ。猪がまくって（突進して）来るがを直に撃っとう。猪いうもんは、一度は犬を追い飛ばし（追っ払い）に、まくって来るけん、そこを撃ったがよ。

④　真っ白な柴犬の引き試し

ある時、宇和島の人が、対岸上流の久保川の猪松の案内で、うちの隣り付き（隣近所）の植田作太郎の犬を買いたいけん引き試ししてくれと、萬太郎さんへ言うて来た。そんで、真っ白な柴犬の引き試しをわしと中山さんとでしとう。引き試しとは、猪にどれくらい掛かって（向かって）行くかを実地で試すことよ。

山に入ってしばらくして、萬太郎さんがここで犬を解け、わしは上へ回っちょくけんと言うてシガキ（待ち伏せ場所）のあるそら（上）へ回ったら、猪がはや（早くも）来て、直に撃ち倒してしもうた。

そこで、頼みに来た人らあは、これは犬がええがぢゃのうて人がええがぢゃよ、と言うて買うていかんかった。
十四、五日して、その人らあがもう一度犬を買いに来て、その時は犬が猪を吠え止めて撃てたけん、その犬を買うていんだ（帰った）。この犬は、後で評判になるほどええ犬ぢゃっとう。

⑤　何をさしたち器用

中山さんは何でも出来る。何をさしたち器用で、できんということがない。萬太郎さんのそらは国有林でそこで炭焼きをしよった。石つき（石工）も出来て、方々の石をついと。春は山菜採り、夏は鮎突きの上手で、コロバシで鰻もうんと捕った。冬には蟹籠《がねかご》で蟹を捕っとう。

真面目で人望があり、いっとき勝間川から出て村会議員にもなった。山の人ら、営林署の人らあも推した。わしらは尊敬しちょる。わしらの年ごろでは人間の見本、人間の鏡ぢゃった。人を泣かすことなく、困っている人に頼まれると何でもしてやる人やった。そんな人やけん、女にもようもてとう。

昔の家は茅葺きのこんまい家やった。若い人（息子）が屋地《やぢ》を広げて営林署から木を払い下げてもろうて、自分で製材して家を建てた。ああいう人は他人と肩を並べて行かんといかんと思うて、平生からこつこつと貯めて、小金を残す人ぢゃっと。

(5)　天下一の折り紙

①　わしの筒はすごい

わしは筒（鉄砲）がすごかった。度胸がすわっちょった。筒の手前のスリワリと照準のホシと猪の三つがためる（ねらいを定める）に、わしが早かった。飛鳥も撃ちよったけんね。犬が追い出して、シューッと飛んで来る山鳥も撃っと。

わしが行たらよう猪が捕れるし、撃つにも確かやったけん、「猪捕りに行かんか」「追い山に行こう」と、ようとぎ（友だち）に誘われとう。

萬太郎さんもよう誘われよった。萬太郎さんはこまい男で、山抜けにはようて猪捕りにえらかった（上手だった）。この辺りでは、萬太郎さんが一番手でわしが二番手ということになっちょった。後にはわしが一番手になっとう。

② わしゃ猟親分よ

猟する人の最も優れた人が、やっぱ猟親分ぢゃのう。わしゃ猟親分の内に入っとった。後にわしが天下の猪捕りになった。山口県の猟友会会長伊藤直が、わしを日本一と折り紙をつけてくれとう。

③ 巧者な猪犬が吠え止める

犬を使う人を追い山、猪を追う犬を猪犬《ししいぬ》というた。寝巣《ねす》の猪を起こすことを、ネヤオコシというた。ええ犬ならねや（寝床）で猪を止めちょったけん、勢子に撃つに上手な人がおったらそこで捕っとう。

ネヤオコシをしたら、足の軽い若い猪ほど逃げやすかった。太い猪ほどがいに（粗暴に）あっとう。がいな猪の中には犬に向かって、頭を低くたれてフーフーと荒い息をし、歯をバリバリ言わせてかけば（牙）を研いで、犬を威嚇するものもあっと。そうしちょって、タイミングを計って犬をまくる（突く）。

猪のまくりに対して、犬がまともに（真っ直ぐに）向こうに向いて逃げると掛けられた。向こうへ行くがは猪が速いけん、牙に掛けられてしまう。掛けられて腹から腸を出しちょる犬もおっとう。木のうんと詰んだ（密集した）とこでは犬が後ろへ下がりにくいけん、かけばに掛けられやすかった。笹山なら木がこまいけん、上へ飛び越してでも逃げるけんかまん。

巧者《こうしゃ》な犬は、まくって来る猪からちょっと横に切れと。そしたら猪は首を振れんけん、真っ直ぐ行き抜ける。その後ろから犬に吠えられるけん、猪がよう逃げらっと。そうなると、猪がよう止まった。それを「猪を吠え止める」と言うた。そういう犬が本当の猪犬というものよ。太い逃げん猪には、何匹もの犬はいらん、一匹の猪犬の方が捕りよかっと。

④　こまい猪を犬が捕る

こまい猪は後ろ足の先を犬に噛みつかれると、大体よう逃げらった。後ろ足を軸にぐるぐる回りはじめる。猪が弱ったら喉笛へ回っていて喉笛に食いついて仕留めた。それは、えっころ（かなり）ええ犬ぢゃないとこたわん（できん）。

犬の一生でも猪を食い殺すことのできる数は、三、四匹ぢゃのう。うんと上手な犬で五、六匹噛み殺した。うちのハチもできたね。

⑤　猪の重さは斗目、俵目、石目

猪の重さは斗目《とめ》、俵目《ひょうめ》、石目《こくめ》で言いよった。猪の中で、三斗目《さんどめ》というて、一俵に足らん猪が一番捕りにくい。三斗目いうたら米三斗の重さよ。若うて足が軽うて逃げ足が速いけん捕れらった。

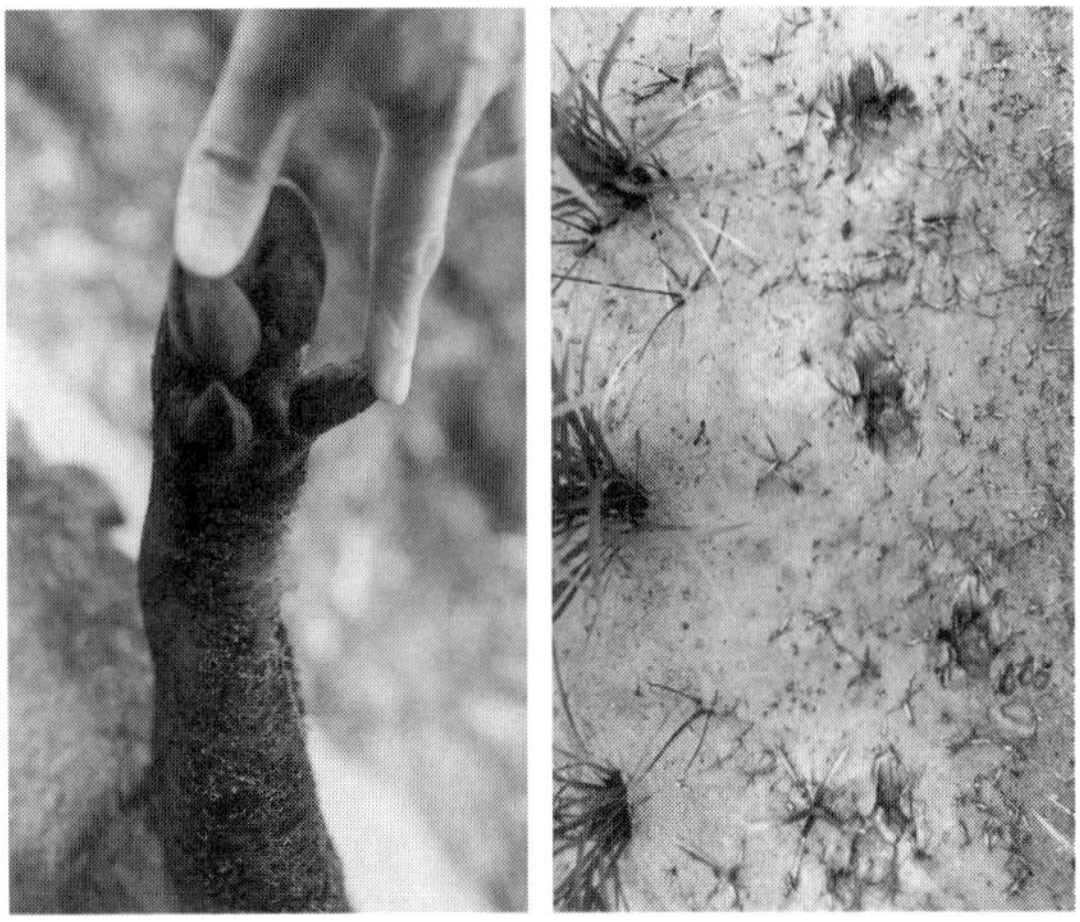

●右＝足跡を見ただけで猪の体重が分かる。写真のものは一俵目（六十キロ）を越すと言う。
左＝七斗目ある猪の開き

猪は二斗目、三斗目、一俵目（四斗目に同じ）、五、六、七、八斗目というた。それは米の計り方に換算しちょって、十六貫（六十キロ）の猪が一俵目よ。普通は、三斗目から一俵目が多い。八斗目いうたら一番太かった。一石目の猪というとよけ（あまり）おららっと。田出の川で捕った真猪《まじし》は百五十キロ越えちょっと。一石目と言うたね。一石目は最高ぢゃ。

⑥ 主爪と蹴爪の開きで目方が分かる

猪の足跡で目方が分かるには、相当経験を積まんといかん。猪の重さは、爪の付きようから分かるがよ。足跡が太うても、踏み込みがなかったら目方が軽い。地へずっしり踏み込んぢょらんがは軽い。倍の大きさがあっても軽いがやけん。足跡がこもうても、土の底へよけい立っちょったら重い。わしがつもったら何貫も違わんけん。つもるいうたら、これはあの足の厚みで、こればあの踏み込みならなんぼあるか分かることよ。

それに、足跡から何匹おるか分かる人でないといかん。

よけ付いちょっても、一匹で二匹分三匹分のこともある。どればあちごうた（違った）足跡があるか分からんといかん。猟親分が見たら間違いなかっと。

猪の爪は主爪《おもづめ》と蹴爪《けづめ》が二本ずつある。その主爪と蹴爪の開きで目方が分かる。肥えちょる猪ほどよけ開くけんね。それに、足の下の盛り上がったとこに肉がよけ付いちょったら目方があると分かる。肥えちょる証拠になる。

蹴爪を二つに開いて、四寸開いたら六斗目（九十キロ）以上、七斗目ばあある。米一俵半ぐらいあるということぢゃ。三寸ぢゃったら十貫目（三十七、八キロ）そこそこ。二寸ならこまい五、六貫ぢゃね。

⑦　向かい矢筋交い、追い矢筋交いに急所を撃つ

猪が向かって来る時は、向かい矢筋交《すじか》いに撃った。筋交いいうたら、斜めに通ることよ。矢筋といい、向かい矢、追い矢というが、鉄砲の矢の印ぢゃけん、弾の行くところぢゃけん。鉄砲の撃ち方よ。まくって（突進して）来る猪の肩から撃ち込んで肋《あばら》を縫うようにした。右から撃っても左から撃っても、高い位置から斜めに撃つ。猪はとにかく前肩から胴半分《はぶん》を撃ったら死にやすうて、間違いなかっと。

肝のこまい（小さい）もんはおとろしいけん、向かい矢筋交いはよう撃たん。撃ち損のうて食われりゃすまいかと思うて。

肘ずり（前足の付け根）から筋交いに抜かしだしたらえらい（うまい）ものよ。筋交いに撃ったら、

どっちの肺にも掛かるけん、死にやすいということ、徒《あだ》がないということよ。みんなたいてぇの人は真っ直ぐに胴の太い、広いとこを見て撃っと。

猪を後ろから撃つ時は、追い矢筋交いに撃った。後から、下から上ぃ向いて弾が抜けるが。腹と大骨《おおほね》（背骨）の間を弾が抜けるようにした。

向かい矢筋交い、追い矢筋交いに撃ったら、弾が心臓、内臓を抜けるけん、その場へぱったりかやる（引っ繰り返る）。上手な人はその二つを使うけん、猪が死にやすい。それで、あの人が撃ったら猪が捕れると言うと。

⑧　広場で撃つ岡の猟師と山で撃つ本腰と

猪を山の上から大広場へ追い出してきて、広場で撃つ猟師のことを岡の猟師というた。広場いうたら野原、里よ。そこへ出てきて撃つがやけん。

大体、上手な人は山で撃つけんど、大概の人が、山へ行ちょっても猪がこおうて（怖くて）広場へ出てきた。大体、猪から逃げて来るがよ。上手な猟師ぢゃない。

本腰がなかったら、山で猪や熊をようやらん。猪でも熊でも何でも来いと思うちょらにゃいかんけん、わしらみたいな馬鹿者のやることぢゃ。

⑨　木槍は四、五尺

昔は勝間でも木槍、竹槍を使いよった人がおった言うね。槍を使ういうても、犬らあで動けんようになった猪でないと使えんね。木は何の木ぢゃち（でも）鉈で切ってとぎらし（尖らし）ちょったら、肉類は突き通るけんね。長さは四、五尺であんまり長うしちょらん。四、五尺あったら身を囲える。囲えるということは、わが身を食われたり切られたりせんということよ。

今りゃ大体、太い猪が罠に掛かっちょったら、四尺の大けな木を切ってのう、頭を叩いて叩き殺さあ。目と目の間をめけん（眉間）という。目のけんさきともいう。めけんの間を叩いたらコロリといかあ。

わしは猪をなやむ（処理する）には、耳をつらまえ（捕まえ）ちょって短刀で刺しと。罠に掛かって暴れよるがには、山の木で杭を作って頭を叩いちょいて弱らせてから、短刀で刺したね。

高知から来ちょった溝淵某という人の杖は、鞘を抜いたら猪を刺せるようになっちょった。言うたら仕込み杖よ。わしらの時代は鉄砲ぢゃっと。

⑩　毒殺はせん

毒は絶対に使わらった。毒は人間にも害するけんね。それに、猪は鼻のええもんやけん、毒ぢゃいうもんは食わん。

(6)　追い山の手配

①　追い山は勢子とシガキマチと

すべて猟に行くことを、追い山というた。猪を追いに行くことを、追い山というと。猪の猟する人も追い山というと。その当時のむらのことばよ。

追い山では、猪を勢子が追い出してシガキマチが撃っと。勢子は猪を追い出す人のこと。「お前ら勢子に行くか」と言われて犬を連れて山ぃ入った。ワンワン吠えるがぃ猪がまくって来るけん、勢子が撃つ。勢子がよう撃たらったら、シガキマチが撃っと。

二、三人で入っても十人で入っても、確実に猪が来るシガキ（射撃場所）へはシガキマチが一人おっとう。わし一人で行く時もなんぼでもあっと。その時は、勢子も撃チも兼ねて一人で行っと。

② マトギは東の人の猪捕り

昔は、マトギということばは使わらった（使わなかった）。新しゅうなってから都会から入ってきたことばよ。わしはみな昔にしちょる（昔と一括りに話してぃる）けんど、こっちは追い山を止《や》めるころぢゃけん、三、四十年前ぢゃろ。

高知から向こうの人はマトギと言いよったけん、どうすることぢゃろうと思いよったら、東の人の猪捕りぢゃという。追い山師のことをマトギと言いよった。

③ 先山・ざいふりは猪の逃げ先を考えちょる

猟の指図する頭領を先山《さきやま》というた。ざいふりともいうたね。先達よ。猪を追い出すすべての手配をする人やった。何事も恐れず山を踏みこなしている山フミと、山を回る指導者の山マワリを兼ねちょるような人ぢゃねえ。

先山が、猪のおり方によって、ここへおったらどのシガキへ掛かるか分かってシガキマチを置いた。それが分からんづくに（分からないで）は置かん。この猪がこの山へ寝よる寝よらんは、猪のほうだ

（食んだ）跡を見て大体分かる。それが分からんようなことでは、猪は捕れなあ。

猪よりか先に猪の逃げて行くとこを考えちょらんといかん。それが見えんようなことでは猪は捕れん。その判断が付かんようでは先達ぢゃない。

わしが西土佐村の黒尊《くろそん》一の大猪《おおじし》を捕った時も、わしが言うたとこぃ寝よって、言うたとこぃ一寸も違わんように来て皆がたまげちょった。わしの判断がよかったということよ。今日の猪がどこぃ寝よってどこぃ飛ぶか、わしがつもったら（考えたら）、たいてぇ間違いなかっと。先達が間違うようなことぢゃいかん。

④　ええシガキに上手な人

猪の猟は、海の定置網漁と同じことよ。

この山に猪がおるというと、先山の指示で勢子とシガキマチが決まる。撃チ（射撃手）をシガキへ配っちょいてから勢子が猪を追い込む。撃チはシガキで待ち伏せし、回って来た猪を撃つ。それをシガキマチというた。撃チマワリともいうたね。あそこへ回っちょれと、撃チがシガキに回されることをシガキマワリというた。

撃つに上手な人をええシガキに置いた。ろくによう撃たん人は、わざわざ猪のあんまり来ん遠いシガキへ回した。ぼっちり（ちょうど）そこへ太い猪が来て、よう撃たんかったらうんと叱られとう。

⑤　四万十川を泳ぎ渡る

普通の猪は大けな川は渡らんが、撃ち損ねた猪が四万十川に飛び込んでよこし（横）に泳いで逃げることもあった。岸へ上がるとぶるっと水を振るうもんぢゃが、ぼっちりそこへおりあわした人でないと撃てん。

(7) 猪の撃ち止めと首車

① 肘ずりを撃て

昔から、猪は肘ずり（前足の付け根）を撃てと言うた。前からも横からも肘ずりを撃つと心臓に当たった。肘ずりから筋交《すじか》いに抜かしだしたらえらいものよ。

罠に掛かって生きちょるがに短刀で止《とど》めを刺すには、耳を持って喉の動脈を刺すか、心臓を狙うて肘ずりを刺しと。けんど猪は前の方の肉がうまい。首あたりや前がかり（前足）の肉がええとこよ。心臓を刺すと刺した部分が焼ける（傷む）。それでは、商売するがに一番ええ肉のあるとこを傷めるけん、出来るだけ喉の動脈を狙うようにしたねえ。わしらは、首あたりや前がかりを外して、大体は十中八、九、頭を狙うて撃っとう。

② 撃ち止めのもんに首車

昔から、「猪は撃ち止めのもん」と言うた。何組もの猟師が追い出した猪でも、仕留めたもんが首《くび》車《ぐるま》を取った。上手な人で、ええシガキへ回してもろうた人が撃つがやけん。間違いのう撃つ人をそんなとこへ回しと。

首車は頭のことよ。猪は首がうんと太いもんで頭に肉が多かった。それに昔は、皮を剥いだ猪の耳から、横手（人の片手の幅）を胴の方へ寄せて切った。それを「横手残して切る」言うて、撃った組の者らに残した。首車にはようけ肉がついちょったけん、横手の肉で大方十人前の肉が取れとう。

③　骨折った人には余分に分配

わしゃ勝間川の吉野と、子連れの猪を追いとばかし（追いとばし）て中半《なかば》の奥へ行たことがある。どうもこの畝へ止まっちょるぞ、犬の姿が変わったぞと言いよったら、さで（木材を滑らせて落とす急斜面）いうて炭に焼く木を上からこかす（落とす）とこで犬が子をくわえて、ギャーギャー鳴かしだした。親が来るぞと思うて構えちょったら、二十貫ばあの雌猪《めじし》が来た。そいつを撃ったら、犬がもつれて子をくわえたなり川へ落ち込んだ。猪を川から引っ張りだして吉野と二人でかいてもんた（担いで戻った）。

吉野は弱いけん後ろにして、わしが前になって棒の前には猪の子をぶら下げてもんた。屋内《やない》（旧西土佐村口屋内）の飲食店でうどんを食うて久保川までもんたら、おっとろしや（おやまあ）十時になっちょった。仲間の猟師らがカイ谷ぐらいへ止まっちょるぞと言うたら、ぼっちりそこへおった。

その猪を分けるに、うちらの猟師が「一里もかいて戻ったがやけん」言うて、わしらに頭から何やらをやらんといかんと言うた。わしらの組では普段から、骨折った人には余分にやりよったがよ。

④　後ろ足一つをくじゅうて取っていく

その時、森沢（旧中村市西部）の人らも一緒に来ちょって、ええ犬と自慢の犬を連れちょった。その人が、皆と同じように分けんといかんと言う。骨折ったもんも普通の分け前しかやらんという腹やった。その上まだ、犬の株ももらわんといかんと言う。

「分かった。お前がそんなに欲しかったら、わしはいらん」と言うとう。

明くる日、浜田という博労《ばくろ》が大将で森沢の人も組でわしらにやろうと言うてきたけんど、「お前らみたいな根性の悪い奴とは一緒にやらん。お前んとこで雇うたがやけん、お前らばあでやれ」と言うた。わしらはその日も一匹撃ち捕った。それから四、五匹捕ったが、浜田の組は全然捕れらった。

森沢の人は犬の株よ、分け前よと言うて取った後ろ足一つをくじゅうて、棒の先に引っかけて肩へのせて取っていった。くじゅういうたら、棒の後ろに荷を付けて肩に担《かた》ぐことよ。くじゅうていんだ後ろ足は、何日もたって干し魚みたいにからびきこになっちょった。乾燥して固うになることをからびる（干からびる）と言いよっと。

昔の嫁さんは柳行李一つをくじゅうて来たもんぢゃけん、嫁取ったら「くじゅうから貰うた」と言いよった。それは、勝間から西へ一山越した有岡《ありおか》の九樹《くじゅう》の地名へ引っかけて言うたことよ。

それからは、森沢の人らに声を掛けても来んようになった。力にあらき（開き）が付いたけんよ。隔たりが付いたということよ。

⑤　わしらの時代に首車を廃止

わしらの昭和の時代になって、撃ち止めのもんが首車を取るがを止めた。なしか（なぜか）いうたら、皆がその日一日役《やく》にかかっちょる（労力を使っている）中で、猪に出くわした人しか撃てんけんよ。猪を追うても、ええ犬を連れちょかんと猪を撃つとこへ出くわすことができん。シガキマワリに人を配るときも、皆をええシガキに配ることはできん。ええシガキは間違いのう撃てる人を回してその人が撃つがやけんど、みんなその日は一人役《いちにんやく》なぐれて（時間を取られて）行ちょるがやけん。一日つぶして行くがは同じことぢゃけんね。

同じように一日を過ごしても、猪に出くわした人が撃つがやけん。同じように時間待ちをしちょったがやけん、撃った人も撃たんかった人も同じ仕事ぢゃと思うたからよ。それに、上手い人でも撃てんこともある。みんなうんなし（同じ）ように分けんといかん、平等に分けんといかんつうことになったがよ。

首は今では耳のきざ（根っ子。耳の元の線）から切る。そうやったら、昔の首車とは肉がざまに（非常に）違う。二、三キロも違うのう。

(8) 山の神のこと

① 最初は山の神に猪の両耳を祭った

昔は、猪を捕ったら両耳を割り木にはそう（挟ん）で山の神に祭って、次の猟の近いことを祈りよった。わしの罠の師匠竹内東次郎も、そうやって猪の両耳を太いアオギ（クロガネモチ）の下に祭って、はように次の猟をさせてください、と拝みよった。中には片耳の人もおった。

アオギは山の神の止まり木いうて、炭焼きにも切り残しちょった。水木や犬桐ぢゃというような実

●和田春広翁（二〇〇一年夏）

●山の神を祭っていた和田春広翁の猟場（口屋内）

のなる太い木は、鳥の餌に残してそこで緑鳩《あおばと》らの猟をしたがよ。

　わしも最初は、そうやってアオギの下に山の神を祭って、猟をはようさせてくださいと拝んだが、わしらの時代になったら止めた。わしらの時代にはそう言う唱えごとを言う人はおらった。

　――近年まで山の神を祭っていた口屋内の和田春広翁のこと――

西土佐ぢゃ、和田春広と藤倉の二人に罠を教えて、一緒に山を抜けとう。西土佐の山を方々出掛けて罠を掛けてやって捕れるまでにせにゃいかん。猪を捕ってはじめて罠で猪が捕れることを納得して捕りはじめたがよ。

●勝間の山の神の岩がんどの残り。写真中央よりやや上。

和田春広はあんな真面目な男ぢゃけん、山の神を祭りよろう。わしみたいなおおのかな男ぢゃない。わしは山の神を祭らんでも猪が捕れるけん。おおのかいうたら腕立ちのことよ、こまいことは耳に入れん男ぢゃということよ。

② 山の神の木で千匹供養

千匹供養は山の神を祭っちょる山の神の木のとこでした。山の神が愛用した太いユスの木と榊の太いがのある辺りで、太夫が祈る。千匹捕らせてもろうた、また千匹捕らせてくれるように祈っとう。動物が成仏できるように、人間に害のないように頼む。そして、お守りの御札を作ってもらい、白い紙と青い紙と一緒に立てた。千匹供養をしたとこはなんぼでもある。お堂のあるとこにもあっとう。家で祈ってもろうてから御札を立てに行ったがよ。

昔の人はうんと迷信なことを言うたけんど、山に入ったらいかん日ぢゃとか、果ての二十日ぢゃいうようなことは聞いたことがない。猪の千匹供養塔も見たことない。

③ 山の神の岩がんど

●奥鴨川の山の神の石

●現在の杖立て地蔵とかやった太い杉。もう猪の骨も見つからない。

勝間の山の神は樋口《といぐち》というとこに祭っちょる。この奥に勝間川へ行く坂があって、そこに入会《いりやい》（共有）林の中に山の神のあるとこがある。大けな岩がんど（岩、岩盤）があるとこやった。氏神さんの川の筋交いよ。

山の大けな石のあるとこやら、山の神を祭っちょるようなとこへ、榊の枝へ幣《へい》を付けた、玉串みたいなものを持っていって差して祭ったがよ。

その岩がんどを除ける時は、山の神さんに退いてもろうた。そんでもまだ、大けな岩が残っちょったけんど、後で水路にするに、他の土木（業者）が割ってしもうたけん何ちゃない。その入会林は皆で分けてしもうた。今は名前を残してわしは代表者ぢゃが。

④　山の神の石へ猪の頭

猟師の中には猪が捕れた時、頭を山の神へ持って行く人がおった。頭の身を取ってから祭りよった。ちいと腐りだしたら狸がくわえてへち（よそ）ぃ持って行くけに頭蓋骨は残っちょらん。

猪の骨がいっぱいあるとこはあるね。これは、鴨川の方にある。鴨川の畝、西土佐の中半《なかば》とのもようた（出合った）畝にある。わしら猟に通る時分には鴨川のそらへ上がる道を上がった岩合《いわごう》という境に杖立て地蔵いうて、かやった（傾いた）太い杉に杖をもたして一服するとこがあった。そこへそんな祠があった。今りゃもうなかろう。

杖立て地蔵から西土佐の方へ上り下りして行たら衣笠山というとこよ。それから行たら営林署の山がある。中半の北の川の奥ぢゃ。ヒエモチという国有林よ。鴨川へも越せる、久保川へも出て来れらあ。そんなとこぃ毎日のように行きよった。

久保川の人が来てくり言うて、わしは猪は主《おも》、久保川で捕っと。わしの知らん山はあるかえ。知らんことがあるようぢゃったら、猪捕《ししと》りにゃなれん。

(9)　山の怪異と猟師の度胸

わしゃ、人らみたいに気の移動、気持ちの移動がなかっと。弱い人は、しば（木の葉、木の小枝）

が鳴っても何か付けて来たように言うけん。わしゃこれが迷信の一つぢゃと思うちょる。

ほんで、その山を怖がる人は、自分の後ぃ何か付けちょったような説を言うことも腹に入っちょるきに、なんぼ人が死んだとこぃ行っても、山で後を音がして来るがにも、そんなことを考えておらん。

① 不慮の死の場所を怖がる

昔、戦争中、束木《たばぎ》を出さんと（供出しないと）いからった。この奥の人が、山でこさえて来りゃせわなかった（造作なかった）に、家の側のそらへ行って木の根のこっぽりかえった（大きく傾いた）がで、道の端へ根がかやって（倒れて）箕《み》を立てたようになっちょったがの、その下ぃ入り込んで切りよった。それへつかし（支え木）をして切ったら何ちゃなかった（問題なかった）けんど。

それを切ってしまうと、木がパターッとかやって、獲物がオシに倒されたようになって死んぢょったがね。（オシは、木組みに岩石をのせておき、獣を圧殺する装置。罠の一種。）

そこを通るのを怖がる人がおっとう。そこは田んぼぃ行くに通る道で、猪が出てくるけん夜中でも通るが、何ちゃ出てくるもんぢゃない。道の端の岡（山側）に死んぢょったが、なんぼ夜中にそこを通っても何ちゃない。

そういう時節もあって、わしゃいろいろ考えるけんど、そればあ度胸が据わっちょららったら、しゃんとした（十分な）山の猟はできんとわしは思うちょる。

② 草履の蹴上げ、しばの音におぢる

人の言うことを聞いて、話を鵜呑《うの》みにして、なんぢゃかんぢゃ人に言いさがす（何やかやと言いふらす）ということは、自分の心がしゃんとしちょらんと思うちょる。

なにが付けた、かにが付けたと言う人は、度胸がない人間ぢゃ。しば（落ち葉）が鳴ってもものが付けて来よるように思う人がある。自分の草履の蹴上《けあ》げ（後ろ部分）でしばを蹴り上げた音でも、自分の後ぃ何か付けて来よるように言う人がおる。度胸のない人の言うことと思うちょる。

③　山の音で山を下りる猟師

山中でオーオーとかギャーギャーという叫び声がすると、山を下りる猟師もおった。昔の人は、山犬ぢゃマシン（魔神）ぢゃという、目に見えんもんのことをいろいろ言うた。迷信ぢゃけん。いろいろな人間に害するものがおる言うたが、実際はそうぢゃない。それはけだものの声よ。わしらみたいな、行てのぞいてみようかいう、度胸のある者はおらった。

④　大山鎮め

山の神へお供えする人もあった。何か肉類を祭ったり、いろいろする人があっとうえ（あったね）。太夫を雇うて祈ってもらうこともあった。

大山鎮《おおやましず》めいうて、山が荒れるけに太夫さんが祈ったら山が静かになるということは、自分の気持ちからそうなるがやけん。あながち、太夫さんが本に書いちょることをぐどぐど読んだち、実際にあるもんぢゃったら、鎮まるはずがない。

山伏くずれみたいな者が、おらが祈ったら山が鎮まるぢゃ言うて金をもろうたり、祭った物をもろうたりする者が、ここらでもおっとうえ（おったね）。

度胸さえ定まっちょったら、そんなことする必要ない。わしは山での唱えごとは知らん。夜、ムササビを撃つに電池（懐中電灯）一つ持って、大けな国有林でも、ぎっちり（いつも）一人で山を回ったけんど、何ちゃ怖いと思うもんに遭うたことがない。

⑤　度胸が据わってないと山の猟はできん

弱い人はしばが鳴っても何か付けて来たようなことを言い、自分の草履の蹴上《けあ》げの音がしたら、後ぃ何か付けて来よるように言う。事故で人が死んだにき（側）を夜中に通ったち、何ちゃ出てくるもんぢゃない。人間の度胸が据っちょらにゃ、しゃんとした山の猟はできんと思うちょる。

わしほどどういん（度胸）の据わった者でないと、山のことは夜も昼も分からん。昼でも夜でも音がしたら、わしは何ぢゃろうと思うてのぞきに行くような性質を持っちょった。その音を確かめる度胸があっと。

すべて心の中ぁ、何であるかということを確かめるだけの力がないといかん。

⑽　一度だけたまげたこと

①　夜中にゾロゾロえらい音

久保川の奥の国有林でシダの中でオーバー着いて寝よった。シダの中はうんと温《ぬく》いもんぢゃけん。夜中にゾロゾロ、ゾロゾロえらい（たいそうな）音をさして下りてきてね。何が来よるろう、おらの方ぃ向いて来よるが思うて、鉄砲を構えちょった。それからわしの方へ来て、下へ行てガザガザ、ガザガザ這いだして、山を音さしよることがあった。熊ぢゃろか、ようし撃っちゃろう思うたが、その音が両方に分かれてね、その姿をよう見んけん、とうとう撃たんづくにもんた（撃たずに戻った）ことがある。

② 試してみたら自分の度胸になる

明くる日、何がおっつろう（おったのだろう）と思うて行てみたら、子連れ猪ぢゃった。

モジ小父という人が、国有林を開けて（開いて）なば（椎茸）のほた木（原木）を作りよった。そこへ猪が親子で来て、子と親の両方に分かれてほた（腐れ木）をまくり（突き転がし）よったが。ほたの下にゃいろんな昆虫がおるけんね。これぃ猪がうんと付いちょった。岡本モジロウ、この人も頭のええ人ぢゃった。（後述、ウノウの項）

猟師やち、たいてぇそれればあの度胸がある者はよけおらん。大概の者は、えらい音がしたが熊やらもしれんかった言うたら、熊になってしまうがやけん。そんなことを試してみちょかん（確かめておかん）ね。試しちょかんと、自分の度胸にゃならんけん。

何ちゃ怖いもんがおるがぢゃない。人間がいちばん怖い。人間は人を殺すけん。

(11) 岩井のおかねと竹治の度胸

① アカビ・赤不浄の山の荒れ

山の神さんには男の神さんも女の神さんもあらあね。どこが強いかは分からん。アカビ（赤不浄・

●萬太郎さんの野辺送りに使われた葬具（勝間川）

出産の忌み）に山が荒れるというても、山の神さんにはそれほどの力はなかろう。

② クロビ・黒不浄の豊猟は迷信

葬式には、棺へ巻いた白い木綿の反物とか綱とかいう物を、くり（くれ）、くり言うて来る人があっと。長う生きた結構人《けっこうにん》（長寿者）のがは皆が取った。講組（葬式組）の人が墓でそういう物を取って戻って、欲しい人に分けてやっと。

黒不浄は山へ入った。黒不浄はうんと猟があると言うが、昔の迷信の人が言うたものと思うちょる。葬式に使うたものを欲しがって身に付けて行く人が鹿を撃って捕ったかいうと、そうでないがぢゃけん。わしゃいつもかつもない（いつでも問題ない）。わしには関係ないがやけん。

猟というもんは、その人に向いた猟ぢゃね。なんぶ（どれほど）そういう時に行たち、捕れんこともあるがやけん。そんな日の繰り方は、わしゃ迷信ぢゃと思うちょる。昔の、猟もようせん人らの言うことぢゃと思う。みの一つだになきぞ悲しきと同じよ。〔太田道灌の「七重八重花は咲けどもみの一つだになきぞかなしき」の歌の表面の意味と本当に伝えたい意味とが違うこと。」

③　赤不浄のからにならんように

赤不浄に山ぃ入ると山が荒れると言うて、猟師の組でも遠慮して行からっと。組の人は別の人らと行った。

自分で行くには、危険な山には行からった。遠くの迷うような山ぃは入ららっと。赤不浄のから（せい）になるけんね。ちょっとした怪我でもからになるけん。

④　岩井のおかねの度胸

子どもが出来たち（産の忌みのかかった時でも）、岩井（土佐清水市の岩井谷）のおかねの言うたことに間違いないと思う。

おかねは子どもが出来て寝よった。旦那をヌタマチに行かせて旦那の撃つ弾数を数えよったら、七発持って行って五、六発放した。いずれ弾がないようになると思うて、寝よったがを起きて山ぃ、お産をしたいなり（そのまま）で行たがやけん。

ヌタマチは風が吹きかけてもけものへ匂いが行かんように高い木の上へ櫓を組んぢょるけん、ほんで家内が下から、

「何を見て撃ちよらあ」。

「あのきれいな姉さんを撃ちよる」。

「それはいかん、目の光ったヒを見て撃たにゃいかん。ヒがその嫁さんを映しちょるがやけん」言

うて、家内（おかね）が鉄砲もろうて撃ったら、人がかやった（倒れた）。旦那が、

「誤って人を殺した」と、言うたらしいわ。

「まあ、慌てることはない。お日いさんの当たるまで、ここで座って見てみよ」言うていんだ。旦那が待ちよると、日の当たるに従って毛が一本出来、二本出来と。毛が出来てきて、正体はけものになった。けものになった言ううちに（と言っても）、マシンは蜘蛛ぢゃけん。

人間も怖いと言うけんど、マシンというものは昔から言われちょるに、わしらも言われちょったが、蜘蛛ぢゃけに。ほんで、蜘蛛は夜、親に似いちょっても殺せと言わあね。夜の蜘蛛は親に似ちょっても殺さにゃいかん言うて。それから、朝の蜘蛛は殺されん。お客様を迎える蜘蛛ぢゃけん。

そんで、その嫁さん（おかね）は度胸が据わっちょって、よう経験のある人ぢゃと思うた。ほんで、話を聞いて、一概にそれをまうけ（真に受け）にしてやっちゃあいかんと、こう、わしは自分に言い聞かしちょったけん。

2　弓矢と鉄砲

(1)　弓矢の猟

①　わしらわりがね大将ぢゃった

田舎の者は弓矢を自分で作りよった。わしらわりがね大将（がき大将）ぢゃったけん、鳥撃ったり

やこい（など）するにこしらえちょっとう。
わりがねいうたら、人間ががいに（乱暴に）あった。ええことばかりぢゃない、子どもを泣かす、何かを盗むとわりいこともしたね。村の子どものボスぢゃった。わりがね大将いうたら子どもにも言う、ふとい人（意地悪い大人）にも言うたね。

② 子どもや若い衆のこんまい弓矢

弓矢は若いもんや、わしらがき大将らが持っちょった。鉄砲の許可取れん人らもやりよった。わしは子ども時分から、若い衆になってもこんまい弓矢を使うたけんのう。昔は、鳥を撃ってじふ（鍋料理）の出汁《だし》にせにゃいかんけん。鳥の猟はやっぱり秋やね、秋から冬にかけてよ。弓矢で撃って落としよった。

弓矢の猟の時は一人よ。数行くほど獲物に近寄れん。陰へ隠れちゃあ、にき（側）ぃ寄って行き、近いとこから矢を放さあ。まあ、七、八メートルぐらいぢゃね。それ以上離れたら矢が刺さらんね。

③ 鳥と兎の猟

弓矢で猟する者は少なかったね。弓矢で捕る者はここらりゃあんまりおらん。弓矢で獲物捕ることは稀ぢゃった。捕ったち鳥、兎ぐらい。

わしが猟を始めた時分には、よけぢゃないが弓矢を持っちょる人は勝間にもおった。ダスガヤの芯の矢に竹の矢尻を付けたら、鳥を通し（突き通し）たり兎を撃ったりできよった。鳩、ツグミ、ヒヨぢゃちゅう（という）鳥類や兎は捕れた。

兎は犬が追うてきて、隠れちょったら、膝まででも来る。ハシリから昔の古い道を通るけん、道に隠れちょって捕らえ。

④　弓矢は十発に一発も当てにならん

昔は、鉄砲を願えん人は弓矢で捕りよった。明治、大正には、おせ（大人）の人の中にも弓矢で捕りよる人がおった。わしら二十歳から上は鉄砲よ。猪は弓矢では捕れらったけんね。

鹿は矢が通りやすいけん、捕りに行たらしいのう。ここらでも弓矢で捕りよった人を知っちょる。鹿なら弓矢でも捕れたが、勝間ではそんなことして捕る上手な人はおららった。弓矢は十発に一発も当てにならんがやけん。みんな鉄砲よ。鉄砲で捕らんと、まどろこしいことしては捕れん。

⑤　猪の矢負いは怖ぃ

猪類を弓矢で捕った話は昔、兼松らが話しよったが、わしらの代にはせららった（しなかった）。猪は弓矢ではなかなか転ばらった。弓矢で撃つ時は大体シガキマチして真横に撃っとう。矢が腹に通らんといかん、臓物ぃ通るように行かんといかん。猪は皮が固いもんぢゃけん、なかなかえらい弓でないと通らざったけんね。

矢では猪を仕留めることはこたわん（できない）でも、猪をちいと傷つけると、犬がかかって食いふせるもんぢゃった言うが、なかなか捕れるもんぢゃなかろう。

矢でも弾でも猪を傷つけると、矢負い、手負いという。はん（半殺し）にして追うて捕ったいうても、死にきれん奴が人に掛かって来とう。矢でも鉄砲でも撃ちそこない、死に損ないになった猪は人間が切られるけん怖ぃと言われよった。

猪がおとろしい人は矢負いの端《はた》ぃは近づかん。わしら、矢負いでも何でも猪が寄ってくれるばあえがやけん。

⑥　矢尻に毒を塗る人

何の毒かは知らんが、弓矢で捕るに矢尻に薬を塗っちょる人があっと。矢の先に毒を付けるがは毒矢と言ぃよった。鳥ぢゃと毒矢で撃ったら、飛んでいきよっても落ちるという状況ぢゃった。

毒は薬屋に売っちょった。体が麻痺する薬を塗りよっとね。その矢で捕った獲物は、矢尻の穴の周囲を切って除けにゃ人間は食べれんかった。わしらやりだしてからは、鉄砲があったけん薬のことは知らん。

えらいて（おえら方）が言うには、人間の殺し合いするには毒を使うたが、獣類捕るにはあんまり付けらった。人間が食べたら害のある物はあんまり使わらった、と。

(2)　弓を作る——胴のしわり按配

①　弓矢は遊び役から

弓矢は誰になろうたというわけではない。大工に近ぃようなもんぢゃけん、作り方を教えてくれる人がいろいろおった。こんまい弓矢から、じいっと（次第に）つおい（強ぃ）もんにしていった。子どもの遊び役みたいなものよ。おせ（大人）のしよることを頭に置いてこしらえて、強いもんにしていっと。

②　弓の長さはいろいろ

弓の長さはいろいろぢゃった。うんと長いがを使う人もあっと。長いがは一メートル半ばあったね。短いがは一メートルばあぢゃった。あんまり短うてもつお過ぎて、よう引きかためん人がおったけん。おせばっかし（大人ばかり）が使うもんぢゃない。よう子どもらが使うもんぢゃけん。学校の生徒（小学生）が使うようなもんよ。

③　胴は孟宗竹の元がええ

一番大事なことは、弦《つる》と胴のしわり（たわみ）按配ぢゃねえ。

急に（高速で）飛ばらったら、ごとごと（ゆっくり）行きよったら鳥も逃げるけん。

竹は孟宗竹でないとなかなか飛ばん。太い孟宗竹の元の方の厚いとこを割って、ように削って、かじめた（曲げた）もんぢゃ。ように削って半分から三分の一くらいは削って弾力性のあるようにした。手にもばら（とげ）が立たんようにしとう。

④　弓はしわる腰よ

大体は胴作りぢゃね。竹は元に近いとこを使うけんど、胴の作りがどこも同じようなが（均一な作り）は飛ばす力がないわえ。

弓は六、七分を大きゅうして、三、四分のとこがしわる弓の腰よ。腰が強いか弱いかで矢の飛び方がちごうた。

弓は七分どこまではうんと丈夫な。それから先は、ちいと細めにしてしわるようにしちょく。そうして弾力性ができんといかん。

⑤ よう研いで、油でしわる力を付ける

丈夫にした六、七分の先の、しわらすとこの、弾力性を付けるとこのこしらえ方が一番大事なことやった。先の方にしわりがないといからった（飛ばなかった）。

これ（三、四分のとこ）を両方からよう研いで、中の身も具合よう研いで、それから先は油でしわる力を付けた。弾力を付けた。そうせんと、矢をピーンと撥《は》ねんけん。

弾力性のあるように胴を固めにゃいかん。胴は干して油塗って、油付けちゃあよう干しと。それから、腰をぬべる（伸ばす）ように、弾力性があるようにせにゃ飛ばんけん。

念を入れる人は、火でふすべ（いぶし）て焼いてかとうにするわけよ。それをこう引っ張った（弓形にした）、かじめた（曲がらせた）もんぢゃけん。飛ばすようにするには、なかなか役（手数）が掛かっちょるぜ。

⑥ 竹の皮を外にして内ひらに油

（胴の）皮は削《そ》がん。竹は皮を付けちょかんと弾力性がない。

弓は皮のひら（側）を外に出す場合と内にする場合とあっと。大体は皮を外にした。皮を内にしたらパラリッと裂けることがあらえ。皮を外にしたらなかなか外へひびが入らんけん、皮を外にして内ひらに油を付けてよう焼いと。そうしたら強うて弾力があった。やっぱ竹を油で焼いて弾力を付けと。握りのとこぢゃいうて、別にしちょらん。真ん中を握ったもんぢゃ。

⑦ かたし油を付けてあぶったほど力が付く

昔は、今みたいな油がないけん、かたし（椿）油を付けよった。

弓の胴は、かたし油を付けてあぶったほど力の付くもんぢゃ。今あるような、石油を混ぜたがは火になりやすい。燃えてしもうたり、日がよけ照ると蒸発してしまう。かたし油はなんぼあぶっても竹の胴に残る。

最近までかたし油を使いよったけん、たいてぇのとこにこがたし（サザンカ）を植えちょっと。こがたしが油がよけ取れと。川端の大けな藪椿より、こんまい指切った（指先）ばあのこがたしが油がよけあっと。うちんく（家）には三本ばあ植えちょっと。後には太って、一斗も一斗余りも実が取れよったね。

(3) 弦を作る

① 松脂を手に付けて絹糸をひねる

今りゃビニールのええものが出来て弦《つる》が世話ない。

昔は、絹糸を四、五本縒《よ》ったね。大けな胴を引き固めんと飛ばんけんね。絹糸を縒って離れんように、松脂《まつやね》あぶっちゃ手に付けて、それで活着するようにやった。それからテグスも使うたね。今りゃビニールがあってなんぼでも長いもんがあるが、昔はなかっと。

昔の網のチカラソ（網を束ねる紐）を作るように、外れんように松脂を付けて。また笑わん（縒りが戻らん）ように、笑うたら中が切れたりするけん。松脂をこう指に付けてね、なかなか力入れても切れんようにこさえと。大きな胴を引き固めにゃ矢が飛ばんけんね。

わしもやったことがある。松脂をこんまい容器に入れて温めて、手に付けて絹糸がかとうなるようにした。絹糸らかとうなって切れもせん、解けもせんように、ようひねりよった。ひねって縄になりよっと。

② 節のがたに弦を掛ける

弓の両端の先はきれいにまろうに（丸く）削って、そっから先が裂けんようにこさえた。紐の先《せん》が行くとこはどっちも丸うに削ったが。切れ目はこさえちょかん。切れ目入れたら竹が裂けるけん。

竹の節を利用してちょっとしたがた（段）をこしらえて、そこに紐を付けと。上下に同じがたをこしらえた。元の方は長くして二寸（六センチ）くらいのとこにあり、弾力のあるうら（先）の方は一寸くらいのとこに短く取った。

がたぃもくい（固く巻き）付けてから、締めて張ってみて、どっちがつおい（強い）か考えてみて、上下同じようにせにゃ、矢がへち（別方向）へ向いて飛ぶ。目標をねろうて、ためちょって放すが、まともに行くことはめったにない。

つもり方（もくろみ）によっては、狙い方もちごうた。使いそめた人なら、いっぺん引いてみたら

●右＝矢の篦の材料となるダスガヤ。左＝向かって左はダスガヤで作った篦。右は川竹製の矢尻。篦は四〇センチ、矢尻は五～六センチ、弓との兼ね合いで長短が決まる。

分からえ。小鳥を捕ってまある（まわる）ばあのことぢゃが、これも自分でやっちょららったら（経験してなかったら）、知らなえ。

(4)　矢を作る

①　矢はダスガヤの芯

ダスガヤはだす（炭俵）を編む茅よ。ダスガヤをうんと矢にした。

ダスガヤのしの（新芽。種の付いたところの出る芯）の長うに出たのを特に取って、皮を剥いで芯にしたらかとうならえ。うんと乾かしてかとうして、それをうんと矢に使うた。自然に枯れたがでは真っ直ぐでないけん、真っ直ぐな芽立ちを取っておいと。

しのの出る芯の先に矢尻を付けたら、すぐう（真っ直ぐに）行くけんね。物を狙うにすぐに飛ぶ。

矢は先に矢尻を付けて四〇センチぐらいぢゃったね。矢が長すぎて重うないようにもした。矢の後ろに羽は付けちょらん。

手前の紐を掛けるところは、先をくぼうに（窪みに）して、へちぃ飛ばんように切れ目を入れた。

②　矢尻は川竹の先を削ぐ

川竹の先を削《そ》いで、とぎった（尖った）矢尻をしのの芯の先に付けた。先を重うしたら飛ばんけん矢尻が軽いように、こんまい竹の穂先をとぎらして、鳥でもよう通り（突き通し）やすいように、兎も撃ったりできるようにした。

今でもあるけんど、昔は藪に川竹（小竹）がぅんとあった。こんまい竹の、丸こいのをすっと削いだら、先が三角にならあ。ダスガヤの芯のうらに、ぅんと研いだ矢尻の先をすっと差して矢にした。だすい（緩い）時は紙でも巻いて差し込んだら、ぎっちり（寸分の隙もなく）締まるけん、それ以上に何か付けて固定さす必要はなかっと。

(5)　鉄砲今昔

①　火縄銃と種子島

昔は、火縄銃や種子島という鉄砲よ。鉄砲はすべて種子島でこさえ始めて、それを皆がなろうてきた。侍らがこれがええ言うて、それを戦争に使い始めと。

昔は、鉄砲が安かった。昔の鉄砲は、いつでも使える鉄砲ぢゃないけん。

明治時代の初めまでは種子島で、うら込《ご》みというて、うら（先）から下ぃツンツン火薬入れてそこへ栓をしてのう、そいとへ鉛団子（弾）を入れて、弾詰めの竿で詰めちょいて、火縄で鳴らしよった。

そこへ今度（次に）、カンを着せ（付け）てカンを引金で叩いて放す鉄砲ぢゃった。

② 元込みの連発銃に熱中

それからは元込みになって、ケース式になった。ケースを差し込むようになった。元込みの村田銃が一番よかったが。村田銃は兵隊らが使うた。あれは怖い銃ぢゃけんね。あれぢゃ、こうねじって薬莢《やっきょう》の出る元込みとかいろいろあったぜ。そんなものは、わしらあんまり使わらった。ケース出すに元込みはいろいろあっと。中を折って、台を折って出すがもある。今のマサタカいうがは、引っ張ったらケースが出るようになっちょった。引き鉄の覆いになったものから撃ったケースを出す。遊底《ゆうてい》を操作して出るがもある。ケースを入れるとこを遊底といいよった。

＊遊底――銃の閉鎖機。銃の機関部後方にあり、前後にスライドして弾薬の装塡、空薬莢の排出を行い、発射時には機関部を閉鎖し爆発圧が逃げるのを防ぐ装置。（『広辞苑』）

わしは村田銃はあんまり使わらった。暫時、元込みの連発が出来たもん。わしは連発銃に熱中した。二連が出来て、大方二連発を使うと。薬莢を元込みして、引き鉄で引いたら自動で鳴って出る連発よ。最近までは五連を使うたが、今では三発しか入れたらいかんようになっちょる。

③ 金丸の無形は最高

今りゃ鉄砲（免許）は戻した。火薬は一切警察へ持っていった。鉄砲は箱ごと宇和島の人にやった。金丸《かなまる》の無形《むけい》は最高の鉄砲ぢゃった。わしゃ兼松さんが買うてきたがを譲ってもろうて、なんぼ猪を撃ったか分からん。弾入れて別に信管を撃つような操作をしてまわるによばん（必要ない）、弾込めて撃つだけでええ。わしゃ、無形が好きぎゃった。弾がはよ出るけん、猪撃っても早かった。金丸の無形はよう当たったね。有形《ゆうけい》いうがは撃ったらケースを取って帯皮へ差しよっと。無形はケースの出し入れせんづくにすむ、自動で弾を発射できるがよ。

大体鉄砲はどれでも、照準を定めるに水盛《みずも》りというもんをして、獲物と銃身の先のホシと手前のスリワリというて谷になったものが合わにゃ当たらんがやけん。水盛りは真っ直ぐに行きよるか確かめる水準器ぢゃ。

④　無形には慣れちょらんといかん

無形には、えっころ（よほど）慣れちょらんといからった。怖いち、人の分からん時（無意識）に、いつ引き鉄（引き金）に手を当てたち鳴るけん、周りの人を傷つけるかも分からん。猟師をうんと撃ったりこい（など）しよったね。

それで（そうかといって）安全装置を掛けちょったら、猪が来た時にそれを忘れちょったら、鳴らんけんいかなぁ。

⑤　あわてん坊は猪も人間も変わらん

あわてん坊は猪も人間も変わらん。前（以前に）、山口へ雇われて行ちょった時、稲刈りのおなごしを撃った人もおった。おなごしを撃ち殺した、そんな馬鹿者がおった。

それは腰がないがよ。腰がないいうがは、腹がないいうがもうんなし（同じ）よ。人間に度胸がないがよ。銃に慣れちょらんということぢゃ。鉄砲はそんなに慌てて撃つことはないがよ。向こうの矢先を確かめずに撃つがは間違いやけん。

田んぼへ猪が来ることはめったにない。猪が動きよる思うて、そこぃ向けて撃つけに、人を撃つようになる。そんな人の前に立つがは、怖い。

(6) 火縄と火縄銃

① 火送り、虫送りに火縄

昔、わしんく(わが家)には火縄があっと。

昔、秋に稲に虫がわいた時に、火送りするいうて、夜お茶堂で供養をしてから火送りをして、虫送りをしたら、虫がおらんようになる。

その火種を、篠山《ささやま》みたいな、昔から火を絶やさず火種を持っちょるとこへ貰いに行く。そんでわしんくに昔から火縄があったけん、それを皆が借りに来とう。

火縄は一日やそこら使うても、ものの二寸や三寸もよう使わんけん、火縄に取ってもん(戻っ)て、火送りするいうて、虫送りしとう。

＊篠山は、宿毛市と愛媛県一本松町との県境にある標高一〇〇〇メートル余の山で、篠山神社があり、火を絶やさないという。

② 宇太郎さんが火縄をこさえる

うちに火縄銃の鉄砲があったけん、祖父の宇太郎さんが火縄をこさえよった。古い家（旧宅）にはまだあったが、もう腐ってなしになっつろう。火縄銃は戦争中に供出した。

シンニョウジクという竹をわいて（そいで）、その竹の芯を叩いて糸みたいにして、それから生石灰《きせっかい》という木灰《きばい》を付けて、三つ繰りに縄に綯《な》い込んで火縄をこさえたもんぢゃった。火がぼうぼう燃えんように、またいつまでも火の粉が消えんようにしたものよ。のう（綯う）ちょる縒りを戻して一つにしてタンと撃ったち、こっちゃに火が残っちょる。

シンニョウジクは、中国へ行たらうんとあるけん、そっちから来たにかわらん（来たようだ）。シンニョウジクは輪になって出来る（株になる）けに、ここらは山の境に植えとう。

③　火縄銃も杖銃もある家

火縄銃はうら込み銃で、明治の初めまで使うた。その後、元込み銃になっと。

部落には、うちと植田のとこに火縄銃があっつろう。わしんくは侍崩れの家ぢゃったもんよ。昔は、武家のえらいてがあった家ぢゃっつろうと思う。鉄砲の箱もなんぼもあった。火縄銃は二、三丁。うら込み銃、それから種子島というもんぢゃった。

植田さんとこには杖銃もあった。杖とうんなしに突いてまわりよった。杖のふうをしちょる元込みの単発銃で、握りがあり、竿《さあ》のとこのケースを入れたとこに引き金が付いちょった。銃身の先には土が入ったりせんようにカンが入っちょっと。先のカンを抜いたら直に撃てるようになっちょった。人が杖と思うて偉そうに言うたら、パンとやられるもんぢゃった。

これは、めったな人ぢゃ持てん。杖銃は侍崩れには許されちょっと。士族でね、昔の侍が厳格に家の守《もり》ができるように、許可が下りちょった。

(7) 弾の話

① タマイリ一つ弾

狙うた的へ一直線に飛んでいく、たった一つの弾を実弾というた。大きいものを目当てにして確実にそこへ飛んでいく。実弾は鉄砲に合わせてこさえたね。弾が筒にだすい（緩い）と向こうへ飛ばん。詰んでいかんと、圧力がないけん向こうぃ行かん。

鉛で作るがも実弾よ。鉛弾《なまりだま》は、鉛を切って皿に入れてロウソクの蝋《ろう》を入れて一緒に沸かしたら途中で固まることもなかった。タマイリに流し込んで、蓋を開けるときれいな弾が、ひとりで外れて落ちるようになっちょった。タマイリはまだ前の家にあるろう。

鉛の棒は火薬店や方々で売りよった。パイプ（鉛管）や下田の漁師の網のイワ（重り）にもしよって、その廃物利用もした。

② 弾の種類

弾には六番、十二番、二十番、二十四番、二十八番、三十番、三十六番とあって数字のこまいほど太いが。昔は、二十番から二十四番を猟に使いよったが。二十四番がいちばん多かった。

S弾はまあ、二十四号ばあのものぢゃろ。ここらぢゃ、鹿弾いうて鉛でこしらえちょった。うんと太い筒の弾が六番、昔の村田銃が三十番。

一号いうたら、そうぢゃ二センチばあのものが、まろうに（丸く）なっちょる。的には（的に当たると）三、四センチの穴になっちょる。

三十六番は小鳥用で三六《さんろく》といいよった。鳥を撃つのは一つ弾ではいかん。散弾銃よ。ヒヨ、山鳥、雉これらの飛びよるものらや兎に使うと。散弾はあんまりこまい弾を使うと、料《りょう》るに全部の弾が出んけに口へ刺さるけん、太いがでする。けんど太いがは肉が傷む。家で作ったがでは、あんなにきれいな弾にならんけん、散弾は買うたがよ。

(8)　弾が変わると竿が変わる

わしはどの鉄砲も使うた。弾が変わると竿《さあ》（銃身）が変わるけん、鉄砲は何丁も持っちょった。昔は、三十番までを使うた。猟には、二十番から二十四番を使いよった。村田銃は三六はよけなかった。今度の戦争では村田銃ぢゃった。

人間を的にして撃つものは鉛の玉で撃ちよったが、鉛ははん（大怪我）になった時に害するいうて、今りゃ鉛と他の物との混合がある。

鉄砲は鉄砲店で買うた。今でこそ各地にあるけんど、昔は種子島の鉄砲店でこしらえたものぢゃった。昔からカン鍛冶いうて利岡にあるけんど、古いがを直したり、こんまい筒をこさえたりするばあやった。

3　罠は猟師が寝よる間も捕れる

(1)　罠の師匠・竹内東次郎

①　絵に描いたようなすばらしい罠

罠は昔からワナというが、ワサという人もおったね。罠の師匠竹内東次郎は、わしより三十ほど年上ぢゃった。罠で竹内東次郎の右に出る人はおらん。この人にこたう（かなう）人はおららっと。東次郎小父の罠は、撥《は》ね木でも、掛ける位置でもどこにも非の打ちどころがなかった。そりゃあ、絵に描いたようなすばらしい罠を掛けとう。猪がどこからどこへ行くか分かっちょった。この人がええと思うたら、狂わすことはなかった。

山を見る目も、他人とはちょっとちごうた。山のことすべてをよう研究しちょった。罠も自分にも（でも）考案して独特のやり方でやった。この人を真似することはこたわん（できん）。

②　竹内の伝を引き継いで一途に猪に打ち込む

わしは竹内の伝《でん》を引き継いで、その人のよかったところを取った。わしばあ一途に猪に打ち込んだ人はあろうか。そうして、罠の特徴をつかんだ。他人に言うに言えんことを編み出しとう。わしはこの人よりいっかく（一段）上になったと思う。山口県の猟友会が、わしを日本一の猪捕りと折り紙をつけてくれと。高知県の猟友会長もそう言うてくれたね。

竹内さんは猪を捕ったけんど、生活に追われる人やけん数は捕らっと。わしら米を作っちょって、小遣いは親父がくれるけん、猪捕りに熱中できとう。そういう余裕のある人はおらったね。

③　猪の習性が猪の身になって分かる

猪《しし》の身になって猪の習性が分かっちょらんと、猪は捕れん。それぱあでないと、針金一つで猪が頭を突っ込むことはこたわん。

猪は山の主ぢゃけん山のことが分かっちょるけんど、それでも命を落とすには、捕る人が一枚上ぢゃないといかん。猪の習性が猪になって分からんといかん。山の中に針金一つ掛けて待ちよって、猪が頭を突っ込んでくれるがやけん。

それは、博打打《ばくち》ちが札をクルクル回して、人がそれ見抜けんようなもんよ。わが道を通ってかかる狸罠という川柳もある。捕る人は猪より一枚上ぢゃないとのう。

素人の罠は猪が十来て、十抜ける。わしは、猪がその山に入り込んだら絶対通るハシリを知っちょったけん、他人がなんぼ罠をかけてもかまん。その罠がせまになってよかった。せまとは障害物という意味ぢゃねえ。他人の罠がようけあると、そこに掛ける罠は少のうてすむ。それは、他人の罠が猪の通行を妨害するけんよ。

そうはいうても、罠で捕るにはやっぱり猪を山に通わせんといかん。素人が罠を掛け過ぎると、その罠で猪がしゃくられる（罠が撥ねて猪が引っ張られる）けん、猪が警戒してその山に通わんようにならあえ。

④　アカソを炊いて締めて縒る

今の罠は針金になっちょるが、昔は麻縄やった。広島産のアカソという麻が一番よかっとう。当時のアカソは一貫目が三円やった。

冬、その麻を炊く（煮る）と赤い色になった。乾かして、川原へ持って行て、引っ張っちょって、縒《よ》よりを掛けてのう（綯《な》う）た。

川原は見通しがええけん。しばのうんと枝のあるがを切ってきてアカソを置いて、その上ぃうんと石を砕いて置いて、アカソを少々引っ張ったち外れんようにしちょる。それをグラインダーを使うて締めて縒りを掛けと。手でしたがでは縒りは掛からんけん。

あれはのべにのうたほどええけんね。ぎじにのうたら縄目が太っていかんけん。ぎじにのうたら、たくった（紐が折れ重なった）ようにでこぼこになるがやけん、滑りがわりいけんいかなあ。これが長うに、のべに針金みたいに、よう滑るように締めていかにゃいかん。そうぢゃないと、猪を締める時のかよい（滑り）がわりいけんね。グラインダー使うにも上手に使うちょらにゃいかなあ。

わしら川原ぃ行て、念を入れてこしらえたぜ。道路でやったら、グラインダー回しよるけん、おかしな塵芥《ちりあくた》が食いついて節が太るけん。川原やったら広いけん、竹を切ってよこし（横）に敷いて、竹の上ぃ滑らすようにして、真っ直ぐきれいにやっちょっと。締まりのええようにするには、頭を使うちょら。

⑤　柿渋に漬けて針金みたいに

それに二、三回渋をする。緒《お》（麻から作った細ひも）を漬《つ》けるがよ。洗面器に渋を入れちょって漬けたがよ。そうやっちょくと、針金みたいにかとうになっとう。

わしらも猪罠を漬けるに渋を取っと。けんど、わしらの渋では赤いけん、商売人のこさえるような赤黒いがにはならんかった。そんで、唐傘《からかさ》屋から買うてきとう。そうしたら赤黒うなって、茶色みたいな色になるけん、猪が見たち何やら分からんようになっとう。それで猪を捕っと。

(2) 罠の概略

① 罠は捕りよい

猪は筒（鉄砲）よりは罠が捕りよかった。わしの罠は、撥ね木さえ近《ちか》にあったら十分もあったら掛けれたがよ。罠は、獣が蹴《け》糸《いと》（センサー）に触れたらロープを撥ね上げる仕掛けよのう。ロープが首に絡まったら、締まって抜けれんように工夫しちょった。

罠は掛けるに上手な人でないといかん。猪が罠のロープを抜けてくれんと捕れんけんね。掛ける位置が大事やった。

罠で捕りだして、猪があんまりおらんようになったがよ。山口県の罠では、一朝に十匹ばあ猪が捕れちょったこともあっと。猟師が追うのは昼しかやれんが、罠は夜ほどよかっとう。罠をハシリへ仕掛けちょったら寝よる間も捕れよるがやけん。それに、罠は五日おいたち十日おいたち一向かまん。猟師が鉄砲さげて昼も夜も守《もり》しよるがと同じやっと。

●仕掛けられた縦罠。写真中央に四角なワイヤロープ、ロープの中を左上から右下にかけて蹴糸が見え、左に立て木と撥ね木が見えるが、猪は気付かない。

② 罠の何とも言えん快感

罠でも撥ね木が右か左にしわり込んぢょったら（たわんでいたら）、ああ猪が捕れちょるとうれしゅうて、何とも言えん快感がある。撥ね木のしわり方で猪の大小も分かっと。生きちょったら、その耳をつかまえて心臓を刺したけんど、後では頸動脈を刺しと。

罠に掛かっても生きちょってまくって（突進して）くるがを萬太郎さんと二人がかりで鉈で叩き殺したこともあっと。そういうことがいちばん面白かった口やねえ。

(3) 罠の種類は縦罠と足クビリ

① 縦罠はロープを真四角に掛ける

罠は主《おも》、縦罠《たてわな》ぢゃった。縦ワサともいうた。

猪の首を掛ける縦罠は、ロープを真四角に真っ直ぐにして、垂直にして掛けと。ハシリの幅は二、三寸と決まっちょって、猪でも兎でも山鳥でもみんなそこを通るけんど、広いハシリと一足ずつしか行かんハシリとあるけん、ロープの広さはハシリによった。ロープを真っ直ぐに（垂直に）するがは、猪がどちら側から来ても捕れるためぢゃった。蹴糸はロープの中を斜めに張る。蹴糸の真ん中の高さは尺二寸ばあに掛ける。ハシリに長い蹴糸を引っ張っちょるけん、こまい猪が来ても掛かった。こまいがはおか（山の端）を通るけん、蹴糸を山の斜面に向けて斜めに張っちょく。

撥ね木と立て木とは、おき（山の低い方）に立てて、ロープをおきへしゃくるようにしちょった。その方が引っ掛かるものが少なかっと。

縦罠は猪が後へ向いてうんとしゃくる（引っ張る）けん、罠から抜けて逃げるがもあった。

② 首くびり、カタワサ、腰くびり、鼻の引っ掛け

コザルの伸ばしこみ（センサーの微調整）の加減で、蹴糸の外れ方が違い、ワイヤーが撥ねる瞬間がちごうて、ホンワサいうて首くびったり（括ったり）、カタワサにくびったりする。カタワサは首の上に足を一つ入れて袈裟《けさ》に（袈裟掛けに）、かたまさにくびること。足一本抜かしてまさに（斜めに）くびるが。そうしたら、どんなにしゃくっても、すぼ抜けん（すっぽりと抜けん）けん、いちばん丈夫よ。猪が止まっちょるけん間違いはない。それに頸動脈を締めるけん、猪が死にやすい。

足二本抜かして腰をくびった「腰くびり」はだいぶ生きる。辺りは野になっちょら。そりゃあ三十貫も四十貫もある太い猪ほど、辺りが荒れんづくに（荒れないで）しばもかぶらんようにしちょる。長い間暴れた猪は、しばを巻き集めて、そいとの下で死んぢょる。それを、「しばを被っちょる」と

●縦罠（首くびり・カタワサ・腰くびり）の模式図

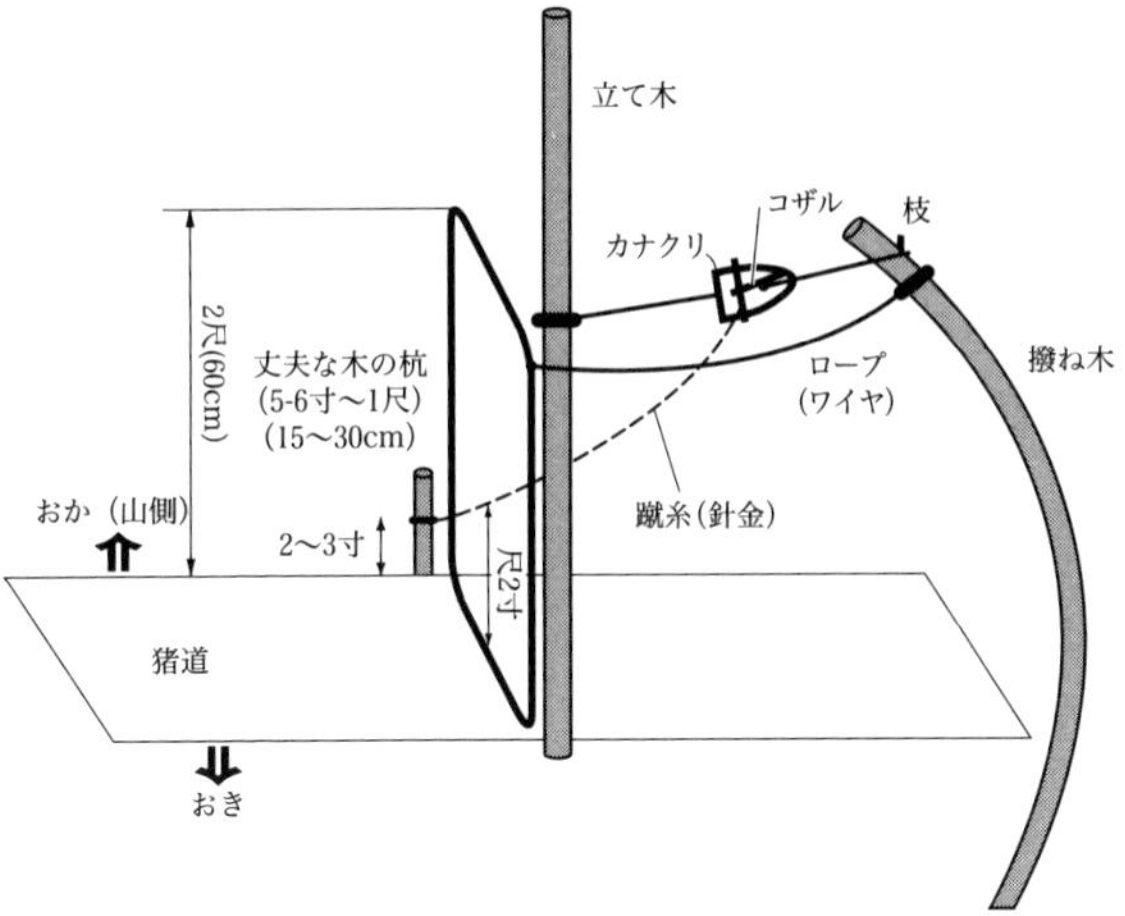

言うと。

太い猪は、ポーンと跳《と》うで木をもくって（木に巻きついて）自分の重りでキューッと締めちょる。自分の力で締めるがと自分の重さでギューッ締めるがは早い（早く死ぬ）ね。太い木ほどはようて、いっぺん跳うで（一巻きで）死んぢょるがもある。

鼻を引っ掛けることもあった。鼻を引っ掛けたら鼻が腫れて逃げるもんぢゃない。太い力のある猪が引っ張ると鼻先がはように腫れて、そこにロープが引っ掛かって逃げるものでない。こまいがが逃げやすい。

③　縦罠のロープはワイヤ

昔は罠を麻縄で作っちょったが、今りゃワイヤになっちょる。

猪のハシリの横に撥ね木を立て、そのうら（先）に股こさえて（枝のあるとこを使って）外れんようにして、そこへわっこ（輪）にしたロープの端を括り付けちょく。撥ね木をたわめてハシリの網代《あじろ》にロープを、

●足クビリ・踏ミ落トシの模式図（下は拡大図）

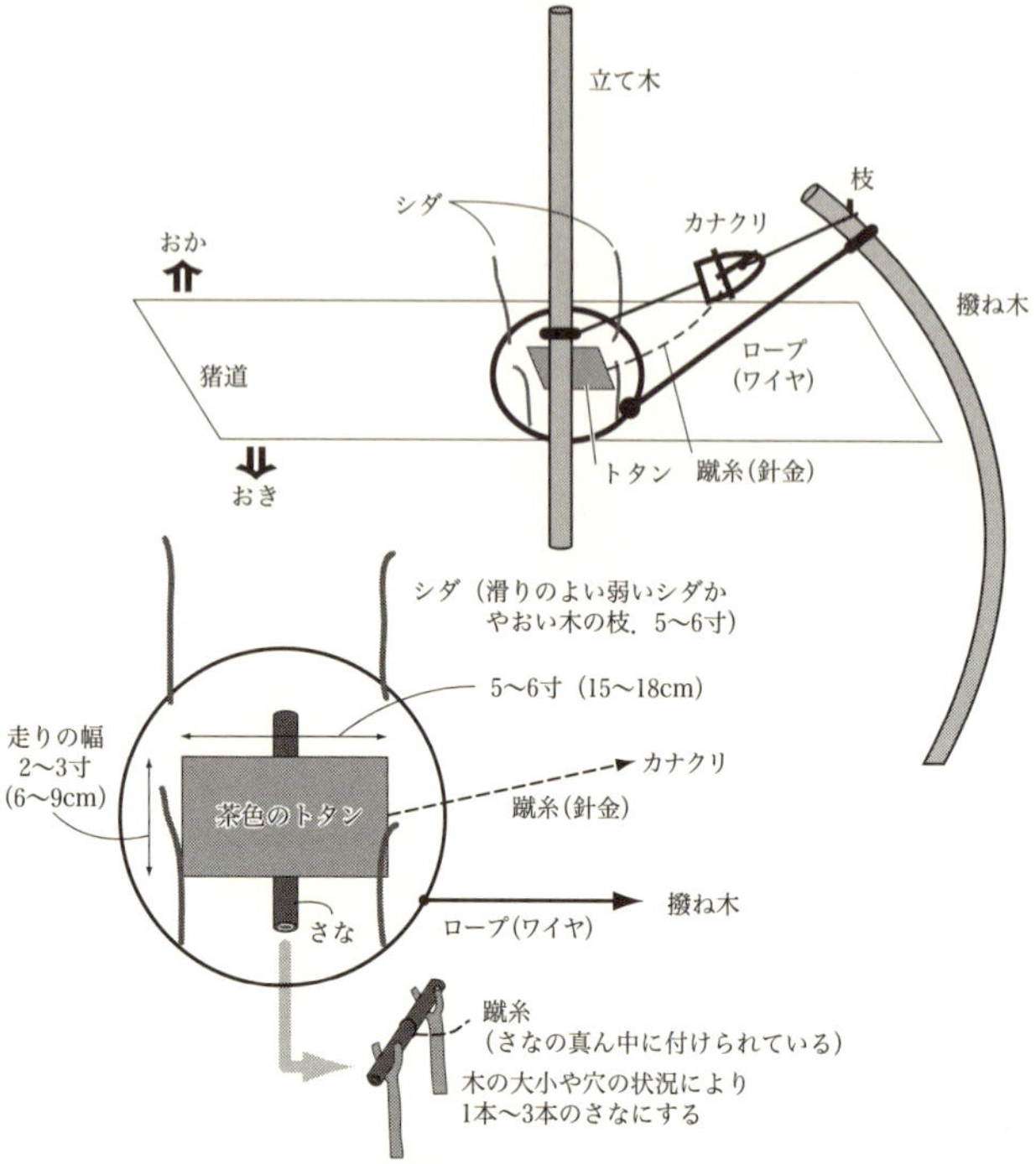

●「田出の川の一六〇キロの猪は足クビリで捕った。太かったぜ」

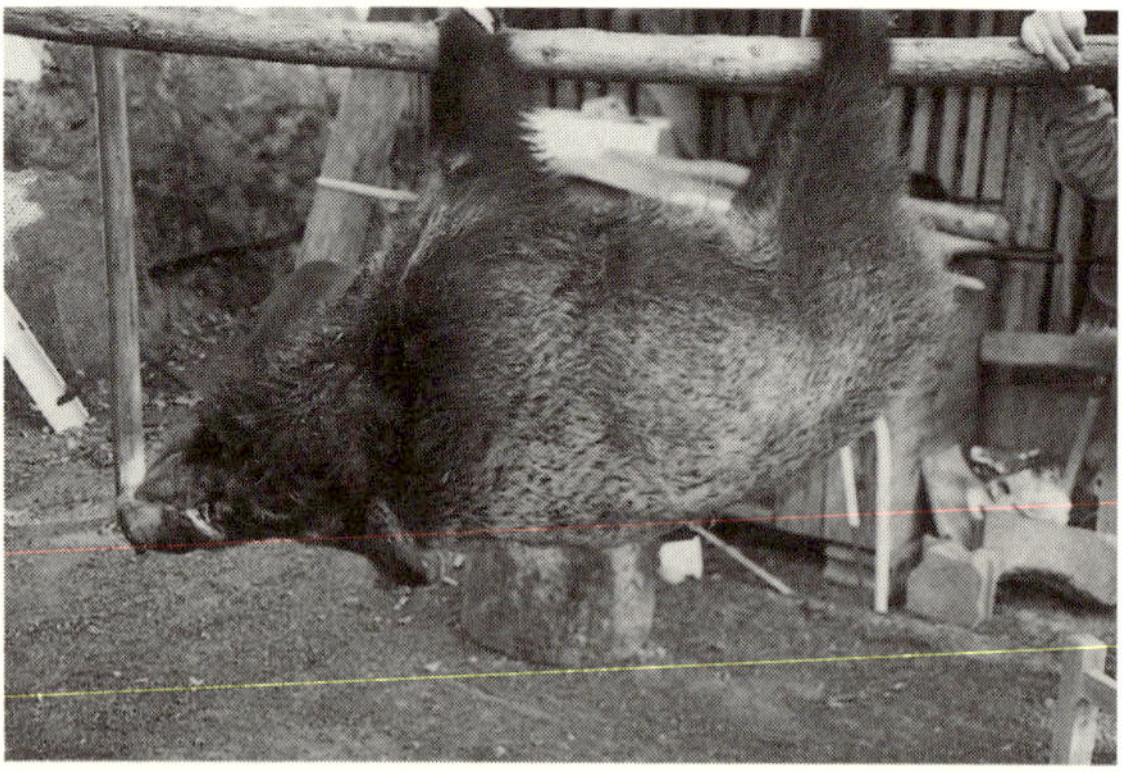

縦罠ぢゃったら四角に仕掛けて、下が地に付いて、分からんようにしちょる。

④　足クビリ・蹴落トシは肉が白い

首を締めて死後三日や五日たつと肉の色が少々悪うなる。それでも昔は、どうもこうも（どうであっても）肉でさえありゃええという時代やった。最近は肉のきれいな、取りだち（取ってすぐ）の肉がええけん、そんで今りゃ足クビリになっと。足をくびっちょるがは猪が一日《ひいとい》か二日おった（生きていた）けん、体へ血が回らな。血抜きをして肉が白いけん、売りやすいがよ。

足クビリの蹴落《けお》トシぢゃったら、ワイヤを縦に丸うに尺五寸ばあ（四五センチほど）の輪で仕掛け、垂直に立てて下のワイヤが分からんようにしちょる。

猪が足で低いとこへ張った蹴糸を蹴って罠を落とすがよ。足クビリは蹴糸をうんと低うにやっちょら。下から二、三寸ばあのとこでやっちょって、蹴った足をくびるがよ。

前足だけぢゃなく、後足をくびることもあった。少しの違いで蹴糸を前足でまたいだら、歩幅がせぼう（狭く）なるけん後足で蹴らあ。その足をくびらあ。

⑤　踏み込んだ足をくびる足クビリ・踏ミ落トシ

今りゃほとんど踏ミ落トシよ。踏ミ落トシは、一尺ばあの直径に地に丸うにロープを寝さして、そこへ足を踏み込んだらくびるようにしちょる。ロープの広さはハシリによったがあんまり広うしちょらんが。猪が踏んだらロープを上へしゃくるように、蹴糸を踏んで落とすようにしちょるけん、踏ミ落トシというた。

穴を掘って茶色いトタンの踏み板を置いと。家の後ろの方へ立て掛けて置いちょる茶色のトタンを切って、しばの下へやっちょる。そいと（それ）を猪が上からズンと踏んだら、ロープが撥ねて猪の足をくびるがよ。

トタンを踏み板にしたがは、白い物では少々しばを被せたち上から見えるけんね。茶色のトタンなら見えんがよ。踏み板の長さは五、六寸で、幅はハシリの幅ばあの二、三寸にしとう。ロープは踏み板の上に敷いちょった。猪は小足《こあし》ではよう行くけん、ハシリの踏み板に前足が掛かって、大体前足をくびった。

田出の川の百六十キロの猪は足クビリで捕った。太かったぜ。よう肉が締まっちょっと。

⑥　なんぼでも知恵が出てくる

今の踏ミ落トシはロープを地へ寝らして（寝させて）、しばうったつけ（しばを覆い被せ）ちょる。ハシリは兎も山鳥も一緒ぢゃけん、そいとらが載っても落ちんように、踏み板の下にはこんまい木を切ってこさえた一本から三本のさな（簀の子のような細い木）を下へやっちょる。真ん中のさなには二、三本の股木の支えをして、さなの真ん中に蹴糸を結んぢょる。

けんど、撥ね木がロープをいなり（そのまま）よこし（横）にしゃくったら、ようくびらんことがあるし、足をくびっても突先《とっさき》をくびるけん外れることがある。そんで、ロープがよこしにしぼまんづくに（しぼまずに）そらへ上がってくるように、弱い五、六寸ばあのシダを折ってきて、ロープの内側の四方へ立てちょる。しゃくり上げたらシダで五寸なり六寸なりは上へ上がって、猪の脛まで上が

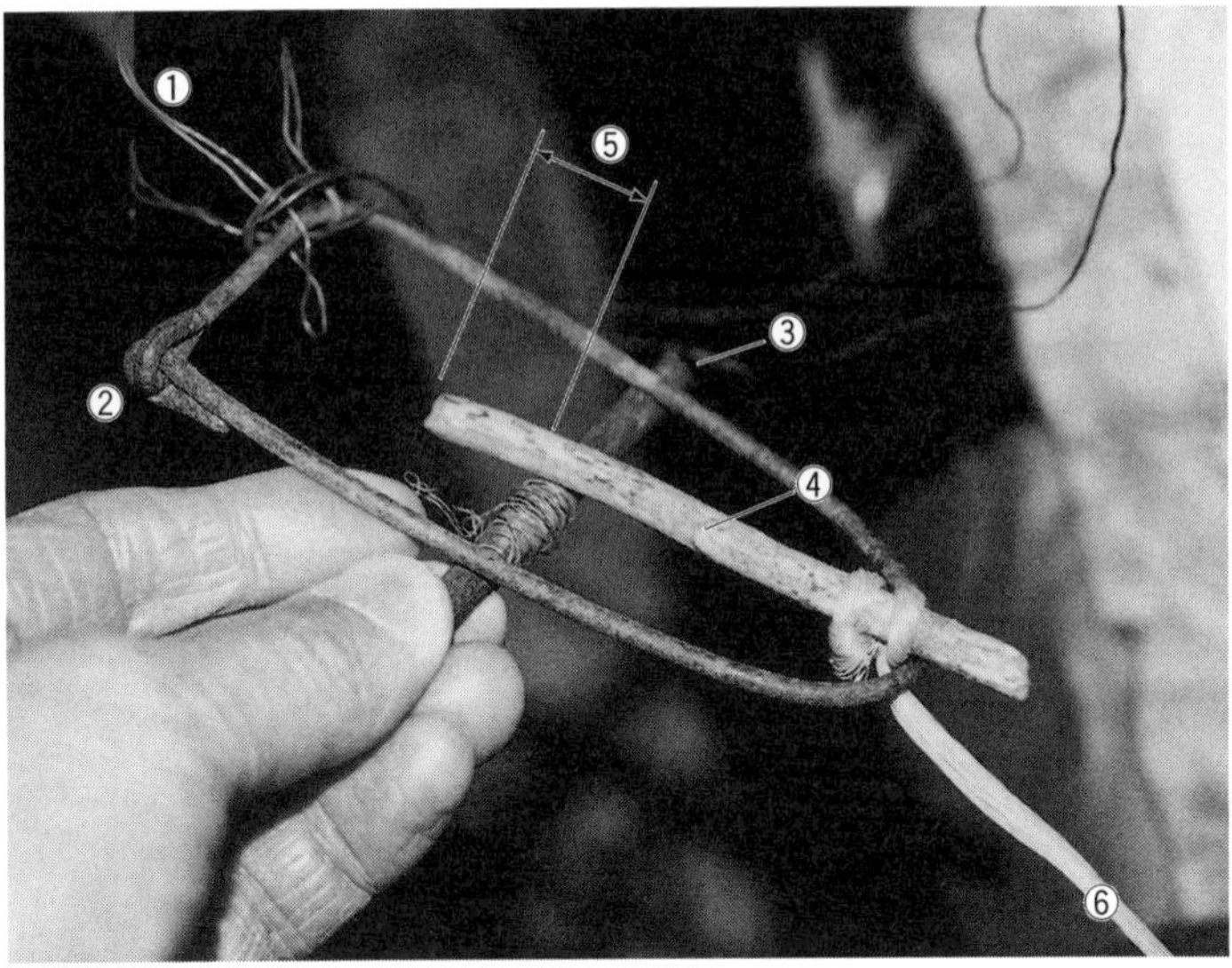

●カナクリの構造
① 針金：立て木に縛りつけて、カナクリを固定する。
② カナクリ：現在は鉄製だが、昔は麻縄と木の枝でできていた。
③ コザルドメ：8㎝くらい。蹴糸（一番細い針金）を結び付けている。
④ コザル：9㎝くらい。
⑤ コザルの伸ばしこみ：この長さが秘伝。
⑥ ひも：20㎝くらい。撥ね木に結び付けている。今ではビニール製。

ってくびれるようにしちょる。そうせにゃ括り損なうけに。

シダはこんまいようながが、しわって（たわんで、しなって）上がるけんええ。シダでも箸ほど太いがは丈夫すぎるけん、こんまいシダをたんね（探し）て折って差す。

それから、木の枝を使うなら、芽立ちのやおい（やわらかい）、釣り竿の先みたいな滑りのええもんを突き立てて、すうっと自然に引き上げるにしとう。分かったかえ。

わしは、なんぼでも知恵が出てくるけん。実際わしに付いて掛けよるとこを見たら分からえ。

(4) カナクリを編み出す

① 猪が来るまで撥ね木を引き止めるカナクリ

カナクリは、たわめた撥ね木を立て木にしっかり固定しておく道具よ。カナクリに長い針金が付いちょるがは、太い立て木に巻きつける時のためよ。

昔は、カナクリを木と麻縄で作っちょったが、今りゃ頑丈な針金で作っちょる。カナクリは、ロープ横の立て木の、尺五、六寸ばあの高さのとこへ括りつける。

撥ね木と立て木とがあらかん（間があかん）ようにくびり付ける。撥ね木と立て木とがあらき過ぎる思うたら、コザルの紐を巻いて短うする。立て木がこまい時はかず（数多く）巻いと。

カナクリは底辺が六センチ、長さが十二センチほどの先がすぼまった四角形で、中に撥ね木につながるコザルと、コザルを止めちょるコザルドメからなって、コザルドメの蹴糸（針金）の先はロープを筋交いに通って、おか（山の手）の小さな杭の二、三寸のとこにくびり付けちょく。

猪がロープに入って蹴糸を頭で蹴り（当たり）、足で蹴りしたらコザルが外れて、撥ね木が撥ね返るようになっちょる。カナクリは夜も寝んと、猪が来るまで撥ね木をじっと引っ張っちょる。

②　昔のカナクリは横木と麻縄

カナクリは、昔は小道具、小道具と言いよった。小道具は昔は、山でやり（作り）よった。上は木をやっちょって、こぼて（小鳥を取る竹で作った仕掛け）みたいにしちょった。その横木の両端に麻縄を括って、手前を立て木に巻き付けておいた。それで三角形になった手前の狭いとこに引っ掛かって撥ねんことがあった。それが問題ぢゃった。

昔の、木と麻縄の小道具の時代は、コザルドメの滑りが悪うて撥ねんことがあったり、蹴糸が重いけん、猪が悟って瞬間的に避けることもあっと。

③　カナクリをわしが編み出した

わしが針金の十一番を曲げてカナクリをやり始めと。

四角いけん、いつぢゃち（いつでも）同じように外れるがよ。コザルドメがくるくるきれいにもうて（回転して）いて外れるけん。それに、蹴糸も細い針金にしたら、軽うに落ちて捕れやすうなっと。

④　わしのカナクリをせつく

わしらあちこちに行くけに、そこで仕掛けた罠を、他人がうんとせついちょった（いじっていた）ことがある。掛けたり外したりしちょった。たまたま行きかかって、わしらあのがを研究して取ろうとしたがよ。

けんど、そのコザルの伸ばしこみを深うに掛けてええやら、浅うに掛けてええやら分かるまい。かっちり掛けちょららったら、猪のええとこをようくびらんけん。

わしがねろうで（狙って）掛けたら間違いないけんど、わしとうんなし（同じ）土地の人がびっしり（いつも）しよったら分かるが、一度や二度教えたちようくびらん。

(5) 立て木秘伝

① 立て木で罠が分からんようになる

カナクリをくびり付ける立て木は、立った木をとぎらし（尖らせ）てつかした（突っ込んだ）もんぢゃ。カナクリの広い方を立て木にくびり付けて、反対側を狭うにしてやりよった。

生木でも太い木ぢゃったら風にも動かんけにええけん、それに括りつけれるようにカナクリに付けちょる針金が長いがよ。

どこもかしこにもええ木はないけん、切って立てたがが一番ええ。生えちょる木ぢゃとしば（枝や葉）が付いちょるけに、風が吹いた時にカナクリが動いて狂うたら、猪をまともにようくびらんけん、風が吹いても動かんように、坊主に切って杭にして突き立てちょる。それで猪が捕れる、捕れんが決まる。それがええ位置にないと猪が罠を避《よ》けるけん。

どっちから見ても罠が見えんように掛けにゃ。端《はた》に行て見たらきれいに罠が見えちょるけんど、猪が通るにゃその立て木の関係で、罠がひとつも分からんようになるがやけん。そういう技術がある。素人の罠はそれが悪うて猪が掛からんがやけん。

② 言うに言われん秘伝

立て木はそこにある木をなんぼ握って切ったち、一生懸命握って突き立てたちかまん。人の匂いがあったち、立て木一本でそれが分からんようになる。立て木にうんと秘伝があるけんど、素人に言うたち分かりゃせん。それがうんと野心よ。それが難しゅうなかったら、罠さえ掛けたらみんなも捕れらあ。

その秘伝を口で言うたら、匂いが付いちょっても匂わんと、向こうに見通しのええとこでないと、猪が罠の中を抜けんけん。そこに妙な物があると思うて猪が立って見るようなとこでは、くびれん。そこへ猪が臨んぢょったち、へちへ避けて通ることがある。

猪が抜けるようにせんといかんが。これを抜けるになかなか問題よ。猪の勘というものが、ここをすうっと抜けてええか、ここへ来て一メートル手前ぃ来てからように覗いて通るか、そのますっと通るか、これ一本ぢゃけん。そこの一分や五分ちごうたらいかん。

これには言うに言われん秘伝がこもっちょる。わしはもう止めたけん、なんぼ言うたちかまんけんど、素人に言うたち分かるまい。

その一メートル手前で猪が覗いた時に、その立て木も罠も分からんように見えにゃいかん。猪がすうっと通るようにならんといかん。そこが難しいとこよ。それが上手にならにゃ猪は捕れん。それを上手にせんがは素人ぢゃけん、猪をようくびらん。

③　こまい立て木はなやす力

猪が罠に掛かったらどんながでもこんながでも死んぢょるつうわけぢゃない。撥ね木が折れることもある。

立て木に大きな木を使うたら、重い猪ほどとうで（跳んで）木をもくうて、木に巻きついていっぺんに死んぢょがもある。時には、太い猪がもくうて、大きな木で締めてツンとしゃくったら（ぐっと引っ張ったら）、ワイヤが切れ込んぢょることもあっと。

ここへ猪が百貫の力があるもんで、この木が太かったら、太い木をその力でしゃくっていっぺんにキューッと締めたら、その力がみなワイヤへ掛かって切れて、猪がいんぢょる（山へ帰っている）ことがあらあ。

それがこまい、弱い木ぢゃったら、猪がよけいにとうで、何回ももくうけん、ロープを何人もして持っちょるようなもんぢゃけん、切れぬくい（切れにくい）。こまい木によけいもくうたがは、弾力性があるけん、猪の止まりがええ。

こまいほど、なやし（柔軟性）があるけん、こまいがを数集めたほどワイヤをなやす（和らげる）力があるけん、わりあい逃げるがが少ないわけよ。

そんで、猟師のベテランは、ハシリの足跡を見て猪の大小から立て木の大小も決めとう。わしが一日連れて回ったら、どういうとこが猪捕るに適当か分かったろうが、話だけぢゃ実際は掛けれん。

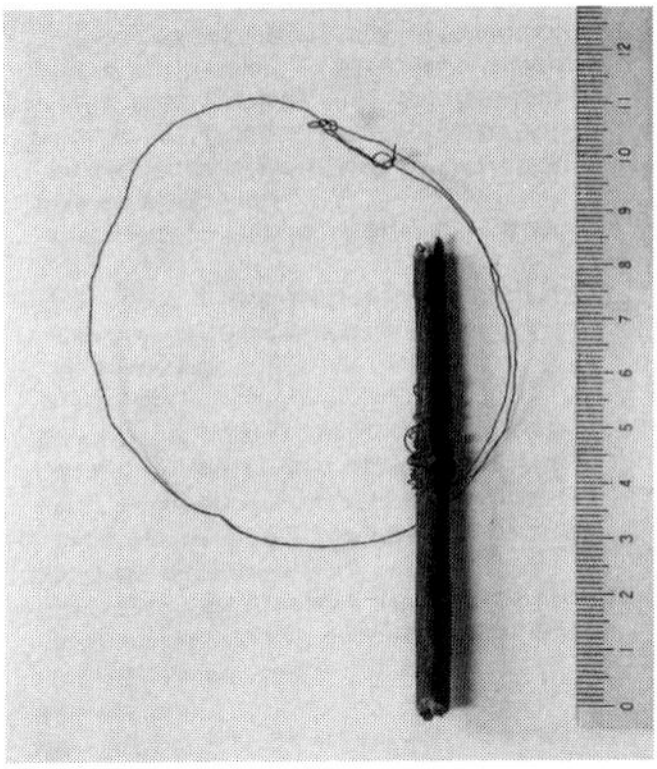

●コザルドメと蹴糸

(6) 蹴糸

① 蹴糸がいちばん難しい

蹴《け》糸《いと》を括りつけたコザルドメでコザルを抑えちょる。猪が山をまくって（掘り返して）行きよって蹴糸に当たると、コザルドメが外れてロープが撥ね上がるようになっちょる。蹴糸というけんど蹴り糸ぢゃけん。猪が足で蹴る、頭で蹴るがぢゃけん。猪が足で蹴っても、頭で蹴っても捕れるようにする蹴糸がいちばん難しい。猪の頭いうても目の上で蹴る（蹴糸に当たる）か、目の下で蹴るかによってくびれ（括る場所）が違うけん。これは素人に言うたち分からん。

足クビリにするには蹴糸をうんと低うに、地から二、三寸のとこにやっちょらあ。

② 昔の蹴糸は綿糸の渋やま

昔は綿糸の渋やま（柿渋を塗った紐）でした。その悪いところは雨が降ったら縮み、日和で温いとだるん（緩ん）でぬぶ（伸びる）けん、測量（計算）が違うけん、いからっと。それに、ひやいとちぢかまって（縮んで）ひとり（勝手に）落ちることがある。

そんで、わしは針金にしたがよ。針金にしたら伸び縮みせんけん絶対に狂わん。けんど、蹴糸ぃ木の枝が落ちかかったり生柴の葉が落ちかかったりして、その重みで空撥《からば》ねすることはあっと。
③　蹴糸には半年も一年もかかる
蹴糸にはいちばんこんまい針金をつこう（使う）と。針金がぴかぴか光っちょったら猪も通らんけん、白いものを黒うにして、ちょっと分からんようにするがよ。

蹴糸というもんはめったに出来るもんぢゃない。狸でも猪でも熊でも獣類はすべて、それで命が分かった（分かれる）もんぢゃけん。蹴糸に託しちょるけん。

罠の蹴糸の針金は、風呂の焚き口のそら（高いとこ）ぃ掛けちょら。焚き口の近へやったら折れやすうになるけん、そらぃやって自然にふすぼら（燻ら）せるが。

針金をふすぼらせて蹴糸にこさえるにゃ長いこと、半年も一年もかかる。風呂場の煙突のずっとそらに掛けて、煙をかけて腐らす。いつふすぼったやら分からんように、黒うにせにゃいかん。風呂場の屋根が自然にふすぼったようにするがよ。

針金の束を時々回しちゃあ、長いことかかるぜ。火に近かって急にふすぼらしたらぼろぼろに折れるけん。途中で千切れるようでは話にならん。ふすぼり過ぎても切れだすが。切れたり折れたりしたらいかんけん、兼ね合いよ。

なかなか猪捕るには、道具にも一苦労するぜ。大変ぜ。それをこさえることが上手でないと、猪は捕れんがやけん。

④　縦罠の蹴糸の真ん中の高さは尺二、三寸

カナクリにくびり付けちょる蹴糸の一番高いとこは尺五寸になるけんど、猪のハシリの外にあるけん、そこへ猪がまくる（突き当たる）ことはない。そこから斜めに張って、山際の杭にくびる高さは二、三寸でもええ。蹴糸の真ん中の高さ（ハシリの真ん中の高さ）は、尺二、三寸で間違いなかった。こまい奴はおかの端（山際）を通るし、太いがはおきの端（谷側）を通るけん、どんなが来ても捕れるようにしちょる。

ハシリにあるヌタ場を見て、ヌタウチの後にするヌタズリが付いちょる木の高さを見て蹴糸を張る人もあるが、大体尺一、二寸や尺二、三寸で間違いなかった。

⑤　ハシリの観察から罠の向きを決める

猪の大小で蹴糸の位置を変える必要はない。獣類のハシリは二、三寸と決まっちょるけん、狸でも捕れた。折節、山鳥がくびれちょることもあったが、こまい猪がよけ通っちょるがは爪の跡で分かるけん、それぃは蹴糸を少し下げて張っと。

猪は小足ではよう行く。猪が走るに速い、下り目になったハシリと、上へ向いたとことは同じ道を通るになったら、掛ける方向が反対になってくる。その時は、どっちをようけ通っちょるか、足跡を調べんといかん。雨降りのような土がやおい、よう踏み込んぢょる時に見たらいちばんよう分かる。

わしが見て、この猪はこのハシリを上向いて何回、下向いて何回通りよるかと分かる。下り向いて

行くがは荷がかかるけん、道が掘れちょる。くぼうなっちょる（窪んでいる）。ほんで、研究してね、上向きか下向きか掛ける向きを決めて、その掛け込みをわしの手先でやるがよ。

同じようなとこでも、はよう通るとこと、おそうに通るとこと場所によって違う。道が真っすぐ抜けるとこと、ちいと傾斜のあるとこと違う。傾斜のとこははよう歩いて地が掘れちょる。

⑥　鼻の先でまくるか目の下でまくるか分かる

この猪はここをどう見ちょるかによって蹴糸の長短を決めたね。

同じ下り目になっちょっても並足で歩いて行きよるがは、足跡を見たらどればあの（どのくらいの）歩動《ほどう》（歩幅）で行きよるか、わしには分かるけん、それで蹴糸を張りよる。予測よりちいと遅かったらええとこをようくびらんけんね。それは、わしらみたいな慣れたもんぢゃないと分からな。

速いとこは蹴糸をまくる（突く）とこが低うなるけん、さどう（敏感に）なるわけ。鼻の先でまくるけんね。そこがちいと上がったら、一寸かそこら上がったら目の下でまくるけん、その違いぢゃ。わしがやったがぢゃったら絶対に間違いない。歩幅を見てやっちょって、ぼっちりに（ちょうどに）いっちょるけん。

コザルドメに巻くに一返《ひとかえ》しかやした（コザルドメの木に蹴糸を一回巻いた）がと、かやさんとおいたがとは、うんと違うけん。ここをちいと寄せたら（後述・コザルの伸ばしこみをほんのわずか伸ばしたら）、一返りかやったも一緒ぢゃ、その際蹴糸が伸びてくるけん。

わしの頭の中へはぱっちり（がま口の口金がきちんと合うように）あるけんど、そんなことをお前に

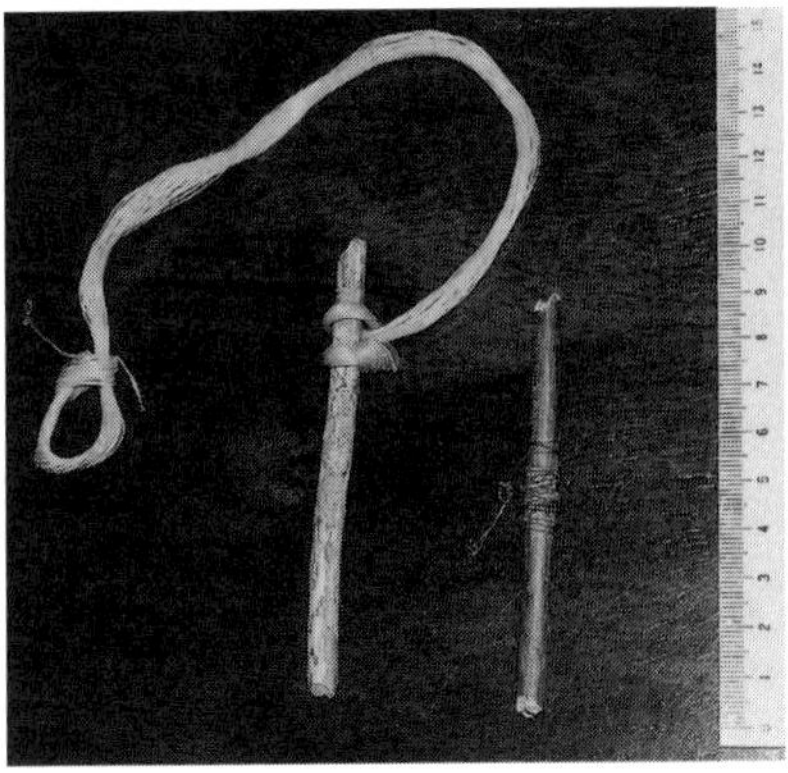

●昔の、萩の芽立ちのコザルとコザルドメ

言うたち分かるまい。

⑦　ハシリの真っ直ぐいとこがええ

それでなんぼわしがやったち、くびれちょらんがもあるけん。ああ、これはどちらから来たけん（罠を掛ける方向が逆で）駄目ぢゃったと考えらあ。

そんぢゃけん、罠を掛けるとこはハシリの真っ直ぐい、（上り下りが）平均違えんようなとこに掛けらあ。そういうとこは、わしが見たら分かっちょら。

(7)　コザル

①　コザルという訳

コザル・コザルドメ共に小さな木の枝で作っちょった。撥ね木をたわめて立て木のカナクリにひかえ（引き寄せ）るのがコザル。カナクリの中でコザルが外れるのを止めちょるのがコザルドメ。コザルドメは蹴糸を巻いた木で、コザルを止めちょる。

猪が蹴糸を蹴る（センサーに当たる）とコザルドメが引かれ、コザルが外れる。コザルが外れると、撥ね木がぴんと撥ねてロープをしゃくって猪を締める。猪が暴れるほどロープがよう締まる。

コザルということばは、木から外すことをいう。コいうたらこんまいこと。サルいうたら猪の罠でいうと、引っ張るということ。クビッチョ（小鳥の罠）でも真ん中へ下がった撥ねる木をコザルというと。

＊さる――釣り針や網を海底の岩にかけた場合、岩から外す装置（土井重俊・浜田数義編『高知県方言辞典』）

② コザルは萩の芽立ちから竹の料理箸へ

コザルは木の細い、こまいやつでこさえちょった。こっちの人らは、萩の芽立ちを切って削って作ったりしよった。萩の芽立ちは、暫くは真っすぐに長うに伸びるもんぢゃけに一枝でなんぶも（いくつも）取れた。

わしが猟しだしてからは、竹の料理箸をつこうた。あれはきれいに真っすぐにあって正確にいくけん、あれを買うて使いよった。一本の箸の両端のとぎった（尖った）とこをコザルにし、真ん中のとこでカナクリの上を転ぶが（コザルドメ）を二つなり取れた。それがぼっちりクルクルきれいにもうて（回転して）いく。わしが経験しちょらあえ。

コザルはなるべく短うに使うちょる。長いと撥ねた時に、よこしに引っ掛かったり、他の木に引っ掛かったりして、撥ねんことがある。上へ木の枝があったら（引っ掛かって）撥ねんけん。コザルは下へ外すようにした方が、ロープが後ろへ撥ねやすい。

③ コザルの伸ばしこみでカタワサに

コザルの伸ばしこみが一番よ。どれぐらい伸ばしたら猪のどこをくびるか、ということが分かっちょらんといかん。（前足と肩と首を括る）カタワサになるように加減しとう。

「はずはず（すれすれ）に掛ける」言うて、コザルの先をどれぐらい外したら首を括れるか、カタワサに足を一本抜かして括れるかということは、わしには分かっちょる。

これをどればあにしちょくかは、猪の通る道によっても違う。坂になったとこと真っ直ぐいとこと、ちょっと上がりに向いたとこと違うけん、実際に掛けてみんと分からん。そりゃ猪の通りよるとこで実際に掛けてみんとなかなか分からん。コザルの外れよう一つで猪が括れる、括れんが決まるけん。

④　ほんまの猪捕りはハシリを見る

そりゃもう、長年やって来て、コザルをどれぐらい掛け込んぢょったら、どこをくびるか分からあ。伸ばしこみが長かったら（二センチになったら）前足両方を抜いて腰へ行く。ぼっちり（一センチ）ぢゃったらカタワサ（前足と肩か首）をくびる。何にも（何もかも）それが分かってこにゃ、捕れなあ。針金一つ持って都会の旅館へ泊まって商売はできなあ。

跡取りは大体できるけんど、まだまだ始まらん（数段劣る）。わしに言わしたらうんと非難がある。欠点があることとよ。

わしはもう、猪が踏んで通っちょるハシリをちょっと見たら、罠を掛けてええとこと、掛けてもまともにくびれんとこと分かる。誰もがそれをよう見なえ（見んね）。それを見だしたら、ほんまの猪捕りになるけん。それを見んでは、人に教えるぢゃいうことはこたわん（できん）。

(8) 罠場所・網代

① 猪が十来たら十捕る網代

ハシリの中でここやったら猪を捕れるというとこがある。わしらみたいな古いもんは、そこを網代《あじろ》とも罠場所とも言うと。

それを知った者はよけおらん、おらん。それを知った者がおらあ（おったら）、猪が捕れるがぢゃけん。そこから一メートルちごうても猪の捕れんとこがある。それからまた、木が一本あってもそれがために猪が罠のとこを抜けんこともあるけん、そういう時はその木を切っちょかんといかん。猪が十来たものを十捕らにゃいかん。

② 田んぼの端では捕れん

猪が荒らしにくる田んぼの端は猪を括りにくい。猪が何回でも通るけん、素人はそこがええと思うて罠を掛けるけんど、そうしたらそこへは通らんようになる。人間より頭がええもんぜ。

山でハシリを見つけて掛けんと猪は捕れん。

③ 罠の猪には上から近づく

罠に掛かっちょる猪に寄るには、防御策を考えてから寄って行く。ロープが切れた時の用心よ。よこしから上へ上がってから寄って行たら、たとえロープが切れても猪がようまくらなえ（突っ掛けることができんね）。下から上へまくって来るがは、上におったら、拝み打ちにできる。それがうっかり下から寄りよったら、上からまくって来る猪にはそんなことができんけん、押し飛ばされと。

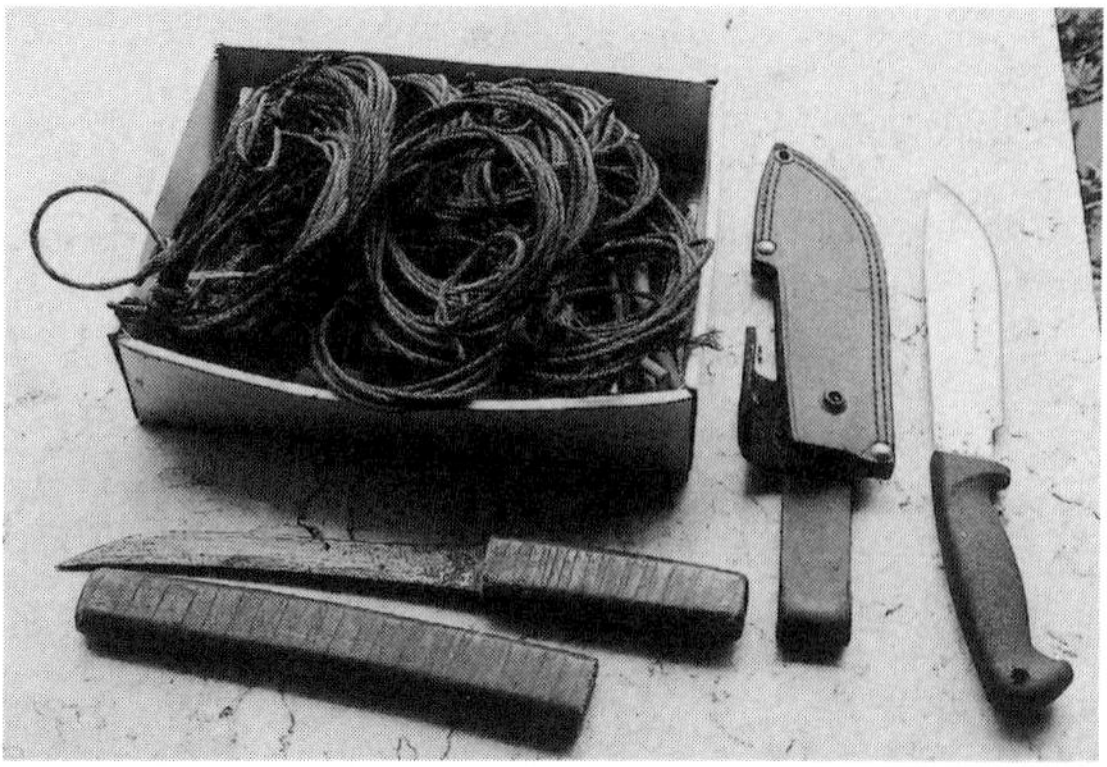

●「ワイヤはまとめて、腰に吊っちょった。腰には鉈か山刀とペンチを下げちょっと」

(9)　追い山からの文句

追い山の者らに、罠に犬を掛けられて、それをぐどぐど言うて文句を吹っ掛けられたこともあった。こっちでも山口県でも問題になった。それは、

「自分の犬ぢゃけん、自分で守《もり》しよ」と言うちゃった。

「おら、罠掛ける許可を持っちょるけに、お前らにそんな指図せられにゃならんことぢゃない」と。

わしゃ向こう意気がつお（強）かったけん、ちっとばあごたごた言うたち取り合わんけん。

＊翁の日記帳には時々犬の弁償の記事がある。

⑽　出で立ちはへんどに似いちょる

昔は、襦袢《じゅばん》を着いちょった人もおった。胸に雉よう（呼ん）だりヒヨようだり、鹿も呼べる笛を下げちょる人もおった。鳥打ち帽の上から頬被りの人もおった。

中村のシート屋に頼んで猟袋をこしらえてもろうちょった。こんまい猪を捕ったら放り込めるばあの太い袋をかるうちょっ

と（担いでいた）。それに罠を入れちょったね。自分の持ち山には四、五十の罠を掛けと。山口県へ行くには百、二百の罠を持って行ったね。

カナクリとコザルとは一まとめにして、蹴糸をもくい付け（巻き付け）たコザルドメは別にまとめて、それぞれ猟袋の内ポケットへ入れて、転んだりしてもすたらん（なくならない）ようにしちょった。猟期が終わったら箱に入れて保管しちょった。

ワイヤはまとめて、腰に吊っちょった。腰には鉈か山刀とペンチを下げちょっと。犬が掛かっちょったりしたら、ペンチでワイヤを切っと。

猟する者は、人の家の木戸先でもどこでも袋をかるうてまわるけん、へんど（遍路）に似いちょるがよ。あじな（変な）袋をかるうてぼろ着いて山を回るけんね。

⑾　猪のハサミ――踏ミ落トシ

猪のハサミは掛けられんことになっちょった。据え銃と一緒よ。掛かった人はおらんが、人間が掛かったらかたわになりよっと。それをぬけす（違法）でハサミを掛けたことがあった。

鵜の江の人が、ハサミを中村の鉄工所に注文して打たして持っちょった。それを東次郎小父が借ってきちょって、それをわしが借って二人でやったがよ。

踏ミ落トシというもんぢゃ。さお（沢）田から猪の転ぶヌタへハサミを広げて揺り込んで掛けるもんぢゃった。そりゃ太かっとう。二尺ばあ口が開いて、そこぃ板を渡して止めちょった。椅子の腰掛

●「ざまなハサミが口を開けてひろがっちょるが。今考えてもゾンゾンする」
写真は近ごろの小型のハサミ

けぐらいあって、その板を踏んだら猪の足首から上に掛かっと。けんど、ハサミがつおい上に刃があって、猪が板を踏むと歯が交差するように食い込むけん、猪の足が折れて逃げたがばっかりぢゃった。

猪は、じる田んぼ（湿田）が得手ながやけん、鼻で土を起こしやすいけん。ヌタ打ったり土をまくっていろいろな昆虫を食べたり、ぼっちり稲も実が入った時分で食いよいけん、じる田んぼの山田へようけ来よった。そんで掛けたが。

・米子媼の話

えらい目におうた。怖い目におうた。

おじいさん（舅）が「焼き米搗いてくりや」言うけん、山田の下の端のじる田んぼへ稲刈りに行ったがよ。刈りよったら、大けな木がしづもっちょる（沈んでいる）。おっと、妙な木があると思うてよう見たら、ざまな（大きな）ハサミが口を開けて広がっちょるが。それを踏み込んだら、チャプンと食い込まれて脛から下がないようになっちょるね。

あんなもんに掛かったらたまるか。うんとしゃけったら（叫んだら）、下の家に聞こえるかもしれんけんど、聞こえんかったら、それもこたわんようになって晩までそこにおって、みんながたんねて来るまでそこに食われておるけんね。今考えてもゾンゾンする。おとろしいね。えらいハサミぜ。この人は、怖いことしちょったぜ。あこへ掛けて黙っちょる人があるかえ。今考えてもゾンゾンする。わしに掛かっちょったら、わしに殺されらあ（殺されるぐらい腹を立てていたね）。

・竹治翁

まあ、家内が掛からって、わしも幸せ、家内も幸せよ。死んぢゃおらんが、足が片一方足になっちょら。そんな危険なものを使うたがはいっぺんだき（だけ）よ。

③　近ごろのハサミ

近ごろのハサミは三センチから十センチまでぢゃねえ。人が挟まれたち自分ひとりで外せるような状態でないと掛けられん。広いハサミ、大けなハサミは絶対に掛けられんが。

ハサミは罠と一緒の甲種免状の講習を受けよる。跡取りが免状取って狸からハクビシンらの害獣を捕りよる。山でも畑でもあれらの来るとこで掛けよらあ。

4　猪はおったぜ

ここらには猪《しし》がおった、おった。畑へもバラバラするくらい来よった。子連れの猪が来た。群れの猪も来た。伴い猪《ともなじし》というて、一家四、五匹で来ることもあっと。猪は捕っても捕ってもおらんようになることはない。猪は中絶せんけん、増えんといかんようになっちょる。時期が来て交尾したら四匹でも五匹でも子が産まれる。小さい動物は、限られた場所におって誰でも捕れるけん減るけんど、猪は特殊な技能がないと捕れんけんねえ。わしが追えんようになったら、ここらの猪も増えるぢゃろう。

(1) 山の畝から人家の端へ出て来る

昔、三つが森には何百という猪がおった。犬もよかったし、罠でも捕って大体捕り尽くした。今ぢゃ山の畝には猪はおらん。下の谷縁におるね。

昔は、猪《しし》や狸《たのき》をたんねて高いとこへ行かんといかんかったけんど、近ごろわしの足が弱って山に行けんようになったら、猪の方からこっちぃ来てくれだした。おかしいことよのう。けんど、猪がよけ出来たがぢゃない。山のものが人に馴れやすいがぢゃない。

あいつらも人には見つからんようにしたいがよ。やむをえず人家《ひとや》の端へ出て来よる。あいつらも生活がかかっちょる。ひだりい（ひもじい）けん仕方がないがよ。

猪はもともと山の畝（尾根）におったがぢゃが、奥山の植林で雑木の実がなしになり、杉、檜の陰で山芋や葛《くず》や蕨《わらび》らあが生えんようになった。それで、食うもんをたんねて人家の方へ降りて来て、夜も昼も餌をたんねてまわるようになった。

あいつらの餌は、今りゃ人家の端以外には下の谷縁ぢゃないと取れん。勝間もいうたら（言うてみたら）勝間川の谷縁よ。谷縁には蟹のこまいがおって、それを食うために猪が川をうんとまくる（掘り返す）。川の石をまくりあげて蟹をうんと食うがよ。何ちゃ残さんづくに（残さないで）食うけんど、小石は全部残しちょって、腹をさばいたち石は全然食うちょらんのう。

(2) 猪の盛りは四土用

猪は四土用《よどよう》に盛《さか》るいうて、年に四回の土用毎に盛って年に四回子を産む。けんど、一匹の雌が四回産むわけぢゃない。一匹の雌は年に一、二度子を産むがよ。主に春と秋ぢゃが、春秋いうてもうんと早いがもありゃ遅いがもある。土用をとばすがもあるし、節季（歳末）の詰め（最後の端）に盛ったり子を産んだりするがもある。

雌猪《めじし》に大きな雄《おん》が付きまわっちょるけん、盛りが来たことが分からえ。一週間ばあ付きまわることも、もっと長いこともある。二匹から三匹が付いてまわっても、交尾できるがは一匹よ。何匹付いてまわりよるかは、水浴びするヌタ場から出たとこの足跡で分かる。それから、ハシリの分かれちょるとこでも何匹通ったか分かる。

盛った時は餌も食わず、ようけの時は、一晩に五里も十里も行く。雌《めん》は逃げるばっかりして、雄は追いかけるばっかりして、そのうちにえらい（強い、すごい）雄を見つけて交尾するがぢゃった。他の雄を寄せつけんようながぢゃないといかん。

猪が山の畝みたいなとこのだばい（平坦な）とこで交尾しちょるがを見たこともある。

●「猪の牙は下顎にあって鋭い。上顎に太い砥石の歯が付いちょって、それへ牙をもっていて、バリバリバリバリと音を立てて研ぎよる」（写真は猪の下顎を持つ翁）

(3) 雄同士が牙を掛け合う

猪は鼻がええけん、盛ったときは雌をたんねて何里も行くもんぢゃ。春先には雄《おん》同士が雌をぼう（争う）て牙を掛けおうて生傷が絶えん。十箇所も切られて赤い身が出ちょる猪もおっとう。太い猪でも切られるがは、猪の太さや牙の大小でのうて牙を鋭く研いぢょるかどうかぢゃけんのう。背中の方を切られて、うんと怪我しちょることがある。乗りかかって切るのかのう。

えらい雄猪が雌猪を追い回して、他の雄をまくり跳ばす。山の畝の平たいようなとこでうんと喧嘩して、かけば（牙）で山の木をようけ傷つけちょらえ。引っ掛けるけん、かけばというたがやね。突っかかった勢いで牙を木にもっていったがぢゃ。そんで、ああこの山で盛っちょると分かる。わしばあ、猪になったばあ知っちょるもんでないと分からん。猪のことを、わしほど調べちょるもんはおるまい。

だばいとこの喧嘩の跡は、下もうんと荒れちょるし、周囲の木をうんと切っちょる。そういうところを「寄り場」とも言うた。

猪の牙は下顎にあって鋭い。上顎に太い砥石《といし》の歯が付いちょって、それへ牙をもっていて、バリバリバリバリと音を立てて研ぎよる。包丁よりもっと切れるくらいになって、ぞろぞろ（ぞくぞく）するくらいとぎっ（尖っ）ちょることがある。刃物の研ぎ具合を確かめる時に、刃先に指を当てるとぞろついちょることがあろうが。そのぞろよ。

それればあとぎった牙で犬らあを切る。これでシャーッとかけられると人の着物がサーッと切れるばあになっちょる。

(4) 猪の寝巣

① 雪が猪の形に溶けちょる

猪は熊笹の中でもしば（落ち葉）の中でも、日向でも日陰でもどこでも寝る。普通は土の上へ転びよる。土を鼻で突き上げて木の下に寝よる。雨が降ったち濡れて喜んで寝よる。そこを寝巣《ねす》とも寝場《ねば》ともいう。

猪が寝巣をして冬温うに寝よるいうが、そうぢゃない。雪の中でも転ぶけん、猪の寝よるとこだけ猪の形に雪が溶けちょっと。岩の庇《ひさし》（下側）や倒木の下で寝よるのは雪の時しかない。

② カルマを切って虫よけ

カルマの寝巣は夏より他にはせん。夏に茅やシダを食い集めてするがは、五月末ごろからよの。主に秋のアブや藪蚊の出来るころ、布団着たようにして寝よっと。八月から九月が人間にも牛馬にも食いつくアブの一番わいた時よ。アブや蚊がうんとわいたら作りよっと。

寝巣をこさえるに、カルマを切るというた。カルマは、茅からシダのようなものから木の枝の細いもんらのこと。それを刈り集めて盛り上げて、そいとの中ぃ入って寝よら。何かが食うたら、猪がぴくっと動いたらカルマがごそっと動いて猪の体をなでるようになって、アブや蚊やカツボ（ぶよ）がとうで（飛んで）しもうて食わんわけよ。

古道のようなとこへそんな寝巣をようしちょった。その古寝巣を上から踏みよったら、猪の子が入っちょったことがある。猪は子でも逃げるに早いけん、よう捕まえらっと。

③　ずんだ姿勢で寝よる

寝巣は、人の声や犬の足音がどこから来ても分かるようなとこへこしらえた。どの畝でもそういうとこを利用しちょる。

猪はずんだような形で寝よる。いつでも跳びだせるようにずんぢょら。ずむいうたら、四つんばいになって腹這うことよ。子は親の周囲にずうっとこんまい寝巣をこしらえて転んで寝よる。乳もらわんといかんけんね。

(5)　猪の子育て

① 雨は大敵――雨のぼらん寝巣

雌猪《めじし》がいっぺんに産む子の数は、七匹も八匹もおるがもあるけんど、たいてい三、四匹ぢゃねえ。猪がこまい時死ぬるがは、たいてぇ天候の関係ぢゃねえ。雪ではあんまり死なんが、長雨が降ったりしたらよけ死ぬる。鳥の子でも猪の子でも雨におうて濡れると、体が冷えて死ぬるもんぢゃ。ひやい時に子を産むがは岩の下に巣をしちょることがあらあえ。

猪が子育てしよる時は、普通の寝巣とは寝巣が違うた。うんとしばを刈りこうだ雨のぼらん（漏らん）寝巣にして、しばの下から入るようにして子育てしよった。そんでもうんと厚い巣はせん。

雌猪は子を産んだ時、子が虫にくわれんように寝巣をして連れて寝よる。子は親の腹の上へ上がったり、腹の下でこもう（小さく）なったりして寝る。

② 瓜毛から猪へ

生まれて三月くらいの間は、猪の子は瓜毛《うりげ》いうて瓜みたいに縦縞が入っちょる。親が躾《しつけ》をして、直に餌を掘ってミミズなり蟹の子なりを食うようになる。走るにちいと速うなると独り立ちする。長いこと子育てする親になったら、まあ半年ばあ子を連れてまわりよるね。瓜毛いうがは一歳子だけで、二歳になったらもう猪《しし》よ。

猪はたいてぇ昼は犬の来んようなとこで寝よるけんど、昼でも舞い（山を回り）よることもあって、子連れに出合うて思いがけない猪が捕れることがある。猟師は犬を連れちょるけん、犬が子をくわえる。犬が子を鳴かしだしたら、親はわが子を食われるかもしれんと思うて来るけん、子を見よったら

●猪が山芋や葛の根を掘った跡

親が捕れる。親は子を荷にして（心配して）逃げれんが。

(6) 猪の食み

① 椎の実でやせて樫の実で肥える

猪の好物は大体木の実よね。樫の実や椎の実らよ。樫や椎の実がうんとある時は、何メートル四方もきれいに掃除したようにしちょらあえ。しば（落ち葉）をまくり集めて、下の地がきれいに見えるように拾うて食うちょる。

椎と樫とは糞が違うけんね。昔の猟師が、椎がうんとなった時は猪がやせると言うと。椎の実は皮ごし（皮ごと）食べるけに腹下すけん、猪がやせると言うた。それから、樫の実を食べた時はうんと肥える。樫は固まる習性を持っちょるけん、糞がかとうなって光りよる。まるこうに固まって褐色をしちょる。

② 山芋の糞は白う光っちょる

その次が山芋や葛の根。蕨《わらび》の根らあも食べと。猪はデンプンの有無をよう知っちょる。

猪が山芋でも葛根でも食む時は、土や石も一緒に飲み込んでガジガジ、ガジガジ噛むが、たいてぇ石は吐きだす。けんど、猪が怒った時には石でも一緒にガジガジ噛んで、石でも噛み切るぜ。

猪が食む時は、きれいに鼻で突いていくけん、一寸ぐらい深うに掘っていく。そこに山芋や葛でもあったら徹底的にそこを掘る。やおい（やわらかい）土ぢゃったら、山芋でも深うに掘って食べる。芋についた土も飲み込む。糞を見たら芋を土ごし（土ごと）かじることが分かる。糞が白うに艶が出来ちょる。そりゃあ、きれいに白う光っちょる。栄養も一番あろう。

猪は掘っちゃあ山芋をかじり、掘っちゃあかじりしよるけん、出てくるばあ土ごしかじるけんのう。「猪は一寸《いっすん》（三センチ）と長い芋を食べてみたいと思いよる」と、昔の人ら言うたね。

そうして山芋を掘りよる時に太い石が出てきたら、それ以上掘れんけん、鼻で山芋をすったようにしておいちゃる（おいてある）。石が白うなってすりさがし（すりっぱなしにし）ちょる。

葛を食うた糞は、土色みたいな、黒いような青いような、黒とも青とも分からんような色しちょらえ。葛には糸みたいなセンがある。なかなか引っ張ったち切れんセンがある。そのセンが糸を集めたように混じって、糞がポタポタ落ちんようになっちょる。

蕨《わらび》も葉が熟れて赤うになって、下《もと》が肥えた時にゃ根をガジガジ、ガジガジ噛んで汁を吸う。噛みづまり（噛み切れない残り）は吐き出しちょる。糞を見ると、噛みづまりをいながら（そのまま）食うたがは、わたみたいなものになって出ちょる。土が混じって周囲が白うなっちょる。

③ 人家に近い野菜は食わん

●川を渡って来る猪を防ぐための竹垣（奥鴨川）

ナバ（椎茸、松茸）はまっと（あんまり）食わん。けんど、ナバの生えるほたの腐っちょるがの虫は食べるぜ。ユリの根らも食べるのう。

畑の芋や焼き山して植えちょる粟、蕎麦、大豆、小豆らあも食うたね。けんど、ナス、大根、胡瓜、コンニャクらあの人家に近いとこへ植えちょるもんは食わらった。昔は、なろへは出て来んかったけんね。

④　猪の胃袋に椎、樫の実がいっぱい

猪の胃袋は大きい。米一俵（六十キロ）の猪で枡にして一升入るばあ大きい。胃袋を開いたら、椎、樫の実がいっぱい詰まっちょることがあった。椎らを拾うて食うに、ひとつも石を食うちょらん。さばいてみたら分かる。

山芋をいっぱい食べた時は光りよるぜ。けんど、胃袋の中で醗酵したりすることはない。

⑤　田んぼへ出たら台風よりおとろしい

猪は、人間の大事な米を目当てにくるけん嫌われたね。言うたら盗人よ。人間の作っちょるがを盗むがやけん、用心してまわりよるぜ。盗みをするようなもんは頭がええ。人間より頭がええ。取られたもんがいちばん馬鹿ぢゃと言う。

群の猪でも、太い猪が先頭に来るとは限らん。大きながは賢いもんで用心しちょる。こまい（小さい）子どもらが先に出てきて稲をすごく（しごく）。自分が先に来ることもある。太い猪はこすいもんで、田んぼで米を食うて山へ上がってからまた下りて食うた。人間を警戒しちょるがよ。

山口県の人らあは、猪は台風よりおとろしいと言いよった。猪に一晩に米を何俵も取られる。それに、残りの稲も田んぼに踏み込むけん、米がひとつも取れんようになるけんのう。

(7) 猪の種類

① 言う先のない真猪

わしらみたいな博士組《はかせぐみ》が見んと分からんけんど、猪は七種類ぐらいある。その中で、本当の猪を真《ま》猪《じし》いうと。猪の姿が肥え過ぎてもやせ過ぎてもおらん、そりゃもう、言う先のない（満点の）猪がおらあえ。言う先のないいうたら、この猪は非の打ちようのないということよ。

わしらは捕ったその時点で、猪のえぇ悪いが分かっちょる。それは、ながしゅう（長い間）猪を捕って経験しちょかんと分からん。

昭和六十三（一九八八）年の十二月二十日に中村の田出の川で一石目を越す百六十キロばあの黒猪を罠で捕った。その時は新聞にも載ったが、そりゃ最高の猪ぢゃった。本当の真猪というもんよ。

●中山萬太郎翁の飼っていた一俵目を越す真猪

●前を担ぐのが田辺翁。(田辺竹治翁提供)

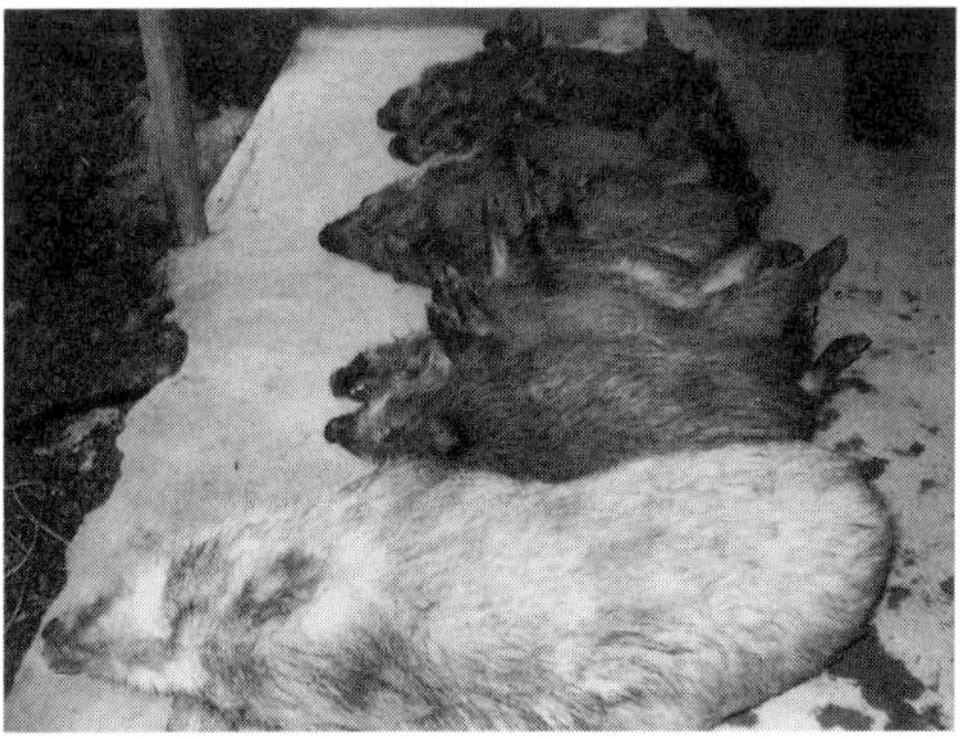

●一九八一年に山口県で捕獲した真っ白い猪(写真手前。田辺竹治翁提供)

② 真っ白い猪はいよいようまかった

猪のよしあしには毛色も関係しちょっと。真猪も数あって二、三種類はあっとう。ええ猪も黒や茶色やいろいろぢゃった。それに毛色がようても身のようない猪もあった。真猪でも真っ黒で、烏の濡れ羽色みたいに黒うに光りよるような毛色をしたがは、おいしゅうなかっと。ちょっと赤い色もかかっちょかんといかん。

昭和五六（一九八一）年には、山口で真っ白い二十貫ばあの猪と真っ白い狸とが捕れたことがある。猪は仕出し屋をしよる窪川の娘にやったら、いよいよ（大変に）うまかったと言うた。

③ カメイはうんと太って臭い

ここらあたりぢゃ、昔はカメイはおららった。おってもカメイは稀やっと。今ごろは交配してカメイもおるけんど、それでも山口県などよりは少ないね。

カメイはブクブクブクブクうんと太って臭いが。血と肉があんなに臭うなるが、と。人間に害にならんかと獣医に鑑定さしたら、その心配はない、と。豚でもあんなげながおる。豚では去勢したらならんらしいの。

＊カメイ――徳島県の山地で、肉の腐った猪。愛媛県南部の山地では、形が並より大きく、二年くらいで二十貫程度に達するものをいう。射とめて刃物を入れた後からすぐ腐るといい、爪が長く薄いところは、カノシシに似ている。（『改訂綜合日本民俗語彙』）

④ 豚猪は当たって腹を下す

豚猪《ぶたじし》いうがもおる。豚の肉に似いちょらえ。食べたら当たって腹を下すことのある猪よ。カメイとはまた、太り方がちごうて、毛が上へ浮き上がったように肥えちょる。

⑤　ゴイシはかたいがちがう

ゴイシという猪もおる。ゴイシはかたいがちがう（非常にかたい）。頭の皮でもくわえたら何日でもしゃぶらんといかんもんぢゃけん、やろう言うたちいらん。爪が桂浜の小石のような色違いの爪をしちょって、爪の割れたとこの高いとこに白い筋が入っちょる。どこにでもおって、ここらにもうんとおる。かとうてうもうないけん、上手な人は爪を見てゴイシなら買わん。

ゴイシと普通の猪との間《あい》の子もうんと出来る。肉がやおうもない、かとうもないけん直に分かる。そのゴイシの横腹が、すり木の樹脂が塗り付けられて堅い板のようになっちょっても、鉄砲の弾をもはじくぢゃいうことは聞いたことがないのう。

⑥　毛入りがある

毛が脂身のとこまで入っちょる猪は肉がうまかった。それを「毛入りがある」というた。猟師は猪を捕ったら毛を抜いてみて毛入りの具合を見た。毛が白うになっちょる長さで毛入りかどうかを判断しとう。

肉が締まっちょるか締まっちょらんかでも肉のよしあしが分かっと。それが分からんようなことぢゃったら猪捕りぢゃあない。肉がきれいな、やおい、うまいがが本当の真猪よ。カメイや豚猪には毛入りがなかっと。

(8) 鹿玉場と鹿玉返し

① 猟場・鹿玉場で料る

猪を撃ちまろばし（撃ち倒し）たとこを猟場《りょうば》という。鹿玉場《しかたまば》という人もおった。そこで喜び筒《づつ》を撃っとう。

昔は猪も鹿もみな川で料《りょう》っと。そこも猟場とも猪《しし》猟場ともいい、鹿玉場ともいうた。

大概の時は決まった猟場に行て料っと。そこは水の便から猪を焼く便からあった。くど（かまど）もこさえちょって便がええ。十回捕りゃ八、九回はそこで料った。後の一、二回は撃った猟場にまっと（もっと）近いとこに便のええとこがあって、そこで料っと。

猟場では下にしば（木の枝）敷いて料らにゃ土や砂が付く。それに石に血や汚れの付かんように下にしばか笹を敷いと。

② 鹿玉はラムネの瓶玉ぐらい

鹿玉場というがは、鹿にははらわたの中ぃ玉があることがあって、それを鹿玉《しかたま》というけんよ。人間の腹の中ぃ石が出来るのと同じ物が出来らあえ。塩の中に塩こがり（塩の堅い固まり）が出来る、そんな塩こがりみたいな物よ。

鹿玉ははらわたにあるもんぢゃけん、えっころ（よほど）気にかけて探さにゃない。じゃらじゃらした黄色い石の固まりみたいなもんぢゃ。ラムネの瓶玉《びんだま》ぐらいぜ。もっと太いがもあった。

勝間川で山番しよった竹内さんは、ぢょうく（いつも）山（営林署）ぃ泊まって造林などの先檜をする人ぢゃったが、こんまい袋に入れて鹿玉をやっぱあ腰に付けちょった。

③　くどをこしらえて猪を焼く

猪は川端で焼いて料る。猪の毛は幡多（高知県幡多郡）は焼いと。

川でする時もくどをこしらえ、二本の木を渡してその上に猪を載せて下へ垂れんようにして焼いた。背中はいなり（そのまま）焼いた。後で棒の当たっている棒当たりを焼かんといかん、大きな木で焼きよるけんのう。棒当たりの腹は、後で大きな竹で松明をこさえて焼かあ。生の細い木を渡して焼いて、棒当たりをすくのうにすることもした。

④　蹴爪はなっぱで包んで焼かん

爪に白い筋の入ったゴイシは爪を焼いたらゴイシやら何やら分からんようになる。大体蹴爪《けづめ》のとこは焼けんように、なっぱ（大根の葉）で包んで焼かんようにするもんぢゃった。

昔は、片足ずつ店先にぶら下げちょったけん、蹴爪までは焼かんがが料理がきれえな。それに、やおい（柔らかい）か真猪か、猪の種類を見定めるためにもやっちょった。猪の料理にもなかなか秘伝がある。

⑤　山の神へしば返し・鹿玉返しを撃つ

猟場・鹿玉場で鉈や料理包丁で料ったら、血の付いたしばもみんなきれいに洗わんといかん。毛も多少付くけに、きれいに洗い落としと。それをしば返《がえ》しいうと。

料るに敷いた、血がいっぱい付いちょるしばを集めて、水を掛けて引っ繰り返しながら血や泥を洗うと。川できれいに返して洗うて、元あったあたりで干しちょか。その時、「しば返《がえ》しを撃たんといかんぞ」とか「誰か鹿玉返《がえ》し撃て」と言うて、誰かが空向いて鉄砲をターンと撃たあ。山へ鹿の玉を返すがぢゃけん、山ぃ向いて放しと。人のおらんとこ向いて返さあ。たいてぇ撃ったね。

誰もかれも（誰でも彼でも）がかやさん（返さん）がやけん、山でもあの人が撃ったら間違いないというような人が鹿玉返しをしたがやけん。

大体言うたら空砲みたいなものよ。山の神に鹿玉の礼に撃つがやけん、昔から撃っと。中には、「猪《いのしし》返し撃つか」言う人も、「猪《いのしし》しば返し撃つか」という人もおった。たいてぇ、猟場で撃っと。そして鹿玉返しを撃つけん鹿玉場というたがぢゃね。そこへは神さん祭っちょらんでも撃っと。お礼の代わりよ。

猟師には猟師の規則がいろいろあって、ところによってちごうと。

⑥　肉は平等に分ける

猪の半分から前は前ガタいうて、肉がきれいぢゃったけん、肉を分けるには前ガタは少なめに、後ガタの肉は多めに分けた。ええ犬の株は一番最初に取っと。

肉は平等になるように区分してしばの上ぃ置き、番号を書いた小石を載せちょく。それから小石に番号を書いたクジを引いて、それぞれ自分の肉をかずらに通して下げて帰っと。

⑦　猟師はあらを分けてやらんといかん

あらはうまかったぜ。大骨は肋付《あばらづ》きの一番うまいとこぢゃけん。内臓を除けてきれいに掃除して洗うて食べた。猪をさばきよったら人が来て、「あらをくり（くれ）、くり」と言うてきてども（どうにも）ならっらった。肋骨についちょる身を皆うまい言うて、喜んで食べと。自分らが食いたい思うても、やらにゃいからった。猟師やけん、汚いことは言えんけん。

背骨もこんまいチョウナで骨切った。一時《いっとき》の間《あい》にタンタン、タンタン切った。猪の骨の髄を食べる人もあり、犬に食わす人もあったね。骨の髄はええ言うが、わしは食べん。頭や足などの骨はたいてえ畑へ放った。

⑧　カルもろうて食おうか

猪を料りよるとこへ、地元の猟に行かん人らが寄ってきた。猪の好きな人が五人も十人も来とう。大人も子どもも、男も女もやってきた。見に来た人らが、「カルもろうて食おうか」言うて。そういう人らには内臓をやったら、皆に当たるように適当に分けと。

赤ガル（肝臓）、黒ガル（肺臓）を切って竹の串に差し、塩を付けちゃおきれ（炭になった火）の上へ出して焼いて食べと。串をおきれのとこに立てて焼いたりもした。

塩はめいめい持ってきた。おいしかったぜ、カルのうまい猪は。肉もうまかった。来た人らが口の端へ血をいっぱいつけて口を赤うしていんだ（帰った）。それくらいの、焼き過ぎんカルがうまかっと。黒ガルを食べた人は口が真っ黒ぢゃっと。

カルや黒ガルをやったら、石を焼いちょいて、焼き石で焼いて食うこともした。

●七斗目の猪を田辺翁がさばく（一九八一年十二月）最初に竹や杉葉を燃やして毛を粗焼きする。

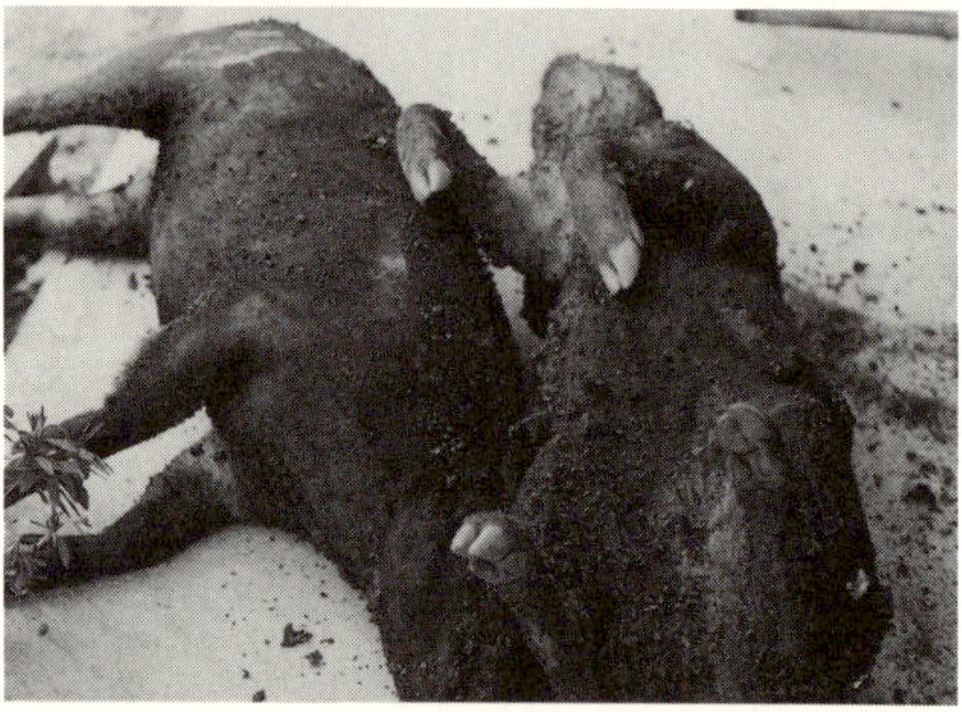

●真っ黒に焼けたら、さらにトーチランプを用いて、残った毛をていねいに焼き取る。

●焼け焦げを鉈や猪包丁で、真っ白な皮になるまでこそげ落とす。

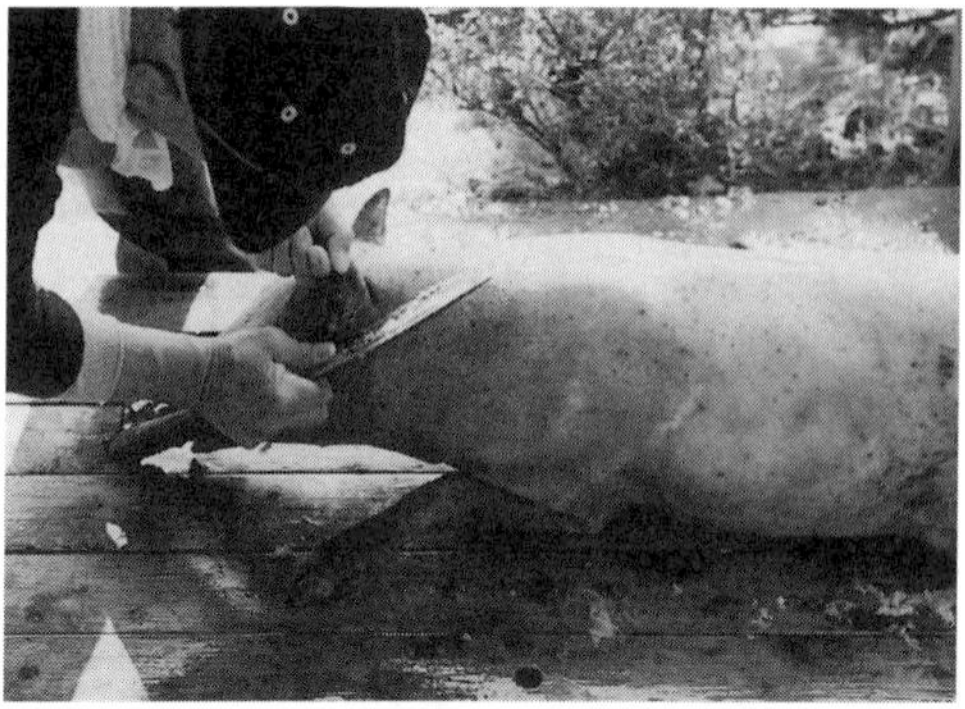

●まな板に四つんばいに這わせ、耳のうしろから包丁を入れ、頭部を経て、反対側の耳まで切れ目を入れる。

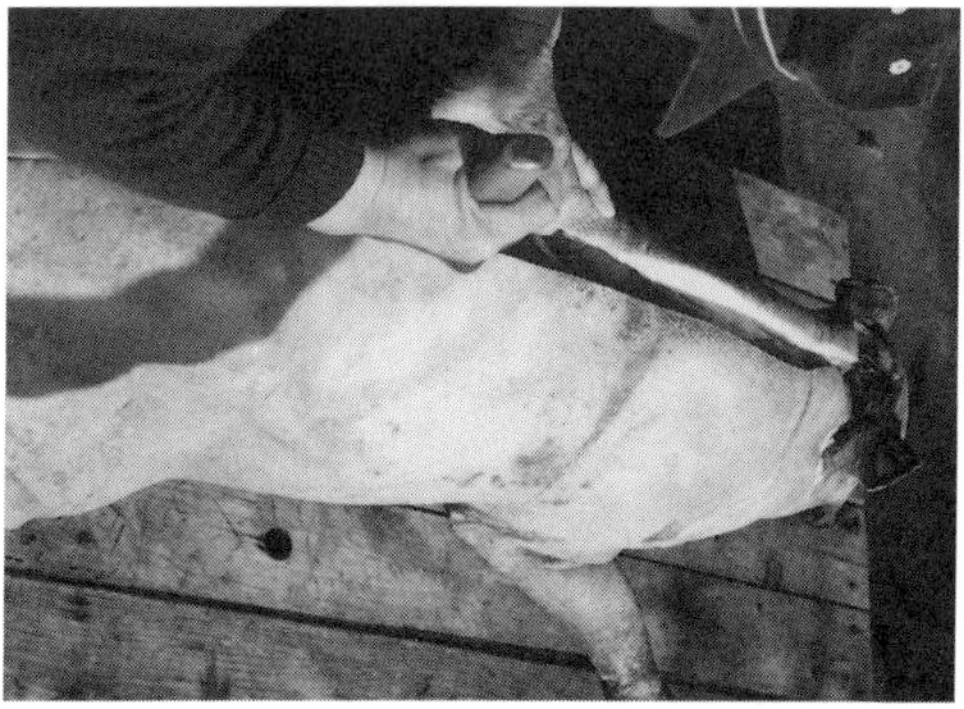

●頭から尻まで、背中をザアッと切る。

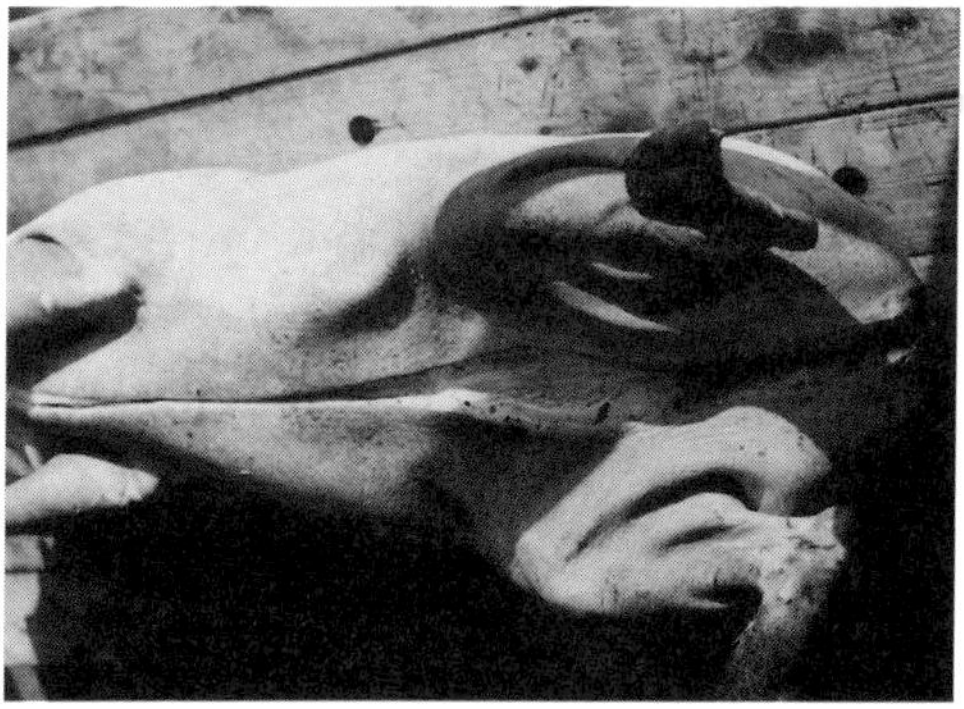

●ひっくり返して、腹部を縦に割く。

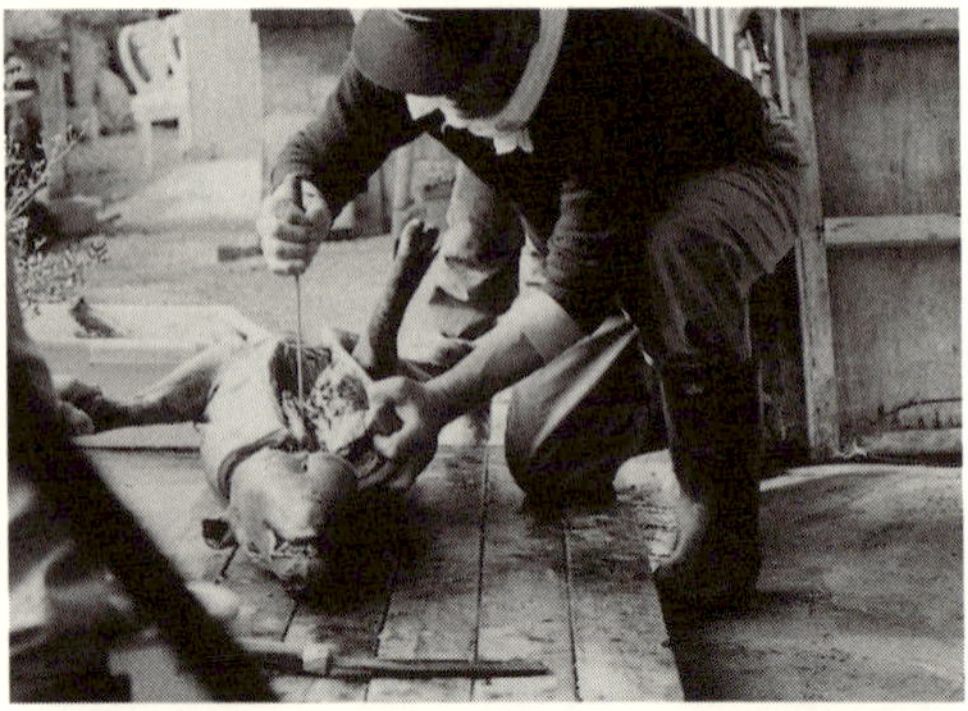
●大骨（背骨）の真ん中から背を断ち割る。

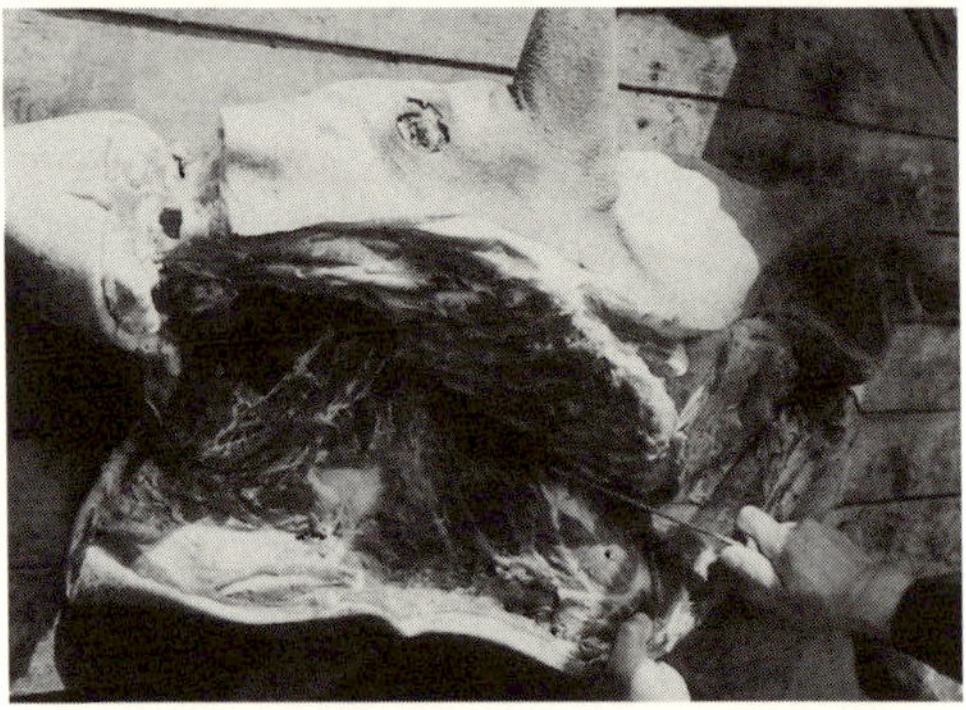
●腹を縦に割いて首を切り落とす。

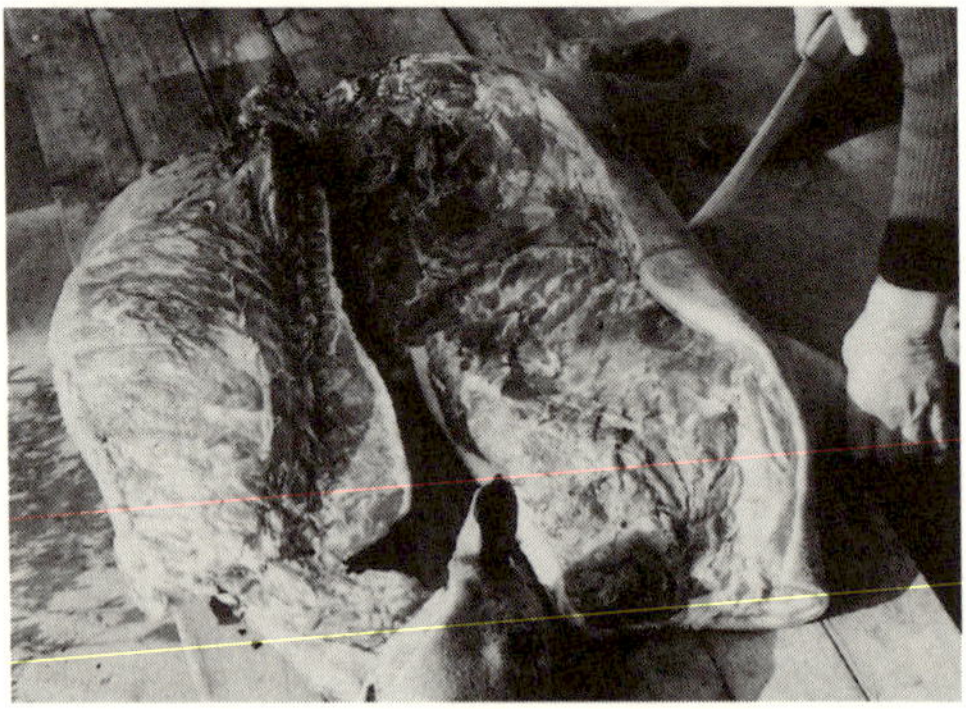
●二つに分けたその一つをカタセという。

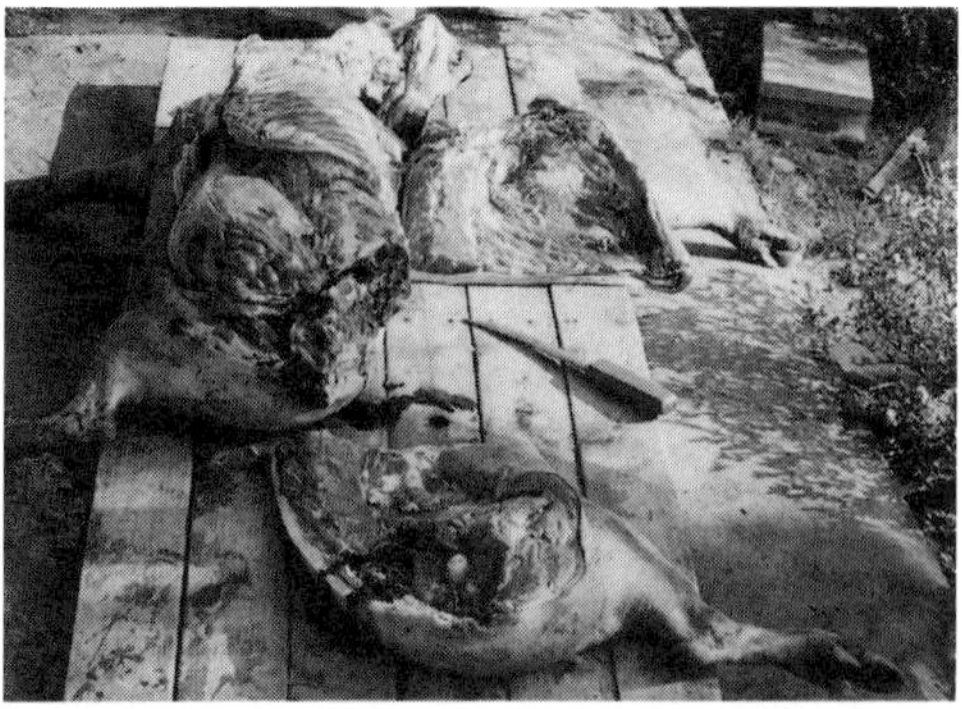

●カタセをさらに二つに切って一枝にする。

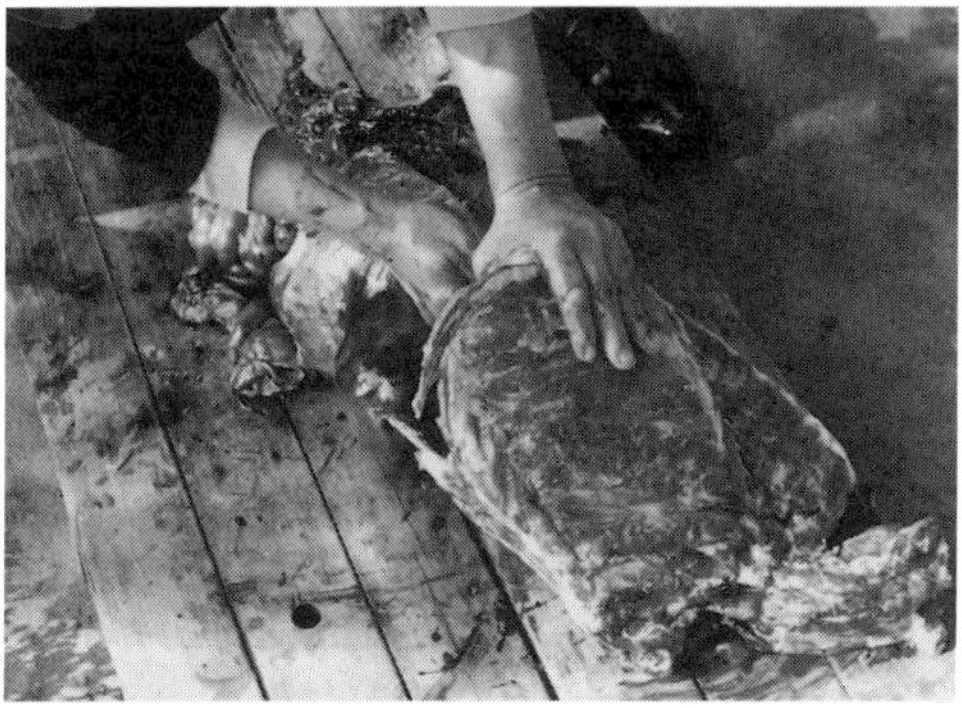

●きれいに開いたら、あら（肋）の中から内臓を取り出す。

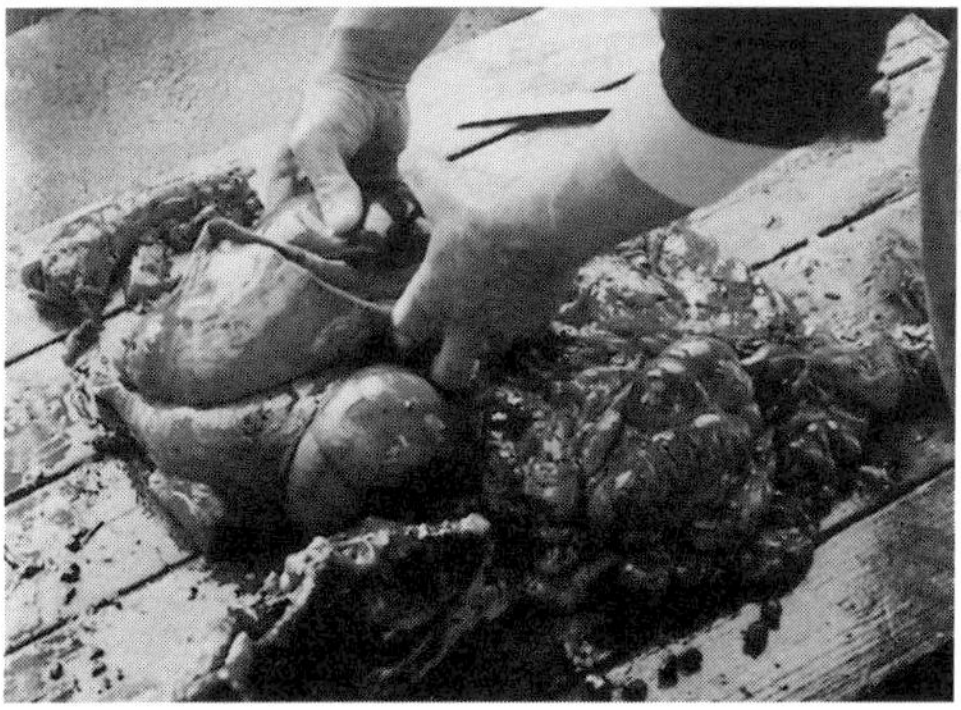

●心臓・肝臓・胃袋・肺などは食べた。

(9) 家でさばく――大骨と背身、カタセ

① 真っ黒に焼く

猪を料るには、まず、竹や杉葉を燃やして毛を焼きよったけんど、今りゃ竹を燃やして毛を粗焼《あら》きして真っ黒に焼く。それをトーチランプでこじゃんと（十二分に）毛を焼いちょく。トーチランプの燃料は昔はガソリンぢゃったが、後には灯油になっちょる。トーチランプいうたら水道業者が使いよるやつよ。それが今りゃ、石垣《いしかけ》や土手の草を焼く草焼き機を買うて猪焼くにも使いよる。

② 真っ白にこさぐ

皮は焦げるばあ焼いた。焼くほどきれいになっと。その焦げを鉈《なた》か猪包丁《ししぼうちょう》でこさいで（削って）、皮一枚取るぐらいきれいにした。真っ白な皮になるまでこさいど。

豚みたいに白うにきれいにこさがんと値ように売れらった。しなし（仕上げ）のわりい（悪い）、黒いような肌の見える肉は安かった。きれいにしなしたほど、高うに売れと。人間の食べるものやけん、きれいにしなさんといかん。

猪包丁は、普通に売りよるがを猪包丁に買うてきたがよ。今も二、三丁あって山へも持って行く。猪が生きちょった時には、猪の喉を刺して血を出さんといかん。喉を刺したら血がドンドン出らえ。

③ カタセ――背を断ち切って二つに分ける

一匹の猪を料るぢゃいうたら一時《いっとき》ぜ。他の人がサバを料るばあよ。

まな板のうえに四つんばいに這わし、頭のとこから背中をけつまでザアッと切る。引っ繰り返して

腹を縦に割いて、大骨《おおぼね》（背骨）の真ん中からすうっと背を断ち切って、首を切り落とす。二つに分けたその一つをカタセという。わしは二つのカタセが一キロも違わんように切り分けよっと。肋骨《あばらぼね》はあらとして残す。

④　四つの枝に分ける

カタセは二つに切って一枝にする。カタセの真ん中の肉をつこうで（つかんで）みて、カタセの真ん中をさぐってからどっちの枝も目方が変わらんように切っと。わしが切ったら百匁（三七五グラム）と違わん。それればあ慣れちょっと。

それぞれ前足、後ろ足のついた四つの枝に分けて、肉を下にしてぶら下げちょった。それは一枝、二枝と数えた。

⑤　前ガタがうまい

半分から前を前ガタといい、後ろを後ガタというた。肉は後ガタによけ（たくさん）あるが、味は腰より前の肉がうまかっと。重心がかかって仕事しちょるけん前の方がうまい。前足に付いた、肉がよけあるとこを、ここらぢゃヒラカタというと。前足全体がヒラカタよ。

⑥　背身は刺し身にしてもうまい

猪の背身《せみ》は大骨（背骨）の両側に付いちょってうんと厚い。猪は鹿に比べて背がだばかった（傾斜が緩く広かった）けん、肋のひらまで十センチも二十センチも背身があっと。煮ても塩振り焼きにしても刺し身にしてもうまかった。猪のハラゴ（胎児）は食わん。

＊セミ→鹿の背筋の肉。最も美味という。（『改訂綜合日本民俗語彙』）

氷で冷やす冷蔵庫は大正の時代からあって、家ぢゃ直に買うちょった。それまでは、井戸へつり下げちょったが、一日二日腐らんというばあのこと。

⑦　あらと内臓

きれいに開いたら下から肋の中の内臓を取った。臓物は肉を取ってから出さんと、臓物の汁が付いたら匂いが付く。

あら（肋）は鉈で切って炊いたらうまかった。肩の大骨は分けた。鉈でこぎって（小さく切って）大けな鍋で炊いて食べた。

人間の食べれる、心臓、肝臓（赤ガルともいう）、胃袋、肺臓（黒ガルともいう）は臓物ではない。そうした食べれる内臓をのけた後の、食べんとこを臓物というた。内臓の全部を臓物ということもあったね。大腸、小腸、膵臓、マル（腎臓）などは好きな人でないと食べん。そうした臓物や金玉はくり（くれ）と言う人にやり、くり言う人がなかったら捨てと。畑ぃつぼ（穴）を掘って捨て場をこさえちょった。

谷ぃ捨てちょったら、それを狸が食いに来て、その狸がわしの掛けた罠にくびられとう。

⑽　猪を食べる

①　四国三県と山口県の食べ方

こっちは温い。温いと脂がまわらん。脂気が少ないと紙を食うようにまずい。それでも正月や二月の猪はひようて（寒くて）肥えちょるぜ。

毛を焼いてしもうてから、皮を剥いで食べるとこもある。一般に、味噌炊きにして食うとこが多い。

猪をよう食べるがは高知県よ。猪の毛が喉をこさいで（こすって）いくらいがうまいというとこがある。ほんで、毛が残っちょる程度に刃物で毛を剃って食べたがねえ。

徳島県もよう食べる。徳島市内の眉山にも猪がおった言うのう。愛媛県でも食べるが、高知県ほどでもない。わしは徳島県にも愛媛県にも猪捕りに行ちょったけんね。香川県のことは聞かん。

山口県では猪の食べ方を知らんかった。食べさすとこれはうまい言うて、わざわざ習いに来たことがあっとう。

② 猪の噛み分けをする

昔は自分で食べてみた。最初に食べてみるとこは、まあ、頭の方の肉のええとこぢゃっと。わしがこれは真猪《まじし》でええぞと言うたら、間違いなかっと。わしほど猪の噛み分けする者はよけおらん。食わんでもこれは真猪かどうか、毛色でも分かっちょる。

③ クイジオを持っちょる

今りゃ、上手な買い手はちょっと切って食うてみて、クイジオを持っちょるかどうか、猪のよしあしをみる。

猪がクイジオを持っちょるということは、適当に塩を入れて煮いたと一緒に（同じように）味が出

●元旦の朝、猪鍋を家族や友人知人と囲んでいた。右手前が翁で、その奥が米子夫人

ることをいうと。肉に調味料も揃うちょるということよ。どこを煮いてもすう（酸っぱく）もない、かろうもない、食うにぼっちりな（ちょうどの）ことを言うたことよ。ええ加減塩按配がある、うまい肉ぢゃということよ。わしは猪のことぢゃったら、お医者ばあ（ほど）知っちょる。

　クイジオ持っちょらん猪もある。カメイはくそうて食えん。ゴイシぢゃいうたら、かとうて一切れ口へ入れたら何日も食いよる。豚猪は口でとろけるようで、炊いたらやおうなるが、腹へ当たる。

④　元旦に猪肉を炊く

　わしは毎日肉を食べた。朝昼晩と食べることもした。背身は生でも食べた。

　正月元旦の朝のおかんし（正月を祝う酒盛り）では、例年猪のいちばんええ身とあらを煮て、屠蘇《とそ》を酌《く》みよった。

昔の人には屋内《やない》で煮るがを嫌う人がおった。罰被《ばちかぶる》ぢゃ何ぢゃ言うて、ごだ（迷信）言う人は、家《うち》で肉煮ることを嫌がっと。そういう人は外で炊いて屋内へ持ってきたね。

うちの祖母《ばあ》さんは普通の鍋で肉を煮らさらった（煮させなかった）。けんど、宇太郎祖父《じい》さんから猪《しし》捕《と》りで、祖父さんが別に鍋をこさえちょっと。何升炊きという大けな飯炊く釜の割れたようながの端を割ってその底をつこうて、真ん中の窪いとこで煮るようにしちょった。鍋は厚いがで煮いたほどうまかっと。

肉を嫌う人は、家に飼いよる畜類は嫌がるがよ。特に、牛はいちばん嫌がっと。そういうことは、家によってちごうと。

＊米子媼は今でも肉が嫌で、牛乳も牛の乳やけん嫌だという。猪肉はここへ来てせつかんと（料理せんと）いかんけん、仕方なく食べていたとのこと。

醤油で炊くには、肉を切って鍋に入れ、コップ一杯の酒を注いでぐつぐつ煮いてからキザラ（ザラメ糖）を入れ、醤油もたっぷり入れて甘かろうにする。そこへ野菜もんを入れ、砂糖を加えるとうまい。肉に血が回っちょっても、炊き方一つで味が落ちることはない。

⑤　最高の猪肉を馳走する

わしが昔住んぢょった古い家で老人会を主催した時には、猪十四、五頭から身にして三十貫の肉を取って三百人に食わせた。残った肉は袋に入れて取っていんで（帰って）もろうた。他人に食べさすには最高の猪でのうてはいかん。わしがゲートボールしよる時は、幹部を呼んでなんぶどころ（何か所）も猪を煮る鍋を炊いて食わした。

勝間川の沈下橋の完成祝賀会にわしらあが寄付した猪七頭のことは、橋の側の記念碑に刻まれちょろ。

猪は皮がうまいけんねえ。猪の皮で靴を作るぢゃいうことは知らん。第一そんな器用がなかっと。

⑥　心臓、赤ガル、カル、胃や腸

猪、鹿と人間の内臓とは似いちょるぜ。

心臓は昔から心臓いうて、切って血抜きをして煮いて食べた。

肝臓は赤ガルという。こもうに（小さく）切ってちょっと湯がいたらぽかぽか浮いてくるがを、血を絞り出してぬた酢にするとおいしい。

肺はカルというた。赤ガルに対して黒ガルともいうた。塩を付けて焼いて食べたらおいしい。カルや心臓は内臓ではいちばんええとこぢゃね。

腎臓はマルというた。あんまりうもうなかったけんわしらは食わんが、あんまり猟をせんような人は食べたね。

イ（胆嚢）は出血しよる胃潰瘍によう効いた。

胃は胃とも胃袋ともいうた。かやし（引っ繰り返し）てきれいに洗うてこさいだ。肉を切って、塩でもうで（揉んで）鼻水みたいなどめり（ぬめり）を取ってから煮いたりやこい（など）した。

昔は、はらわたまできれいにすごい（しごい）て食べよった。腸のふち（皮）を延《の》べてその先端を棒先にくびって腸を引っ繰り返してしもうてから、よう洗うて湯をかけて、湯がいて食べたらあっさりしておいしかった。今は、こしらえるのが面倒やけんあんまり食べん。

わしらあ腸というけんど、昔の人は大腸と小腸をわたと言いよった。その他の膵臓などもわたぢゃ言うたね。

⑦　頭はいちばんうまい

頭はいちばんうまいとこよ。昔は鉄砲の撃ち止めの人に、罠でもくびった人にくれと。横手いうて耳から片手の指四本分を頭の方へ残して切ったけん、身がようけあった。頭を料ることは本手（本職）でないとこたわん（できん）。

猪の脳味噌は好きな人が食べた。わしら食べと。きれいにこっぽり起きるもんぢゃけん、起こして豆腐みたいに煮いて食べたら、なかなかうまいぜ。じふ（肉類の出汁で野菜を煮る鍋料理）にもしたりした。耳は煮いて食べたら、こりこりしてうまいもんぢゃ。鼻はわりあいうまいもんぢゃ。きれいにこさいで洗うてから煮いて食べと。めんたま（目玉）は食わらったのう。

5　地元での猪猟

猟ではいろんなことがあった。餌を食《は》みよる猪を撃ったこともあっと。猟に行こうかと思うて川を渡ったら、ぼっちり（ちょうど）そこの岩の下に寝よる猪がおって撃ったこともあっと。ある時は、つえ（山崩れ）の頭《かしら》（先端）に立てりよったとこへ、かしゃ（荷車）引きの土岐さんの犬が追い上げた猪がぼっちりやって来て、そいと（そいつ）を撃っと。

(1) 勝間の奥山

勝間の奥は獣のうんとおるとこぢゃった。山が広うて普通は人が通らんとこぢゃっと。わしゃ、川奥《かわおく》山や上足川《かみあしかわ》山に陣取って猪や鹿や鳥を捕った。猪を撃つときは大けな木の元をシガキにした。犬が追うと、猪や鹿の落ちるとこはじゃんと（十分に）分かっちょっと。

① つかしあわせの山のもやいシガキ

川奥山は勝間の奥の詰め（端）になるところで、宿毛市の下藤や上藤、楠山などとつかしあわせの山やった。つかしあわせとは、一つの尾根が他の尾根を支えるように、つっかえ棒のように繋がっちょる山のことぢゃ。上足川山も川奥山へつかしあわせちょる。尾根が繋がっちょるけん、猟師に追われた猪がどちらからでもこの山に逃げて来るがぢゃ。ほんで、猪を初めとして多くの獣がおっとう。

無数にある谷には無数のハシリがあるが、そういうつかしあわせには、どこから来てもそこを通るという猪のハシリが出来たけん、そこにシガキを切ってもやいシガキというた。もやいいうたら、両方からもようた（合流した）とこ、行き合うたとこがもやいぢゃけん。二つの谷が一つになったり、山の下りてきて一つになって道の集まるとこがあるろう。どっちからでも猪の来るとこよ。

高野《たかの》山や笠松山も、本谷や西谷などと谷はいくつにも分かれちょるが。尾根で繋がっちょるつかしあわせの山やけん獣の多い山やっと。

② 三つが森には猪が何百

昔、三つが森には猪が何百もおった。

森とは三角点のあるような、山頂の盛り上がったとこをいうた。そうした三つの森があったがよ。下田沖から見たら、昔の鍋の足が三本あったように、三つの森がちょうど並んで見えるけん、三つが森と言いよった。下田港（四万十川の河口）に帆前船や機帆船が入港する時には、この鍋の足を目標にしたというがよ。

柏谷《かしわだに》山の続きで三角点のある盛り上がったとこが鍋ガ森。柏谷山の南、栗見谷《くりみだに》山との境が柏谷。栗見谷山が西に伸びて盛り上がったそらにあるがが中森。栗見谷を挟んだ針木《はりき》山が西に伸びて三角点のある盛り上がったとこが三つが森ぢゃ。

三つが森は宿毛市と中村市とのつかしあわせよ。勝間の沖の端で、手洗川《たらいがわ》部落の上にある。針木山の南の谷が手洗川になるがよ。

③ ほけが森

ほけが森は勝間川の川奥、川のいちばん奥で西土佐村との境になっちょる。

ずっと昔、この森は海底ぢゃったのかのう。所々に川原石を吹き上げちょる。それに、勝間川山には窪になって雪の積もらん、ほけ（湯気）の出よるとこがある。そこをほけが森という。頂上より少し下がったとこには地面から熱が出ちょって、昔の火山の火口かもしれんのう。

④　木に苔の付いちょるひらが北

勝間川の川奥山には人の迷うとこがあった。少し道が違うと宿毛や西土佐やに行てしまう。わしは夜でも道に迷うことはなかった。山で東北《ひがしきた》を見るには、とにかく木に苔の付いちょるひら（側）が北ぢゃ。大けな木の片一方に苔の付いちょるひらがあるけん、それが北ぢゃ。

(2)　猪追い

猪を追うて捕ることを猪追《ししおい》いぢゃ、追い山ぢゃといいよっと。

①　猪の守小屋でブリキカンを叩く

昔は猪《しし》の守小屋《もりごや》を建てよったけんど、最近はそんなもんはない。守小屋には犬登りという簡単な三角形の家を建てて、稲のくら（株）置き場も兼ねちょった。入口の戸もない粗末なもんぢゃった。晴れちょったら野で歩いて見回りよったが、雨の夜は戸口でトントン鉄砲を放して猪を脅しと。

●「守小屋には犬登りという簡単な三角形の家を建てて、男が一晩中おった。入口の戸もない粗末なもんぢゃった」（勝間川）

●猪に荒らされた田（勝間川）

本当の居り屋《おや》（家屋）みたいに建てた人もおった。そんな人らは、あんまりきちんとして戸締りをようにしちょったら寝すぎて、眠り込んぢょる間《ま》に食われた人もあっと。

栗見谷山の麓には、昭和二十五、六年ごろまでは猪の見張り小屋があって、それを守小屋というた。稲の実るころには夜になるとブリキカンをタンタン、タンタン叩いて、猪を追い逃がしよった。昔は、板を叩いて脅すこともしよったらしいの。

② 猪は籾をすごいて田を荒らす

猪は、籾の中で稲が少し固まり始めて、噛むと汁が出るころを好んだ。猪はそれをいが（刺の付いた外皮）も一緒に食べと。猪は上向いて稲の穂を集めて、人間が両手の掌で作った輪ほどの稲をくわえると、体をくるりっと回して籾をすごく（しごく）。穂の半分なら半分、七分なら七分くわえてすごくけん、くわえたとこから向こう（元）は残っちょる。穂のうら（先）はたいてぇ食うちょるのう。いっぺんに茶碗一杯分ぐらいにはなりよっと。

田にまだ水の残るころにくるりくるりと回って稲をすごくけ

ん、田んぼの稲が藁を丸々に巻いたつじまき（つむじ）みたいになっちょっと。人間の頭のつじまきと同じよ。

腹がふくれるとヌタを打ったりもした。体に泥をすり付けちょいて、手ごろなスリッケ（皮の粗い木）に体をこすり付けて、泥と一緒にダニをすり落とすことをしとう。

そんで、子連れの四、五匹の猪が来たら、一反ばあの田はすっかり荒らされてしもうた。ヌタを打つというてもヌタ場として来ちょるがぢゃない。餌を食うたついでにヌタを打ちよるがぢゃ。普通、子を連れちょるがは雌猪《めんじし》ぢゃが、雄《おん》がついて来ちょることもあらえ。それを「伴い猪」と言いよっと。雌猪はいつも子をブーブーブーブーと豚のように呼びよっと。

③　山田の収穫は当てにならん

わしとこは、大谷山の半顔《はんがお》というとこに五、六反の山田が固まってあったけんど、収穫は当てにならんかった。秋になって稲やトウモロコシがなるころになったら、それが匂うがぢゃねえ、山から猪が下りて来たけん、びっしり（いつも）小屋をとって、自分の田んぼを守《もり》せんといからった。

わしら若い時に山田のそら（上）の、猪のよう来るとこに犬登りの守小屋《もりごや》を建てちょった。夜は稲こいた藁を積んぢょる中へ入って寝た。あんまり温いと寝てしもうと。油断したら猪が筵《むしろ》敷いたみたいに、ちゃんと（残念無念）踏み込んぢょることがあったがよ。

守小屋を建てて守しよっても、息も油断もできんかった。寝ずの番しよっても、寝ころんぢょる間にも、ちょっと寝ちょる間でも食われた。わしは寝太郎やけん、どこへでも寝るがやけん。

猪は月夜も闇夜も雨の夜もおかまいなしに来た。宵に来たり朝来たりしておさまりがつからっと（手に負えなかった）。その時分は蚕も飼うが（ため）に、なんぼも小屋には泊まらんかった。蚕をやってすんでから行《い》たこともある。その間に、何反分も食われたこともある。

猪追《ししお》いはおなごは行かん。うちの親父はそんなとこへ行く人ぢゃなかった。今りゃ山田を作らんし、猪守《ししもり》せんでもええ。

④　暗がりののっそう撃ち

猪の出るころは、守小屋の中から一晩に鉄砲を三、四発放した。そこで放したら谷中へ聞こえるけん、それで猪追いになっと。猪が来ちょったら、実弾も放しと。来ちょらんような晩には放さんこともある。小屋からホーイホーイと声を出すこともした。これも猪追いよのう。

猪はかざ（嗅覚）がええけん、人が行たらおらんけんねえ。やっぱり人間を怖がることは怖がるね。夜中に時々見回りしたら猪はおらん。

夜中の見回り中に、猪がおる思うて暗がりで実弾を放したこともある。それをのっそう撃ちいうた。くらがりでは猪が見えるかえ。のっそうに（おおよそで）ねろうて撃つがよ。あの辺りにおると思うてあてずっぽうに撃つがよ。

のっそう撃ちで猪を捕ったこともあるぜ。ある夜見回って行きよったら、子連れの猪の雌猪がブーブー鳴きながら来る。道の曲がり角へ座って構えちょったら横道へ下りたけん、ぶっ放したら一匹の子の足に当たったものよ。猪の子がわしへ跳びかかったけん、足をひっつかまえてぶちつけた。手を食われるけに手を放したら、ゴソゴソ、ゴソゴソ行きよるが一向分からん。

鉄砲を鳴らしよったら、植田さんく（の家）はまともに聞こえとこぢゃけん、植田さんが、

「ホーラ、ホーラ」言うけん、

「猪を撃ったけんど夜ぢゃけん分からん。家《うち》へ行て犬と電池を持って来てくれ」言うた。犬を連れて来たら、直に猪をくわえた。はん（半死半生）になって、死に切れちょらん瓜毛（子）よ。大体、夜は鉄砲放されんがやっと。

明くる日、勝間川の谷へ下りて行たら、勝間川の人らが出て来よって猪が道路の端の長い田んぼへ入っちょったがを見つけて、皆で押さえたということぢゃった。

子はまだよけおって、罠でも捕れた。親はここの奥におって、勝間川へ向いて追いよって、道のひらい寝よるがを捕った。五斗目ばああっと。

⑤　匂いも明かりも役立たず

昔は猪避けに馬の毛を焼いたり、匂いが長持ちするようにタイヤやチューブをくすぶらした言うが、そんな匂いで防ぐこともこたわんかった。油や臭いもんを田んぼの端へふりかけたりしたが、そんなことをしたちあいつらには効きゃあせん。やけくそになって山から出てきよるがやけん。

火を怖がるいうけん、タイヤ焚いちょっても食われたがやけん。焚き火も怖がるふうでないぜ。今の猪はそんなもんでおぢる（恐れる）もんぢゃない。猪も食べるもんがのうてひだりい（ひもじい）けん、やけくそよ。

稲木（稲掛け）に稲を掛けた時に、にきでちょろ（かんちょろ。かんてら）に灯を付けちょいたけんど、ちょっと寝よる間にちょろの下でちゃんと稲を抜かれてみな食われとう。

あいつらもひだりいけん、月夜の晩だろうが何だろうが関係なしに出た。

⑥　猪の守のできん人

ここらのなろへは猪は来ん。昔は家に近い畑へは来んかった。畑へ来んち（でも）、雑山《ざつやま》に餌があっと。焼き畑しよった時代には猪は出んかった。

終戦後、雑山がないようになって出ることがあっと。お宮の向こうには出て稲を食いよったけんど、あこらでは猪をようけ捕るけん、出んようになった。

奥の山の端に畑をして、芋でも何でも作らんといかん人らがおった。そんな人らは食う時分になって、食うもんを猪に食われて泣きよっと。猪はびっしり来て、芋らがないようになるまで食うと。そんな人は、狩猟も願うちょらん（狩猟免許を取ってない）けん、守もできん人らぢゃったけん。夜がさぶしいけん山に行ってブリキカンを叩いたりもようせんかったけん、猪の守ができん。勝間でも山の端の芋は食われたね。

(3)　ヌタマチ

①　真っ暗闇でも猪を撃つ

わしはヌタマチはせんかったけんど、昔の人のヌタマチの話を聞いて知っちょる。ヌタマチは犬を使わん猟よ。

ヌタ場にある木の上へ櫓《やぐら》を切って木を渡しさな（棚）を組んだ。ヌタのあるとこはサアーッと風の吹き過ぎるとこで、その風向きを見てさなを組んだ。さなの高さは少なくとも四、五メートルあった。十メートルばあのとこもあっとう。

低いとこでは、猪や狸に人間のかざ（匂い）で分かるけんいかん。高うすると、上を吹く風がかざを空へ吹き飛ばして、猪や狸にはかざが行かん。

風の吹かん夜そこにおって獣を撃った。ヌタマチの人はヒを見て撃たにゃあいかん。電池を向けると夜行性の獣の目がきれいに光るのをヒといい、それを撃った。電池がない時でも獣の目の光に向けて撃っとう。岩井のおかねというおなごの猟師の話はいっさん（一度）したのう。

上手な人は真っ暗闇でも猪を撃てたね。闇の中で狙うには、銃身の手前のスリワリ（溝）と先端のホシに白い紙を巻いちょった。そうして、スリワリとホシと獲物の目なり光っちょるもんを結んで撃っと。それを見定めて撃つまでにはえっころ（よほど）度胸がいる。

＊さな――①長崎県北松浦郡小値賀町で、網を干す棚。竹で組む（『離島手帖』）。（『改訂綜合日本民俗語彙』）

② ダニが騒ぐ時にヌタウチ

春秋のダニがいちばん騒ぐ時にゃ、猪がヌタウチをした。猪はヌタに入って、じる田（湿田）でどぶ（泥）を体につけて、端《はた》の、五メートルか十メートル先の木の元や石で虫やダニをすり落とす。そんで、山中に血を吸った太いダニが落ちちょるぜ。

秋上がり（稲の取り入れの一段落ついたころ）と春先の日差しがようなる時、虱《しらみ》やダニが食うけん、うんと水浴びして泥と一緒にスリツケしとう。樅《もみ》、栂《とが》、松、椎の木などの皮の粗い木の幹に体をすり付けて、土と一緒にダニを落とすもんぢゃ。そんで、毛が付いちょる木の幹もあれば、うんと毛が切れた猪もおる。

●「春秋のダニがいちばん騒ぐ時にゃ、猪がヌタウチをした。じる田（湿田）でどぶ（泥）を体につけて、木の元や石で虫やダニをすり落とす」

③　ヌタ場は猪がこさえる

ヌタ場はどこにでもこさえちょった。シューシュー水の出るとこをヌタにしたね。水の少ない、泥をよけこぶって（混ぜて）泥のようつくようなとこぃしたね。水のありすぎるヌタにはあんまり入らんかったね。

水の出んとこでも大雨の降って水の溜まったときにヌタにして、何日も行て転ぶことがあった。鼻で赤土の出るまで、上のしばから黒土をまくり（掘り）あげて、体に赤土をつけて練ったようにして端の木や石にすり付けよっと。黒土のヌタもなんぼでもあっと。

④　スリツケがどこにあるか分かっちょる

●右＝杉の木へのスリツケ（奥鴨川）
左＝床飾りにしたスリツケ（土佐清水市下ノ加江）

わしは猪がヌタへ出入りするとこが直に分かったけん、そこへ罠を掛けて捕っと。罠掛けはヌタを知っちょかんといかん。ヌタぃはたいてぇ来るけん。

ヌタ場もハシリの途中にあることが多かっと。ヌタから出るとこに泥がよけ付いちょるけん、どっちから走りよるかよう分かっとう。

松や栂や樅の木には皮が剥げて半分くらいくぼうなった（窪んだ）もんもあった。猟師はそれをスリツケといいよった。猟師はどこのヌタのどこにスリツケがあるか分かっちょった。猟の趣味があると、どこにどんな木があったかじゃんと（しっかり）頭に入っちょる。手品をするくらいに猪のことが腹に入っちょる。今、猪がどこを走りよるかが分かる。その猪を罠でどんどん捕った。

(4) りょう（猟・漁）の暦を繰る

① 九天十地は猪の逃げる方角

古い猟師らあが、暦を繰って九天十地《くてんじっち》ということを言いよった。十日、十日に暦を繰って、一か月に三回まわるカタを見よった。猪を追うたらとうで（飛んで）逃げる方角をカタと言いよっと。方角が東西南北の四方ぢゃけん、その間もあって八までのカタがあった。

旧暦で一日《ついたち》は東、二日は東と南の間、三日は南、四日は南と西の間、五日は西、六日は西と北の間、七日は北、八日は東と北の間というようなカタへ猪が行くもんぢゃっと。そんで、猪が逃げても今日は真東に逃げる、今日は東西《ひがしにし》の間に逃げるというふうに考えて猟をしとう。

そうして、九日と十日とは四方八方に行くとこがないけん、九日は天へ上がるというて、山の上へ上がる。十日は下へ下へ下がって、地へおりるということになったもんぢゃけん。そっちの方角へカタが回るということぢゃった。おおむねそっちへ猪がとうで行っとう。

九天十地は暦に書いちょるがぢゃない。猟師が繰ってこしらえたもんよ。お前ら、猟をせんけん用事はないけんど、そういうことも生活の中には考えちょるべきもんぢゃ。

② クスゴ・スヤ・まな板を繰った

古い猟師らはクスゴ、スヤ、まな板というて日を繰りよった。暦とは別に、獲物の移動を繰るものがありよったね。クスゴにはあんまり捕れん。スヤは普通の猟、少々あるけんどあんまりはない。まな板いうたら、獲物をまな板で料る日のことぢゃけん、うんと捕れる日のことをいう。猪ぢゃちそんな時に出合える、猟ができるいうて行《い》とうね。わしら、その繰る事を知らんけん。わしはそういうごた（迷信）が嫌いぢゃけん、覚えちょらんが。

まな板は、漁師らもこの日に行たらうんと魚が釣れるんぢゃ、と。りょう（猟・漁）のない時もクスゴと分かっちょっと。

③　チチゴにはうんと餌を食む

やっぱりチチゴというて、まな板とは別に魚も何もかもうんと餌を食む時ぢゃというた。山でも野でも獲物探して食む時という。毎日一時《いっとき》、一時間か二時間ばあの時間があるもんぢゃけん。海も山もこの時に行たら、うんとええがぢゃけん。魚釣りに行てもうんと食う。昔は、一時《いっとき》が今の二時間ぢゃっと。

チチゴを知っちょったら、モグラぢゃ、猿、狸、猪ぢゃいうもんが、この時間にうんと食むもんぢゃけんね。

勝間に原田留吉というモグラ捕りの上手がおっとう。チチゴになったらモグラ突くとこへカナツキ（魚を突き刺す道具）を持って行て突きよった。モグラを捕るに、この日を繰ることを知っちょったら、モグラが絶対もちよる（土を持ち上げて畑などを荒らしている）けん、その時に行たらよかった。

わしら知らんが、チチゴ繰るいうたら「何は五の八ぢゃ」言うて、九九のように繰るもんぢゃ。ほんで、くらみあい（夕方）になるやらいつになるやら分からなえ。昔の人がそう言いよった。

(5)　帷子雪の猟、大雪の猟

①　雪の追い山に行く

雪の時はみな追い山すらあね。鉄砲持って犬連れて行くがは、そんな時によけ行かあ。雪解けにゃ、猪も何もいちばん騒ぐけんよう捕れらあ。

雪の時の追い山は、枯れたしばを踏んでまわらんけん大体静かに歩けるし、猪の足跡を見つけやすい。足跡の向かう方向と足の力の入れ方から、この食《は》み具合（食い方）でこればあの足跡なら、食みに行きよるか寝巣《ねす》ぃ寝に行きよるか分かっと。

足が速いがは食みしに行きよるがで、後戻りしてぐるぐる回りよるがは寝巣へ行く時の足跡ぢゃった。寝巣に入る時には、寝巣の近へ行《い》たらぐるぐる回って人や犬を騙そうとしちょった。けんど、わしは山の地形を見たら寝巣のあるとこが分かる。寝巣は、どっちから人や犬が近づいても、近づく人の声や犬の音が聞こえる場所にしちょった。それが分からん人は、寝巣のにき（側）でやり損のうて猪を飛ばし（逃がし）たりすらあ。

二、三十センチの雪の時が、いちばん猪が出て回る時ぢゃけん、猪追いに行っと。今度雪が溶けだしたら猪がうんと食んで回るけん。

なろ（平地）ではそれほどでない雪でも、昔は山の畝では一メートルばあ積もっちょることもあっと。そしたら、猪が通ったらトンネルみたいに溝を付けちょった。そんな時は猪追いには行かんね。

猪も山の椎の実、樫の実のうんと落ちて積んぢょる時は、少々の雪なら雪を撥ね除けて食むけんど、雪の深い時は主に谷を食んで蟹を見つけて餌にするが。木の実らは雪がちぃと溶けてこんと、ちぃと黒いとこが見えてこんと食まなあね。

② 一週間も食んぢょらん時は猪が捕りよい

猪は雪の時は一週間くらいは、ひとつも食べんちかまん。そんな、ながしゅう食《は》んぢょらん、どうせ一週間も食んぢょらん時は猪が捕りよい。猪が弱っちょるけんね。そういう時は犬に掛からあね。自分の体が弱っちょるけん、犬に掛かるにえらいわね。犬もそういうつもりで逃げんで猪に立ち向かうけんね。ほんで雪の時は追い山すらあ。

けんど、罠は大雪にはいからった（駄目だった）。罠は、雪の上がりがええ。雪の間は餌をたんねて広い間をよう回らんけんね。雪が溶けたら餌をうんと食む。猪が山をよけ回るけんよかっと。

③ 帷子雪のええ時

帷子《かたびら》雪のええ時ぢゃけん行こうぜ、と誘い合わせて猟に行とう。

うっすらと積もった雪のことを、ここらぢゃ帷子雪という。着物でいうたら、薄い着物を着ることを帷子というがね。そこから帷子雪という。雪がたくさん積まんづくに、うすうに黒地も見える、少々黒いとこもある、まあ五センチから十センチの雪のを、ここらぢゃ帷子雪と言わあね。まあようけ積んだと思うても、十センチ以上は積んぢょらんね。

帷子は厚い物でもない、ちゃんと（まったく）の裸でもない薄い着物を着いたが。浴衣と言うたらよかろうか。暑い時でも寒い時でもない、春秋に、それでもうったつけ（着る、体へ押しつけ）ちょったら体の冷えが少ないということでね、男も女もじかに着いちょった。とにかく、夏物でもない、寒い時の物でもない。

(6)　黒尊の大猪

すべて猟に行くことを追ぃ山というと。猟する人も追ぃ山というと。その当時のむらのことばよ。わしらつもったら（考えたら）たいてぇ間違いなかった。先達が間違うようなことぢゃぃかん。今日の猪はどこへ寝よってどこぃ飛ぶか分かる。黒尊《くろそん》の大猪《おおじし》も、わしが言うとこぃ寝よって、言うとこぃ来たがやけん。

西土佐村の黒尊へ猟に行った時のことぢゃ。黒尊には、営林署の者が何回追うても捕れん太ぃ猪がおった。何べん罠でくびって（縛って）も跳ね抜ける、黒尊で一番太い猪ぢゃっと。

この大猪がわしの言うた通りに来て、それをわしが言うた通りに仕留めたけん、さすが猪捕りの名人ぢゃ、こんなに猪の行き方が分かる人はおらんと、営林署員も皆たまげた話よ。

①　足跡から寝巣がわかる

ひぃとい（いつぞや）、罠を見に行てもんて来よったら、畝（尾根）でその太い足跡を見つけた。八斗目（一二〇キロ）以上あると思うた。

ひと朝、黒尊へ泊まって猪罠を見て回りよったら、猪がずうっとおき（下《しも》の道路や川の方）を食《は》んで戻ってきて寝巣へ入っちょる。よし、この下へ下りたけん、この畝で寝よる。黒尊から大宮へ越すオクジョロの畝に寝巣があって、そこへいんぢょる（帰っている）けん、向こうへ回って撃ったらえぇと分かった。

ほんで、その寝巣の下り口にしば（木の枝）をずうっと折って印をしちょって、これから猪が入っちょることが分かるようにした。

② 追い山師の組と段取り

黒尊には十人ばあの追い山する組があって、その大将が営林署のえらいて（上に立つ人）をしてまわる男ぢゃっと。その人らは毎年猪を追いに行くけんど、まだ猪追いという形になっちょらんけに言うたがよ。

「わしゃ今朝、罠見に行っちょって一番太い猪を見つけたが、お前ら捕りに行かんか」と話したところ、

「そりゃ行くのかんぢゃない（もちろん行く）が、どこにおるが」言うけん、

「わしがしばを折っちょるとこから二十間ばあ下がった谷で猪が寝よるけん、畝からいなり（そのまま）犬を解いてかまんけん。そうしたら、猪は向こうぃ行くことは決まっちょるけん、そこへ回っちょって撃て」言うて行かすに、わしに「行《い》てくれんといかん（困る）」と言うがよ。

「いやいや、お前らは口が悪いけん。わしは甲種免状取っちょらんに、わしが撃った言うたら、わしは来年から免状が取れんようになるけん。お前ら行て撃ってこい。じゃんと（十分に）教えちょく」言うて、目黒（愛媛県松野町）へ越す道を二、三人撃チを回しちょくように、もしそこで仕留めんかったら、その下のこうこうした広い谷へ行くことは決まっちょるけん、そこへ二の撃チを回しちょくようにと言うと。

「そんでも、田辺さん行てくり」言うけん、お前らがわしが撃ったと言いさがさ（言いまわら）にゃ

行てやる。猪が太いけん新聞社が来るやら、NHKが来るやら分からんけん、その時は大将が撃ったことにしよう、ということになっと。

「おらは鉄砲がないけん、鉄砲を持ったもんがついて来い」言うたら、「そりゃいかん。田辺さんも鉄砲を持っちょってくり」言うて、わざわざええ鉄砲を借ってきてくれた。

わしが撃チへ行て木のうら（先）へ上がって木を揺さぶってからケース（薬莢）をピッと吹くけん、そうしたら大けな椎の木柴を折っちょるとこから犬を解けと段取りを言うて行くことになった。

目黒越しで、お前らは畝の方へ行て犬を放せ、おらは向こうへ回って撃つ。今日は絶対この猪を捕るけん、おらと二の撃チで絶対捕るけん言うて、撃てらった時のための二番撃チへは大将を行かした。段取りがすんだら、木へ上がってピッとケースを吹いた。ピッと吹くがは、猪がどこで吹いたやら分からんようにする合図よ。向こうも木を揺さぶったけん、よしと待ちよった。

③　百六十キロの猪を仕留める

ぼっちり（ちょうど）わしの言うた通りに猪が寝よって、ものの十分もせんうちに、犬がワンワン言いだして、たかんで（まあ、実に）太い猪が犬を二度まくって（牙で追い立てて）谷を下りて来た。猪がまくり跳びに跳びよる（突進しては跳び掛かる）。犬がこればあ付いちょったら、もつれて危ないけんなかなか撃たれらあ（撃てん）。そうしよる間に、犬を下ぃまくって向かいの谷ぃとうで行きだした。

しもうた、さっき体を見せた時に撃っちゃよかった、へんしも（急いで）行て撃たんといかんと思うて走って行たら、ぼっちり間に合うと。

畝へ上がって下を見たら、谷の下から大けなものが木の陰に体を隠して頭ばあ見せちょる。ようし、あれぢゃったら間違いないと思うて頭から撃ち込んだ。ぼっちり（上手い具合に）当たっての、下あぎ（顎）をボッタリ撃ちこかし（落とし）てプラーンとぶら下がった。脊髄に関係したものよ、立っちゃ引っ繰り返り、立っちゃ引っ繰り返りして下へ向いて行く。犬を切るかけば（牙）の付いた下あぎがきかんけん、よし大丈夫ぢゃ犬を切る心配もない、ひとり落ちたら上等よと思うて付いて行きよった。

犬はガンガン吠え立てるに鉄砲は鳴らんしするけん、しばらくしてホーラホーラ言いだしたけん、

「猪を撃ったけん集まって来いや。まだ死にきれちょらんぞ」言うて皆を集めと。九人が暫時集まってきた。猪が犬をまくりながら下へ向いてずるずると跳びよるがを見て、大将が、

「ええとこを撃っちょるのう。おらに止めを撃たせてくり」言うけん、

「いかんいかん、撃ちどころぢゃない（撃つのは愚の骨頂）。これを引っ張って行くいうたら大事よ。ひとりかやって行きよるけん、しばらく下の道までかやらせて行て、下の道で撃ったらええ」と言うと。

犬に吠えらして下の道まで来らして、

「鉄砲で撃つにゃよばん（必要ない）。血を出さんといかんけん短刀で刺すけん」言うて、撃たせんづくに刺しと。

そこへ、ぼっちり炭焼きが抜いて来ちょる木馬道《きんまみち》があったけん、その木馬を借っておきの黒尊へ行く道路のそら（上）まで引っ張りだして、下の道へつこかし（突き落とし）て、四人掛かりでかいて（担いで）来とう。百六十キロの太い猪ぢゃった。

④　喜び筒問答

「さすがの猪捕りぢゃ。言うたとおりに来て、言うた通りに撃った」言うて、営林署の大将がたまげたけん、

「たまげることはない。おら、びんす（子ども）の時代からやりよるがぢゃけん。まだ免状の取れんうちから部落の年寄りらに連れていてもろうて、はじめは犬引きと猪かきとばっかりやらされよったがやけん。そればあのこたぁ会得しちょらんと、長い間猪を捕った価値がないけん」と、話したことぢゃった。それから、

「田辺さんばあ分かっちょららったら猪は捕れん」言うてたまげてね、

「えらいしこう（凄いことよ）、こんな太い猪を捕ったら喜び筒を放すもんぢゃが、鉄砲一つしか鳴らさんけん、猪を撃たんがやろうかと思いよった」言うけん、

「自分の筒なら放すけんど、人の鉄砲を借ってきてくれたがぢゃけん、一つ撃って大丈夫ぢゃ思うてもう放さんかっと。向こうも折角銭出して実弾を買うて持っちょるものを、ほたえに（戯れに）ドンドン放せれんぢゃあか」と言うと。

⑤　カメイはあおうなる

毛を焼いて磨き（皮を削り）だしたら、どうもカメイかもしれんぞと思うた。包丁を入れてさばくと、直にカメイと分かっと。カメイは外見からは分からん。爪も黒いし、うんと肥えてもおる。豚みたいに肥えちょるねえ。生えた毛穴らあでも分かっちょる。

カメイは、昔はおららった。おっても少なかったね。今はカメイが多い。交配になったがよ。猟師らあ欲なものよ。骨を炊いて食うけん、こんなあらばっかり食わんで、身を炊いて食えや言うて、大けな釜で炊いて食わしてやったところで、

「煮いて食いだして、一時間ばあたったら納屋へ行て見よ。吊りくっちょる（ぶら下げている）猪もあおうなる。お前らもあおうなって戻るけん。カメイという猪やけん臭いぞ」と言うと。

まことぢゃった。カメイの生肉は直ぐにあおうなる。わしの言うた通りぢゃった。

カメイでも湯がいたら多少食えるけん、角《かく》にこんもうに（小さく）切って釜で湯がいて皆に分けと。

⑥　わしの注文通りにいったがよ

黒尊で爺さんが飲食店をしよって、そこを黒尊のお爺さんの店と言いよった。そこぃ高知の方から、昔一緒に沖縄へ行ちょった（戦友の）刑事らあがぼっちり来ちょったけん、

「カメイぢゃけんちぃと臭いことは臭いが、食うか」言うと、

「食うのかんぢゃない（もちろん食う）」言うけん、追い山師らに、

「警察の子らに食わそうかと思うけん、ええとこを一つ切ってくりや」言うて、わしも一角もろうてきて、食わしと。

泊まっちょった人らは、二貫ばあの猪のお陰で酒一斗買うた言うけん、「なんぼ買うたち、お前らが飲むがやけんかまんぎゃあか（ええじゃないか）」と言うたことよ。「えらいもんぎゃ。さすが日本一の猪捕りぎゃ。思うた通りにいく。何べん追うたち誰っちゃ捕れんがやった」言うて、営林署の大将がわしをおだてよっと。わしも「どうかね注文は」言うて、てごうて（からかって）もんてきた。

自慢ぢゃないが、わしの注文通りにいったがよ。すべてことなしにすんどう。

(7) 据え銃の恐怖

① 据え銃は怖かった

昔は、猪を捕る据え銃をしよったけん、みな怖がっちょと。どこに掛けちょるか分からんけん、怖かったねえ。禁銃《きんじゅう》ぢゃったけん、やっちょることが分かったら罪につきよっと。

据え銃は、尺五寸の猪の肘《ひじ》ズリを撃つようになっちょったけん。尺二、三寸から五寸ばあをためた（狙った）もんぢゃけん、人間が据え銃にかかったら、ちょうど向こう脛を撃ち抜かれるようになっちょったわけよ。

わしらいうたら杖こしらえてね、猪のハシリは杖で探って行っと。脛で行て据え銃を鳴らしたら、骨がなくなって身体障害者になるけん。

② 据え銃はみぞい鉄砲

銃身は鉄砲と同じものぢゃが、みぞい（短い）鉄砲を特別にこしらえて、猪のハシリぃくびり（括り）つけと。一メートルばあのがが一番長いがぢゃ。長いがは、竹でも杉皮でもおい（覆い）を長うに置かんといかん。雨に濡れたりしたら、タンと叩いても火門《かもん》が発火せんけんね。

火薬を詰めて雷管を被せて缶を叩いたらバーンと鳴りよった。そこへ出ちょるがは火道《ひどう》ぢゃったけん。火道は二センチ、長いがでも三センチくらいぢゃった。昔は、火縄を使わん種子島の据え銃があっと。

据え銃の引き金を引く蹴糸《けいと》は、昔は綿糸でしちょったが、雨降ったら縮こまって空鳴りすることがあり、ぅんと温い日は垂れてしもうて、狙うたとこへいかんようになるけん、針金を使うようになっと。

③ 儀太郎さんが据え銃に掛かる

昔は、据え銃に掛かった人はここらでもだんだん（ぼつぼつ）おった。勝間川の江口儀太郎さんは、わが据え銃で膝を撃ち抜いてびっこになった。戦前のことぢゃね。

勝間川の道路からちょっと上がったとこぃ大けな岩があって、そこぃ樫の大木があった。その実が落ちて、それを猪が食みに来るがに据え銃をやっちょった。夜中に鉄砲が鳴ったけん、主《ぬし》（自分）のものと勘違いして、提灯付けて猪がどこぃかやっちょる（引っ繰り返っている）ろうと探しよったものよ。なにが（なんとしたことか）、主の鉄砲で脛から下の骨が折れて、びっこになっちょっと。

わしら儀太小父《ぎたおじ》を知っちょるけん。学校へ行きよる時分ぢゃ。昔の運動会の日に、儀太小父がおらんと言うて捜しよったら、栗石さんとこの便所で座ったなりかやっちょっと。踏み板の上で、卒中で死んぢょった。

④　卯之吉とウノウ

久保川の卯之吉《うのきち》という人はかずら採りに行《い》ちょって、他人の据え銃にかかってやっぱりびっこを引きよっとう。その人の嫁は勝間から行っちょった。

卯之吉が撃たれちょるがを見つけた人が、モジ小父いうた、岡本モジ郎さんといううんと頭のええ爺さんやっと（既出）。人を撃っちょるぞと言うたら、誰れっちゃあ名乗り出んやろ。そんで据え銃をやっちょらすまいかと目星を付けた二、三人の人らあに、

「お前らあぢゃないか。上久保川の奥でウノウを撃っちょるぞ」と言うたもんよ。昔は、雌猪をウノウと言いよったがを騙しに使うたがよ。その人らあは、

「それはわしらあぢゃ」と言うていっぺんに分かった、と。

岡本さんが据え銃のとこへ連れて行て、いよいよこのそらで撃っちょるというとこで、ウノウ（雌猪）ぢゃない、卯之吉ぢゃと言うと、その人らあはたまげてつき座った（へたりこんだ）と。卯之をウノウと言うて連れて行ったがよ。その爺さんは頭のええ人やったけん、ウノウという猪にたとえてやったがよ。

警察に呼ばれて、わしらやっちょったつうことになって、処分されと。多少は賠償したろうが、今みたいにじゃんと（十分に）賠償することはなかろうね。

⑤　雌猪をウノウと言う

大体三月、四月にはメンの猪をウノウと言うた。三、四月は子の出来る時ぢゃけん、子を連れる時期ぢゃけん、まあまあウノウと言うた。

平生から雌猪をウノウと言う人もある。日を切って言う時は、三月、四月のことを言うた。それは猟師の決めたことぢゃ。昔は、三月、四月はまだ猟期ぢゃっと。

猪を追いに行て、撃つまではウノウともメンとも言わん。初めからは分かっちょらんがぢゃけん。撃ってから、「あ、こりゃウノウぢゃねえ」と言うと。メンと言う人もあっと。

子を連れちょる猪は、初めからウノウぢゃと言いよった。決まりぢゃないけん、秋冬にはメンと言う人もウノウと言う人もおったね。

猪のオンのことはイノシシとも言うたが、大体はシシと言いよっと。

＊ウナメ――野猪の牝をもウナという地方がある。（『改定綜合日本民俗語彙』）

⑥　据え銃の先生とはんになった猪

据え銃は猪の小耳を撃つようにしちょった。小耳を撃ったらばったりかやる（倒れる）けんど、照準が悪うてちょっと上がり下がりして撃ち損のうたら、はん（半死）になるわけよ。はんになったら怖いわ。

この上《かみ》に横山為吉という据え銃の先生がおった。山から戻りしなに据え銃しちゃあもんて来て、翌朝早く据え銃を上げよる人ぢゃっと。

その人がひと朝、山へ行たら据え銃が鳴っちょるに猪がおらん。ずうっと跡を付けて谷の方ぃ向いて行きよったら、途中におって追いかけて来る。それを逃げていて、川の上へ枝を伸ばしちょる木があって、下の水たまりの縁へ入ってその枝ぃぶら下がったら、猪もそれぃ入ってきて、横山さんの足が下がったら飛びつこうぢち（として）、体を半分水につばけ（つけ）てぼり（守）しよったらしい。

為吉は川の上の木にぶらくっちょるがやけん、だらしゅうなったら（疲れたら）自然と足が下りてくる。足が下がってきたら猪がまくって（突進して）来るがよ。

弟に朝小父《あさおじ》という人がおって、兄貴のことが荷に（気掛かりに）なっていたものよ。あんまり犬が吠えるけん、炭の窯出しを止めて見に行ったら、為吉が「猪がはんになっちょる。怖いけん来られんぞ」と合図したものよ。朝小父も遠くぃ回って行て、木に上れる状態にして見よったものよ。そうしたら、猪が水を蹴って下ぃ向かってまくって来るけん、木へ飛び上がった。今度また、横山のおんちゃん（小父さん）の足が下がったら、猪がそこぃやって行たものよ。おんちゃんが、

「あの鉄砲おらに持って来い。おらが撃つけん」言うて、朝小父に据え銃を外して、昔のうら込み銃ぢゃけん、うら込みの弾を仕込うで持ってこさして、隙を見て持ってこさして、木の上から撃ったということぢゃ。それも太い猪ぢゃったという話ぢゃ。

⑦　猪のさんずへチョウナ

戦前、西尾助馬《すけま》、作之進というおとどい（兄弟）で、炭焼きに行きよっと。

作之進がえらい犬が吠えるよと思うて見たら、据え銃が撃ちくさし（急所を撃ち外し）てはんにな

った猪が、まくって来た。それをやり過ごして、向こうぃ行こうとするがを腰に差しちょったチョウナ（手斧）で猪のさんず（腰）へ打ち込うで、足踏ん張って引き止めちょった。猪は首が小回りに回らんけん、胴体と一緒に回らにゃ、後ぃ向いて来ることがこたわん（できない）。そして兄貴に、（チョウナが外れたら猪にまくられるけん）「来られんぞ。来られんぞ」と叫んだ。けんど兄貴は、持っちょる柄鎌《えがま》で首を伸ばしちょる猪の首を切って仕留めたがよ。

(8) 落とし穴はまずい猟よ

① 落とし穴はずるいことぢゃない

昔、落とし穴を掘った跡を、西の宿毛の方の田んぼの端で見たことがある。めっそ（あまり）山へ上らん、田んぼの周囲ぢゃった。勝間にも田んぼの端へ、三つ四つこしらえちょっと。勝間川でも山際《やまぎわ》へしちょった言うのう。わしらの時にはそんなとこはよけなかった。猟師は犬を飼いたてて猪捕りやりよったけん、猟せんような人らがやったがよ。

入口は一メートルばあで、被った（中にせり出した）ように石をついちょった。その上へ弱い木をやって蓋をして土を着せ（被せ）て苔を敷いて、草を植えてしばを枝ごし（枝ごと）うったつけ（覆い被せ）て、山やら何やら分からんようにしちょっと。人には通じる（分かる）ようにしちょらあね。

昔はうんとした言うが、ありゃあ、ずるいことぢゃないぜ（容易なことではないね）。

穴は一丈（三メートル）ぐらい真っすぐに掘っちょかんと猪が跳び上がるけんねえ。駆け上がれんように、段のないようにせんといかん。土がやおかったら、爪をとおし（立て）て駆け上がるけん、それもいかん。すり鉢みたいに掘るけんどき、反動つけてとうで（跳んで）まわるもんやけん、太ぃ穴はいかん。落ち込んだら、ろくに舞えんばあ狭うに掘っちょかんといかん。猪の体の自由のきかんばあにならんといかん。跳び上がろうち（としても）けつつかし（落ちて尻を突き当て）たり、頭つかしたりするようにせぼうに（狭く）掘っちょっと。

② 落とし穴を掘るには役をかけちょる

昔からスコップは大体あったね。炭焼きらが窯から出した赤ぃ炭ぃすばい（炭窯に出来る灰）を掛けて消すに使ぃよった。けんど、あんな太ぃがではいかん。ジョウレン（土をすくい上げる平鍬）で掘ってすくい上げたり、モッコで引き上げたりしとう。掘りじまい（掘ったら終わり）で、下に槍を植えたりはせらった。

はじめ粗《あら》掘《ぼ》りしちょく。底は根石があるけん、根石が出んくらいに土を置いて、そこまで掘ってぃかあ。上へは三脚を組んだ。土を引っ張り出さにゃいかんけん、三脚は高かったね。その真ん中ぃ滑車つり下げて、そいとへ縄を通して泥をつり上げて取っと。昔は、ナンバいう木の滑車で、欅《けやき》でこしらえちょった。ちぃとずつ土を取るがやけん、こんまい（小さい）一つの滑車でかまらった。

引き上げて土を高う盛ったとこにも、分からんように全部草を植えたけんね。草が生えて分からんようにならんといかんけん、直に使えるもんぢゃなかっと。昔は、なかなか役（手間）をかけちょるぜ。猪をよう捕らん人らのすることよ。わしら、そんなめんどいことはせんち（しなくても）、猪をなんぼでも捕っと。

③　足の踏む先のないように石垣をつく

落とし穴へは石をわざわざ持っていって、下から石垣《いしかけ》ついてよう跳び上がらんようにした。下から石をつくもんぢゃけん、勝間の石つきの上手が雇われてついと。石をつくには再度下から土を入れてついて、上まで石をつき上げてきて、出来上がったらその土をのけとう。

普通の石垣やったら跳び上がるけん、猪に余裕あてごうちょったら跳び上がるけん、足の踏むさきのないように、きれぃに詰めてついちょら。ぐるりっと丸うに、きれぃについちょらえ。一番下はこまい石でうんと面《つら》をきれぃにして、猪がよう跳び上がらんようにしちょら。

石垣はうんと面を揃えちょかんといかん。爪の引っ掛かるとこがあったら跳び上がるけん、きれぃに揃えてついちょっと。穴の中で石を差し上げてつけるように、あんまり太い石にもよばらった。

下（底）もあんまり広うせられん。余裕があるようにしたらうんと跳び上がるけん。猪が下へ落ちたらけつをつかす、鼻をつかすようにして、人間にも出にくいくらいぢゃったけん、石をつくにも体を一生懸命こもうに（小さく）してつかにゃいかん。高さはやっぱ八尺以上ぢゃね。

④　落とし穴の成果は少ない

昔、据え銃やられん時やけん、捕る手（手段）がない猟せんような人らがやっとう。猪はめったに捕れることはなかったね。役のわりあいに成果は少なかった。

田んぼの端を掘ったりしてやっと。昔はみな田の端が藪で、藪の端を刈り寄せして（陰にならないように刈り払って）田んぼを作りよったけん、落とし穴を作る人は猪の通って来るとこをちいと刈らんづくに（刈らずに）残しちょった。そして毎年、落とし穴のとこを掃除して、草がふるうに（古くから）生えちょるようにしとう。

猪は田んぼへ来るに一つの道は通らんけん、穴の天井ぃ芋を植えちょったのう。猪がほうで（食んで）行きよる間《あい》にドサーンと落ちた。めったに落ちるがはなかっと。人の物を盗んで食うがぢゃけん賢いぜ。

⑤　山田の石垣は跳び越す

山田に石垣《いしかけ》を築いちょることもあった。山の手についちょったのう。猪を防ぐ石垣は勝間にもあった。どこにもあった。そういうとこで守小屋を建てて寝よっと。

こうした山奥には段があるけんね。段々がなかったら植えるとこが平坦にならん。平坦にならんと土が流れるけんね。段に石ついて、猪が跳び越すには難しゅうしちょった。けんど、下へ下りたら開《あ》けっ広《ぴろ》げやけん、どこでも逃げて行っと。

猪は段が出来ても跳び越す。跳び越さん石垣は、尺で言うたらまあ一丈ぢゃね。下が広いほど構えが十分に構えられるけん、高う跳び越す。後ろが広かったら何ぼでも跳び越す。落とし穴のようにけつがつかえるようなとこでは低うても跳び越さん。

⑥　猪のオシは知らん

昔はオシ（石で圧殺する仕組み）でも捕った言うのう。中へ椎や樫の実を撒《ま》いちょって、猪が入ったら上の石の重しが落ちるようにしちょった言うが、わしは知らん。

(9) 猪の付く話

① 家内の腹が太るがに付く

おなごが妊娠したら、猟がうんと出来るがと出来んがとがあった。付く、付かんがうんとあっとうね。

家内の腹が太ったら山猟があるという人がうんとおった。猪がその人を好きになるというか、その人に猪が付くもんぢゃと。捕れんのは嫌われるがやね。

「あの人らよう猪が付くが、家内が腹が太っちょんらんか」というようなことを言うと。猪は、家内の腹が太ったがに付いちょるがやけんね。

② 家内の妊娠に付き猪

家内が腹が太ったりやこい（など）した時には付くのう。うちの家内の腹に子が出来たら、うんと猪が捕れた。まこと猟が向いてくることがあっと。わしをおわえ（追いかけ）ても来るように罠に掛かる、また出合うけん。「付き猪《じし》」というものはそういう時のことを言うたものよ。

家内の腹が太った時に、家の下の石垣の下に蓮芋《はすいも》があったけんど、そこまで猪が掘りに来たことがあっとう。いっぺんは、昼間に田んぼへ猪が出てきたこともあっと。

ある日、猪が昼の日中にうちの田んぼに出てきて稲を食いよることがあった。それを撃とうと思うて家に鉄砲を取りにもんて来て撃ったが、鳴ららった。わしが自分で鉄砲の台替えをしちょって撃てらったがよ。そんで、植田さんに二連銃の台替えをしちょらんがを借ってきて、撃ったけんどやっぱり鳴ららった。そんなこともあっとう。

③ 猪でも魚でもその人にすばえる

罠猟する時に、腹の太い家内が罠のロープ（ワイヤ）に触ったら、猪がようけ捕れと。犬の猟の時にも、家内が犬を可愛がって犬の紐を引っ張ってまわったら、猪がうんと捕れた。そんな女の人は雇われて行っと。それは本当ぢゃ。

昔は罠のロープは麻縄で綯《な》いよったけん、そんな猪の付く人、猟がうんと出来るおなごに麻縄をのうてもろうたり、出来た罠をつかんでもろうたりした。わざわざ他人の嫁さんにでも触ってもろうて猪を捕る人がおっとう。昔は、いろんなことをしとう。

それは実際にあったことぢゃ。それ以外は迷信よ。これらも迷信ぢゃけんど実際にあったことぢゃ。そういうことは川漁よりも山猟によけあった。大体、猪でも魚でもその人にすばえる（甘えてふざける）というもんぢゃねえ。

それも子が出来たら、直に元に戻っと。何でもわしばあ実際にやったもんはおらん。

④ 猪の付く人、猪の付かん人

猟師でも猪の付く、付かんがあっとう。猪の付く人はおった。それを、そんなことは事実ぢゃないと言うて、ほうぐる（信じない）人がおったね。ほうぐるいうことは、他人の言うことに対して、そんなことがあるかとか、何言うてまわりよらあ（何を言っているか）とか、そんなことを言うて何にならあなどと、相手にせんづくに取り合わんということよ。実際に信用せんで雑談にしてしまう人よ。そういう男をものほうぐりいうた。

猟師でも、あいつが行くと猪が捕れんという男がおって、人に逃げられて追い山に誘われらった（誘われなかった）ね。

わしらの時も、猟する人らが嫌うた人がおったねえ。嫌われた人はただもう、「猪とったら食うぞー」とか「今日は猪とったら食えるがやねえ」と、口に出してびっしり（いつも）言う人やっと。猪を捕ったら皆で分けようというよりも、自分が食うことを考えちょる人やったね。

猟に行《い》て、食うぢゃ何ぢゃいうことを言うたらいかん。そんなことをびっしり口に出して言う人を連れちょったら、猪が捕れんと言いよった。そんで、そういう猪の付かん人を抜け（抜かし）て行きよった。皆が嫌うて誘わらっと。

猟に行たら静かにせんといかん。咳をしてもいかん。いらんことをたたる（しゃべる）ような人は猟にあまり連れていからったがよ。

⑤　人のよさは豊猟

たいてぇの部落に猟師がおったが、山へひとつも行かん部落もあっとう。中半《なかば》や岩間《いわま》からは、作りよるもんが猪や猿に食われるけん、来てくりと言われて行っと。

人のええ猟師やったら、猪のおり場所や猪に作物を食われる場所を教えてくれるけん、捕りよかった。りょうする人はそこが大事よ。魚でも鮎がどこへ付いちょる（集まって産卵している）か教えてくれた。

山のさかな取ったち、川のさかな取ったち、

「ちぃとぢゃけんど食べんか」言うような人には、猪や魚のおり場所を教えてくれた。猪捕っても分けてやらんような人には教えてくれんかった。人がようなかったら、ええ場所を教えてくれん。その代わり、捕れたら披露せにゃいかん。わしら、自分も食べたけんど人にも食べらせたけんよけ捕れとう。人に食わしちょるだけは、「田辺の爺よ、あこへ行くと猪がおるぞ」と教えてくれた。そうでなかったら、猪は捕れらあせんちゃ。どこぃおるぞとたんねてまわるようでは、猪は捕れりゃせん。あれらも命が掛かっちょるけん。

大体、欲な人には付いてゆく人がおらん。

⑥　妊娠豊猟への忠告

家内の妊娠で豊猟になったら、土地の人らあが、猪が付いたけんいうてあんまり喜んで捕りに行かれんと言うた。丈夫な子も出来るけんど、弱い十分成長せん子が出来るかもしれんということぢゃっと。

そういうことを言われても、わしはすべて気にせらった。たまにはそういう子も出来るけんど、そういうことは猪を捕れん人、よう捕らん人の言うことぢゃと思うちょっと。

●「猟綱は綿糸で作っちょったがを買うた。昔は、罠の古い麻で作ったがもあった」（指ほどの太さで約三メートル）

＊連れ合いの米子さんは、「そんな人に付いた猟はわりい、わりい」と言う。

⑽　猪を持ち帰る

①　猟綱で猪かるう

猟に一人、二人で行たら猪を持ち帰っと。二人ならかきもするが、一人の時はびっしり（いつも）猪をかるう（背負う）て山から出らあ。それを「猪かるう」と言うと。

一筋、一本の猟綱で前足、後ろ足を狭うにくくって、前足を肩に掛けて背中にかるうて、猪との間にイノコシバ（柴木）を挟み込んど。二十貫（七十五キロ）以上の重い猪は内臓を捨ててきた。わしは腕が立ったけん、猪が百キロあっても大体かるうたのう。

猟綱は綿糸で作っちょったがを買うた。昔は、罠の古い麻で作ったがもあった。長さは八尺から一丈ばああって、猪をくびって引っ張ったり犬をくびって引っ張ったりした。

大体二本ばあ持っちょったが、一本も持っちょらん人もあった。そんな人は猪をくびりどころか、猪におうたら逃げよっと。

② ダニ、虱をシキビでしばく

山から猪をかるうてきた時は、服の上からシキビ（シキミ）でしばい（叩い）たら猪のダニやらはたいてぇ落ちるもんぢゃったね。

ダニはしばでも叩いたが、着物脱いで叩いて、火の上であぶったら落ちてしまう。虱《しらみ》いうたら重なり合うほどおっとう。動物におる虱は人に食い付かん。人に食い付くがは真っ白い虱ぢゃ。

山口県での猪猟では、猪の尻尾一匹で何千円もくれと。そんで尻尾を人に盗まれんように、部屋の天井に吊って寝よったら、ダニが落ちてきて痒《かゆ》いというたち（痒うてたまらん）。ほんとにことうて（参って）、夜中に風呂に入ったことがある。毛の少ない尻尾にはダニがようけ食い付いちょったがよ。

③ 高い股木に猪を掛ける知恵

とぎ（相棒）がない時で、一人ぢゃ出せんような遠いとこや重い猪の時にゃ、後から友を連れて行かにゃいくまい。その間は一晩なり二晩なり置かにゃいかん。下へ置いちょったら食われたり取られたりするけん、木を切ってきて猪をせぐっと（そろりそろり少しずつ上げた）。せぐってぶら下げて安全なことにして置いちょか。それにはまた、知恵があるけん。

猪の前足同士、後ろ足同士くびってその足の間に、長い木をうら（先）から差しこうで（差し込んで）、猪の背中が下になるようにしちょく。その長い木を天然木の股木同士の間に掛けとう。

まず片方の股木に木の元を掛けて、猪はうらの方へ持ってきちょく。そのうらを股（先が股になった木の棒）にもたしちょって、木（他方の股木）を相手に（木にもたせかけておいて）少しずつずり上げて（木にすり付けるようにして上げて）ゆく。突き上げていかあ。いながら（すぐに）は重たいけん、いっさん（一度）にはよう上げん。木を相手にせぐってごとごと（ゆっくりと）突き上げて、はぶん（半分）まで行たら後は軽うなる。最初は猪が手前にあるけん重いが、猪を長い木の真ん中へやったら軽うなる。ずっとそら（上）へ持っていったら、猪を長い木の真ん中へ突き戻して股木に掛けて、何にも（何が来ても）よう食わんようにしちょく。

高さは天然木の股によってなんぼでも高うなる。二メートルばあぢゃったら犬が飛び付くけん、野犬も飛び付かん、狐や狸も飛び付かん、高い高い木でやる。

重い猪もあらえ。あるけんど、木の長さによって、太い猪ならうんと長い木を渡して、長い木にして突き上げていかあ。短い木は重いけんね。長い木にしたら、百キロの猪でもわりあい撥ねづって（テコの原理で撥ねて）上がりやすい。こっちゃ（元を掛けてある股木の方）へ物体が掛かってくるけん、上へ上がるほどかるうになるけんのう。猟師の知恵よ。賢うなかったら、人に取られたり、野犬に食われたりするけん。

ある程度まで上げたら、高い股まで届かんでもええ加減上がったら、かずら取って股木の棒を木の幹にくびり付けちょく。犬の猟綱でもかまん、罠の古いがでもかまん。もう夜になりよるけん、くびっておいたら、明くる日取りに来るまであらあ。

よけ何匹も捕れた時にゃ、いちばい（一層）吊るさあね。

④　昔はしばうまで引っ張りこかす

昔は、しばうまいうて、しば（木の枝）をうんと切って束ねて、その上へ猪を載せて引っ張りこかし（落とし）よった。

今りゃ、かるうてまわらず（背負うたりせず）に綱を掛けて山から引っ張りこかす。猪は皮が丈夫なけん、いなり（そのまま）頭くびって引っ張ってひとつも傷むもんぢゃない。毛もあってツルツル、ツルツル滑りがええ。猪りゃ（なら）角がないけん引っ掛からんでよう滑る。

高いとこから下ぃ向けて滑るように下りる。峠を引き上げることはこたわんけに、下ぃ下ぃ行くように下りていく。下ぃ行たらどこへ行くかも分かっちょる。わしら、山のことは家の中のことばあ（のように）分かっちょる。それば分かっちょららったら、山の中を通りよる猪は捕れんぜ。

⑤　猪の生け捕り

犬の練習台にするに、猪を生きたまままかるうこともあっと。生け捕りする奴はまあ一俵目（六十キロ）ぢゃね。

罠に掛かって生きちょる猪に猟綱を投げると、猪は端をくわえる。端をくわえさせたまま猪の鼻先をクルクル、クルクル三、四回まわす。口がはれん（動けん）程度にする。それから、その猟綱を首へ回してくびって、再度鼻先を巻いた綿糸（綱）の顎下の隙間に通して首に戻してくびって、口と首を動けんようにくびり固めておく。それでも暴れるような太い猪は叩き殺さにゃかるわん（背負わん)。

(11) 仲買人まんたどく

猪買いに来る人らを仲買人というた。久保川に浜田徳次という仲買人がおった。勝間の学校の前あたりにおっとう。浜田を訛ってまんた、徳次を省略してどく、合わせてまんたどくという名を付けちょった。商売が上手で、何でも来いぢゃった。何でもやるけん、みんながまんた、まんた言うと。毛皮から何から仲買してまわりよった。お陰で、わしが夜によっぴと(夜通し)お宮に座って撃ちよったこまい毛皮《けかわ》も売れた。戦時中にはわしが一番毛皮を出しちょるいうて、地下足袋を二足もろうたこともある。

鵜の江にも沖本の岡次や小林の秀さんいうおんちゃん(小父さん)の人らがおって、よう買いに来とう。川登《かわのぼり》からも来たし、宿毛《すくも》の方からも買いに来たね。

6 猟犬

(1) 猟師と犬は気の合うたものよ

① 犬の顔色を見る

犬は獲物の匂いがしだしたら顔色が違う。態度も違う。

その獲物が宵に通ったか、二、三日前に通ったかは、犬の体を見よったら分かる。犬がうんと騒ぎだしたら、そいつらが寝巣《ねす》へ入る宵にそこを通っちょる。ハシリの草木には、獣が息を吹きかけちょる、息する毎に獣の匂いが付いちょるけん、犬が高鼻いうて、頭をグルグル回してかざみ（匂いを嗅ぎ）だす。そしたら、そいと（そいつ）がうんと近いとこへおる。近場におるがよ。それは鹿やち（でも）猪やち同じよ。

猪犬のええがになったら、猪が息を吹きかけた木をねぶって（なめて）まわりだす。犬の首をくびって引っ張って行きよっても、犬が鹿、猪の通ったとこへ綱を引き込んで行くけん、ああこりゃ、そいとが今通ったがよ、と分かる。そしたら、何間もいかんうちに寝よらあ。

猟師やったら、犬の動作から考えて寝巣が遠いか近いか、どこへ寝巣があるか分かる。それを見分けて行く人でないといかん。そして、犬の顔色を見て犬を放す。

猪の追い出しに入った人をせこうにん（勢子）というが、その人が慣れた人ぢゃないといかん。猪は、特に慣れた人ぢゃないといかん。わしは猪がどういうふうに来るか分かっちょった。野球の球を打つようなもんよ。

猪が自分の足跡を逆に戻って横にそれても、ええ犬はまかれん。匂いというものは、猪が道へほけ（呼気）を吹きかけたがが匂うけん、先に来た匂いは薄うなるけん犬には分かる。

② ざいふりと弟子の犬

昔からの猪捕りで、ざいふり（采配をふる人）みたいな人がおった。その人が呼んだら、どんな犬

●勝間川の山中栄翁と猪犬ゴン。翁によくなついて甘えるという。二〇〇四年十一月に三匹の猪をかみ殺したという。横に兎犬のビーグル犬。綱は猟綱。

でも来る。やっぱり犬をかわいがる証拠ぢゃねえ。犬は自分の弟子みたいなもんぢゃけん。犬はよう知っちょったぜ。賢かったぜ。また、そればあ慣れちょららったら、猪は捕れん。

わしもざいふりぢゃった。久保川に植田作太郎と岡村猪之助と隣りあいに二つのええ犬がおった。うちの犬がおらん時にゃ、その犬を借って行っちゃあ、だいぶ猪を捕ったけん、わしが勝間のへいもと（詰め。川原の最上流部で渡しがあったところ）い行て、舟を渡す人を呼んだら、犬が向こう岸で待っちょった。飼い主よりかわしに慣れちょった。猟に連れて行くけん、わしの方が大事がったね。

褒美は親父らにやり、犬には臓物を食わしと。へいもというたらむらの行き終いよ、奥の端よ。

③　二食入りからモッソの弁当を犬に分ける

弁当は「二食入り」というて、二食付きの弁当からモッソで行った。モッソは赤うに塗った曲《ま》げ物《もの》で、曲げたとこは桜の皮で縫うちょった。上下合わすようになっちょって、毛抜き弁当といいよった。それは、毛抜きの先がきちんと合うように、モッソの上下がきちんと合うことからそう呼ぶようになったと言いよった。

たいてぇ皆が二食入り弁当一杯に入れてきた。犬は一匹連れる人も二、三匹連れる人もあったが、弁当を皆で分けおうて犬に食わしと。

④　犬をほめて内臓を食わす

犬の力で猪を捕ったら、犬を口でもほめ、なでてもやり、内臓のええとこを食わしもした。猪の味を覚えさすには臓物でよかっと。

犬が猪の皮を噛んで、ええ身を出して食おうとしたら、「もうええぞ」言うたら、とんで（まったく）せつからった（触らなかった）。料るまで座って待ちよって、臓物をもろうて食うがよ。そればあにせにゃ、猪犬ぢゃないわ。

猟がすんだら犬はつないぢょる。犬でも喧嘩するけん、みな同じように切って分けてやった。ええとこいうたら、心臓やらカル（肺臓）やらこい（など）よ。心臓は中を断ち割ったら血が出たけん、血を絞り出してやっとう。血ばっかりぢゃと食べんし、ようけ血を飲ましたらいかんけん。

犬は大腸も小腸も、端から絞るようにして、糞になるものを絞り出してからきれいに食うと。普通はわた（腸）ばっかりしか食わさん人も、身を食わしたりもしとう。

⑤　はじく声で犬を呼び戻す

猟する者らいろんな技術があるけん、それだけ犬も覚えちょらね。

犬を呼び戻すには、自分らで呼んだら、大体はじくけんね、その声を聞いて犬が来た。はじくいうたら、山中で唸りをたてて響くこと、遠くぃ聞こえること。山彦に等しいこと。そういう呼び方があったね。

その犬が自分の声に慣れて来るようにしこう（仕込ん）ぢょった。口笛でも何でもわしの呼ぶ声やったら知っちょった。

ケース（薬莢）の吹き方でも知っちょった。呼びそめん人が呼んだち取っちゃ（取り合うては）くれん。ケースは夜みたいな時に呼んどうね。うんと遠くぃ聞こえにゃいかんと、昼でもケースで呼ぶ時があった。

犬を呼び戻すがは、なろ（平地）で呼びよる時と違えたらいかん。いつも呼んでいる通りに、ピッピッ、ピッ、ピッと折り目切り目をつけて、「来い、来い」と呼ぶともんて来た。呼び方はいろいろで、コーコー、コーコーと呼ぶ人もあっと。

その代わり、猪に付いちょったら、なんぼケースを吹いたち頓着せんかっと。

主人とはぐれると犬は遠吠えをする。直にうちの犬と分かるけん、ケースを吹いて犬を呼んでやったら、直ぐに戻っと。

鉄砲も二、三発撃ったら、猪を捕ったと思うて犬が寄って来ることもある。猪を捕った時は、喜び筒いうて二、三発放すけんね。

犬も晩方になったら人の声を頼って来る。家に帰る犬もある。二、三日たって戻る犬もある。他人の家に落ち着く犬もある。

(2)　猪を逃がす犬

①　アラガカリは猪を飛ばす

昔から、猪にガンガン、ガンガン食いかかっていく、度胸のある犬は猪を飛ばしてしまう。そういう犬をアラガカリというて、「アラガカリするけに猪を飛ばす」と言うた。

人に吠えかかり、人に食いつくようながいな（荒々しい）犬は、気が荒すぎて猪が止まらん。ガガガガーンとあんまり力いっぱい吠える犬では猪をおぢけさせてしまうけん、猪がおとろしがって一目散に逃げてしまう。猪を逃がしてしまうがでは、猟犬には向かん。

②　アラガカリでも猪の足に食い付く犬

アラガカリでも猪を止める犬があった。食い付いて止めるような犬ぢゃったらええ。足に食い付いて引っ張るような犬は猪を止めた。けんど、そんな犬はめったにおらん。

それに、そんな食い付く犬は、いきなり猪の後ろ足に食い付いて猪を止めるがやけん、腹を立てた猪の牙に掛けられてしまうがよ。人間やち猪やち、がいなが先に取られる。人間やち、切れて人を殺したら、自分も死なんといかん。

③　秋田犬は男衆の腰抜けみたい

秋田犬もおったけんど、アラガカリするけんあんまりようなかった。こんまい猪なら食い付いて捕ったが、人にでも食い付いた。飼い主以外には慣れんで、慣れちょるようでも知らん人には食い付く。猟師にも食い付くけん怖かっと。人間に害するけん、あんまり飼わんかった。

犬と犬との喧嘩はえらいけんど、男衆《おとこし》の腰抜けみたいなもんで、いざ猪に掛けるとなったらわりあい掛からんかっと。喧嘩早い犬は猪をよう止めらっと。

④ 追い鳴きしたら猪の逃げ足が速い

キャン、キャン、キャンというふうに追い鳴きする犬は鹿にはええが、猪にはめっそ（あまり）ようなかった。追い鳴きしたら猪の逃げ足が速かっとう。猪が犬の鳴き声を聞いて、適当に距離を計りながら逃げるけんねえ。

今じゃ、ハウンドぢゃ何ぢゃいうて洋犬がおる。キャンキャン、キャンキャン鳴いて行くばあで吠えんけん、猪は止まらん。そんで、うんと撃チを配っちょって先回りして撃たあ。今りゃ、どっち行きよる、こっち行きよる言うて携帯があるけんね。

それでも当てにならんぜ。弱い者は猪がおとろしゅうて、こっちへ来んのがええがではいかなあ。

(3) 猪を止めるええ犬

① おぢ吠えする犬がええ

猪に追いついて吠えたてて猪を止める犬がよかっと。そうなると、猪を捕ったようなもんよ。それが、猪を中にして大回りに回って吠えたてるけん、猪の止まりがいちばんええ。

猪に食いたからん（盛んに食い付いてゆかん）、ガガガーンと食い付かん犬がええ。臆病な、おぢ吠えする犬がいちばんええ。猪が犬を見くびっちょるけん、あんまりまくらんけんええ。猪は食い付かれると思うけんまくるがやけん。猪も、おぢ犬なら直《じき》には寄って来んと見て、自分もやっぱりおぢ犬を見よる。そして、折節まくれ出て来らあね。

猪をよう止める犬なら慌てることはない。慌てて猪の方から寄ったら、人間のかざ（匂い）をこう（かい）だら猪が逃げる。犬の方から近寄って撃たんといかん。

② 雌犬の止め鳴き

止め鳴きいうがは、ワンワン、ワンワンと切って強く鳴いては、時たま声の切れる（休む）鳴き方をいうと。相手を止めた時の鳴き方やった。猪を止める犬を、「猪がよう止まるええ犬ぢゃ」と言うと。

雌雄どっちでもよかったが、大体雌が行《い》たね。雌は吠えるに柔らかかった。おぢ吠えに吠えるけんええ。そんな、猪が馬鹿にするくらいの犬が止まりがええ。やっぱり雌の方が根《こん》が詰む（根気がよい）。追うのを止めんづくに（止めないで）、ごとごと（ゆっくり、じっくり）探して猪を追う。それに、長らく使える。

それに、一匹の方がええ。一匹の方が猪がまっと（もっと）逃げにくかったね。

ワン、ワンと間を置いて吠えるがよかっと。猪も犬がどこぃおるろうとキョロキョロしよっと。

そうしたら撃ちよかったね。罠始めるまでは鉄砲ばっかりぢゃったけん、なんぼ（どれほど）猪を撃ったやら分からん。

③ 猪の目がくらむ犬

うんと、食い付くように吠える犬は猪を飛ばしよかったけんど、猪の止まりもよかった。逃げんようにうんと吠えたてて、逃げたら後ろ足に噛みつく。こういう犬には猪も腹を立てて向こうてゆく。その間に猟師が追いつく。人間がにきに来たち、それが分からんばあ猪の目がくらんぢょることもあるぜ。

④　弁当袋に入れてもんたこんまい柴犬

普通飼いよるこまい犬を柴犬というた。山を一日中連れてまわったら晩にはだれ（疲れ）て寝てしもうて、呼んでまわらんと（何度も呼ばないと）戻らんけん、弁当袋に入れてもんて来たような、そんなこんまい犬がおっと。太い犬は土佐犬というたが、太うても柴犬ともいうと。手洗川の臼安《うすやす》という人の犬で、こんまい、猫の太いばあの、抱いてまわるような犬やったが、ようで吠えてだいぶ猪を止めと。弱々して、おぢ吠えに吠える犬が猪を止めた。

⑤　猟袋へこんまい猪も猿も放り込んだ

弁当袋は帆の地で作った猟袋のことよ。わしは今でもなんぼも持っちょる。それに弁当も罠掛けの罠も入れちょった。シートを作ったりする人に縫わしてえっころ（かなり）太い袋をかるう（背負う）ちょっと。

それに、こんまい猪も入れた。猿らを捕って飼うのなら、手足を縛って袋へ放り込んで取ってもんた。コワサ（小型の罠）に掛かった鳥や兎は五匹でも十匹でも放り込んだがよ。

帆の地は少々の雨は通さんが、帆の地で作ったズボンは折り目が切れやすい。その綿毛みたいになったとこから火がつきやすいけん、火のにきぃ行《い》たら危なかった。

(4)　一匹犬と先犬と——犬を使う

①　ネヤオコシ一匹犬

猪が寝巣におる時に追い出して捕ることをネヤオコシというた。ネヤオコシで捕るにはこんまい犬でも太い犬でも一匹犬がええ。一匹犬の時は犬の吠えよる方から撃ったらよかった。

周りで何匹か吠えよったら、方々で吠えよるけん猪がどこぃおるやら分からっと。それに犬を撃たんように気を付けんといかん。さおいで（慌てて）撃ったら犬を撃つけんいかなあ。それに、犬がよけい猪の周りを回りよったら、猪が逃げやすかった。

②　先犬から解く

昔は、仲間が「追い山に行かんか」と言うてきた。犬は二匹、よけ行く時で三匹やった。あんまりよけ行たら猪が走って逃げた。リーダーになる犬を先犬《さきいぬ》というた。猪の匂いをようかん（かい）で、よう猪に向かって行く、よう吠える犬やっと。

寝巣の近くへ行く前に、猟師がどうするこうすると猪を追い出す手順を評議してから行っと。犬はいつもくびっちょくもんやった。

猪の匂いをたどって、寝巣のにきまで行って先犬を解いた。先犬が猪に向かって吠えだしたら、二匹目を解き、そいとも加勢してようけ吠えだしたら、次の犬を解いて放した。犬でもとぎ（つれ、仲間）がおる方がながしゅう（長い間）吠える。犬をいっぺんに解く人もおったが、猟の上手い人は先犬から一匹ずつ解いと。

後の犬はの、先犬が猪に吠えかかって、猪がやけて（のぼせて）気がちいとえろう（苦しく）なった時分に解かあ。そしたら、犬がぐるりっと周りを回って吠えるけん、猪が逃げれんようになって撃てと。

犬が猪に向こうて行たら、猪がまくって来る。それを、猪の後ろに回って吠える犬がよかった。ワンワン、ワンワンと周囲を回って吠えられると、よう逃げんようになって猪が止まる。そこを、犬がかまん（いける）と思うたら後足に食い付いた。

中に、猪の耳の後ろをくわえる犬があった。耳ではなかなか死なんけんど、猪は耳を食われると絶対に山の上へ向いてはよう上がらん。そんで、猪を下へ下へとおいこかす（おい落とす）けん、よう捕れと。

③　鼻と鼻を突き合わせ――犬と猪の間合い

猪との間《あい》をうんと取ったら逃げられる。間を詰めたらまくられる（牙で切られる）。けんど、うんと猪に近づいたら、猪がようまくらんようになっと。猪の鼻先に犬がいて、鼻と鼻を突き合わせるようになったら、猪は逃げもせんまくることもせんようになる。それを、「鼻と突き合わせぢゃけん、ようまくらん」と言いよった。犬がくわえるばあ近いと、まくらんがよ。こまい犬ぢゃち、太い犬ぢゃち、猪の鼻から離れちょらん犬は、よう猪を止めた。鴨川にシロ言うて、そういう犬がおりよっと。

鼻を突き合わせの時、犬はうんと吠えん。止め鳴きをして、折節ワン、ワンと鳴いたり、ワンワンワンと吠えちょいたりした。猪は、頭《かぶり》を左右に振って犬を威嚇しようらあ。そして、頭がすっと下がったらまくって来る。その時に、けたたましく吠えたり、じきに猪の顔に食いつくような犬は猪を飛ばしと。

＊鴨川は久保川の北東に山一つ越えた地域

④　風の吹き上げ、吹き下げ

犬が猪の上手《うわて》に回るか下手に回るかは、風の吹き上げか吹き下げかによった。風の吹き上げの時は上へ、吹き下げの時は下へというように、犬が具合のええようにもうて（回って）行く。

猪がまくって来るには、上におった方がまくって来にくい。逃げやすいがよ。下に回ったら猪がまくりよい。下におっても、犬がよこし（横）に切れる（身をかわせる）犬やったらかまわん。

(5)　猪の逆襲と逃走

①　子連れ雌猪のすり付け

猪はしつこう吠える犬におごっ（怒っ）たら、イラゲ（首筋から背中の毛）を逆《さか》になるほど立てて犬をまくって、牙で切ったりすり付けたりする。すり付けいうたら、大体は牙のない雌猪《めんじし》がわが子を取られまいと犬をくわえて地面にすり付けたがよ。

子連れ猪《じし》いうて、子連れがえらい（大変強い）けんねえ。犬が子をくわえてギャーギャー鳴かしよったら、じきに親が来らえ。雌猪にすり付けられて殺される犬もあっと。

② 雄猪の牙で切られたら黒い木綿糸で縫う

まくって来る雄猪《おんじし》に、向こう向きになって逃げる犬は切られやすい。猪がまくって行て犬の上へ乗ったようになって牙で切る。腹でも切られたら臓物が引っ張り出されてしまう。その時は死なんでも、猪を吠えたり犬がうんと力を入れて腹をふくらますほどはらわたが出る。そのまま引っ張らしちょったら腸が切れて死ぬけんねえ。

そういう時は、はらわたをきれいにして、落ち葉も除けたり掃除してから腹の中へ押し込んで縫うと。誰かが木綿針を持っちょって、上手い人が縫うたら殺さずにすんだ。きれいに入れて縫うたら自然に治るもんやった。わしゃ手元に木綿針がなかったけん、犬の腹を針金で止めてもんて来て、お医者に縫い直してもろうて治したことがある。

糸は木綿の黒糸がいちばんよかった。糸にしゅんだ（しみた）黒い色が傷を治すね。わしも半ズボンで石を割りよって、飛び散った石の刃が足に刺さっちょった。その傷を自分で木綿針で縫うと。縫うた痕は、黒い糸の色がしゅんで刺青したようになっちょったが、じいっと（いつの間にか）治った。三日月形に切っちょったがを、針を焼いて曲げて三針縫うた。痛いけんど一時《いっとき》ぢゃけんね。

③ 頭のええ猪は食みもしながら逃げる

逃げる猪は頭がええ。さっさと逃げる。

●田辺家所有の山に猪罠が仕掛けてある旨の注意書き

けんど、犬が追いつけんばあの速さで走る猪は、息が上がって犬に追い付かれて止まるもんぢゃった。頭がええがはまず逃げる。そうして、食み（食事）もしながら、犬が追い付かんばあの速さで逃げる。

猪が逃げやすい方に逃げるか、犬の来ん方に逃げるかは猪の判断よね。

(6)　犬と罠

①　罠に掛かって死ぬ犬と生き延びる犬

犬はうんと罠に掛かる。犬の掛からんような罠では猪も括れん。犬が死ぬような罠でないと猪も死なん。

罠に掛かった犬は死んぢょるがもある。二日も三日も生きちょるがもある。逃げようとして暴れる犬ほど死ぬらあ。何日でもじっとしちょる犬ほど生きちょる。そらあ、じっとしちょるような犬が猪にもええね。大体、罠に掛かりそめた犬はじっとしちょらね。経験者ぢゃね。（一八八ページの写真のゴンも罠に掛かって二日間栄翁をじっと待っていたという。）

解きに行ちゃったら喜んで人に飛び付いてまわる犬もあるが、がいな犬になったら敵対する構えになっちょら。相（顔付き）からちごうちょる。怒っちょるがは毛が逆しになっちょら。

とにかく人付きのええ、人に慣れたような、人が行ても食いたかっちょらん（食い付いてゆかん）ような犬が、じっとしちょる。犬の性質よ。

猪はまた異《こと》なら。逃げにゃ逃げにゃ思うて暴れてはよう死ぬけん。

②田辺翁の山とペンチ

人の犬をくびって（括って）殺すようなことはせられんけん、田辺の山へは二日に一回か三日に一回は見に行くけん、今まで犬を殺したことはない。

犬がくびれちょることもあるね。生きちょったら、ペンチでワイヤを切っちゃる（切ってやる）。そのためにペンチを持っちょる。死んぢょったら、そこの、どこかええとこへ埋めちゃる。

7　県外の猪捕り

県の依頼で、各地に行って罠猟の講習会をしながら、自分も猪猟を続けよった。その時の猪捕りは仲間で行っとう。

昭和四十年ごろぢゃなかったろうか、山口県から田畑の猪害の防止を頼まれて、猪捕りに行《い》とう。罠を教えもって猪を捕ったがよ。

●「県の依頼で、各地に行って罠猟の講習会をしながら、自分も猪猟を続けよった」（田辺竹治翁提供）

＊注・昭和三十九年冬から、翁の猟日記帳がある

（1）　二十年間の大仕事

忘れもせん、正月の三日に、向こうから当時県会議員をしよった佐伯さんがわしを雇いに来たけん、山口県へ行《い》とう。主に徳山市で、県の指定旅館に泊まって猪を捕った。その旅館の裏山から罠を掛け始めたけんど、岩国山にもなんぼでもおったぜ。

県の褒賞金は、年によって三千円やったり四千円やったりした。市町村によってもちごうた。夏の駆除は一頭五千円やった。猪の尻尾は、一年間まとめて持って行たことも、二回に分けて行たこともあったけんど、尻尾を持って行くと賞金をくれとう。

わしが五十六、七の時から始めて、平成の時代になって八十越して止めたがぎゃないろうか。大体二十年間はやったね。毎年十一月十五日の解禁日からたいてぇ猟期いっぱい三か月やったねえ。

＊注・有害獣駆除のため延期の年もあった。

捕れた猪を車に積んで勝間へもんて来て、こっちの罠を見回ってからまた向こうへ行くという繰り返しやっとう。ようけ捕れた時は、勝間川の萬太郎さんの若い衆がトラックで取りに来よった。

徳山を拠点にして、山口県一帯や広島県の方ぃも出掛けた。岡山の方ぃも行った。時には九州までも行っとう。

(2) 豪雪による猪の大移動

山口県や広島県に猪がわいた（大発生した）のは、島根県にようけおった猪が、終戦直後の豪雪のために餌をたんねて山口県や広島県に移って行ったがぢゃねえ。両県は平坦な土地に樫《かし》、楢《なら》、椚《くぬぎ》、椎らあの雑木の山林が広かっとう。

山口県には猪が特に多かった。樫、楢の林がうんと多かったし、山芋や葛らあの猪の食べ物も多かった。それに、雪が深う積もらんというように、好条件が揃うちょったけん、猪がうんと増えたがよ。猪によっては年に三回子を産んで、一回に何匹も子を産むけんね。

その上に、地元で猪を捕って食べんかったせいもあっと。山口県の人が猪を食べる時は、皮を剝ぃでしもうて捨てちょった。あこらの人は赤身だけを食べよるがやけん。皮がいちばんうまいがやに。

(3) 山口県の猪猟

① 島根おろしはひやい

雪の降った寒い朝にゃ罠に掛かった猪がこちこちに凍っちょった。

島根の方から島根おろしがやっぱり（いつも）吹き下ろしてくるけんのう。雪の積んだひやい（冷たい）風が吹いてきとう。雪が一メートルも、時にはもっと積むことがあった。柿の実を食うたら、軸が凍って固うなってアイスキャンデーみたいにカリカリしよっと。

猪は、ひやい所なりに早めに食い溜めしちょって脂がある。山口の猪は、はようからひようて（寒くて）脂がまわっちょっておいしい。

② 猪捕る竹の檻

山口県では、ぐるりっと孟宗竹で垣をした四、五メートルの檻《おり》をこさえよっと。それを長細い竹でずうっと編んで、竹を端の杭にこまいワイヤでくびり付けて、猪が入ったら出んようにこじゃんと（十二分に）しちょった。中には芋の蔓を植えて、猪が芋をまくって（掘り起こして）まわりよる間に蹴《け》糸《いと》をまくったら、戸がトンと落ちるようにしちょっと。孟宗竹ぢゃけん上が高いし、滑るけんよう跳び上がらん。

一つの檻に五万円の補助金が出よる言うた。うんと捕れたか言うと、いっさん（一度）小猪《こじし》が捕れたことがあった、と。わしが捕るようになったら、捕る方が早いけん、檻には金を出さんようになっちょった。

昔の落とし穴と比べたら、どっちもどっちぢゃのう。あんなものに入るがはよけおらんね。

③ 猪が捕れたも捕れんもない

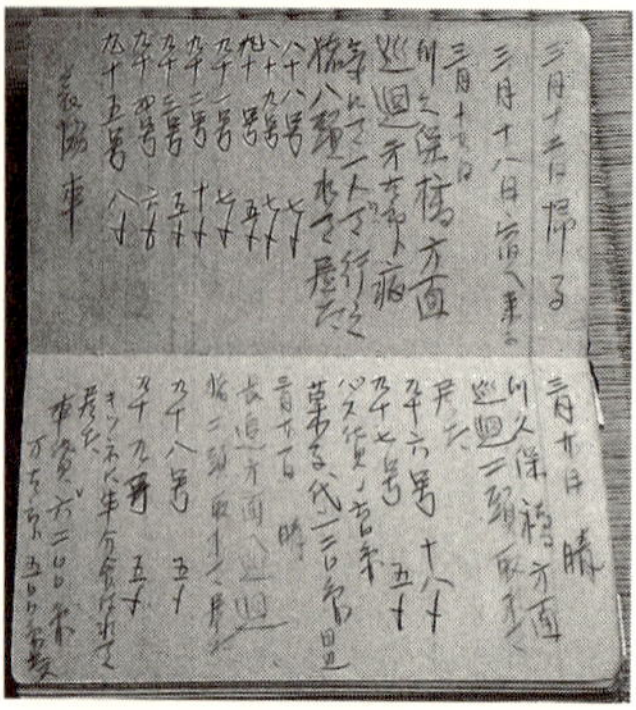

●田辺翁の昭和四十年の手帳には、一日に八匹捕れたとの記録がある。

山口県へ行た当時にのう、一日に十匹ばあ捕れちょったことがあっとう。

その時分、岩国市へ流れ込む錦川上流に県営では一番太い菅野ダムが建設中やった。下がダム建設でドンドンやりよったけん、そんなとこに猪がおるとは思わらっと。

ひと朝、皆と通りすぎよる時に、道端を猪が食んぢょるけん、少し山に入って見りゃ、えらいハシリになっちょった。ええハシリばっかりで、罠を掛けたところが、捕れたも捕れんもない。掛けた罠のほとんどで捕れちょっとう。

その時は、勝間の沈下橋の突き当たりの、今は空き家になっちょる兼松が運転手で、萬太郎さんと二人で行ちょった時やっと。兼松はおらんで萬太郎さんはのう（具合）が悪い言うて寝よったけん、わし一人で農協の裏山へ見に行ったが。あんまり捕れちょるけん、明くる日、農協から車と人夫二人を出してもろうて一日で十四匹ばあの猪を取って来とう。こんまい猪が多かったけんど、カメイはおららった。

日に一匹も捕れんことがあるがやに、一日に十四匹ばあも捕れちょることがあるかえ。

④　四十貫のカメイは山へ捨てた

太いがでは四十貫（百五十キロ）ばあの猪も捕れたことがある。カメイやって重たいけん、そのまま山へ捨てと。太いがはほとんどカメイやっとう。二十貫、三十貫でもカメイはおった。カメイは太る猪よ。形からでも見たら直に分かる。山口県では一割がカメイで後は真猪《まじし》やった。

⑤　猟のことならおらが調べ抜いちょる

法律も猟期の法律も相当知っちょららったら、よそへ行ちゃあ猟はできんね。自分がくびられて動かんようになったら猪と同じぢゃけん、猪をくびることばっかり考えちょるがではいかん。自分がくびられんように、どう抜けるか考えちょかんといかん。

法律的に自分をくびろうとかかったち、くびることはこたわん（できん）ように、ちゃんと抜けれるようにしちょる。

そうでなかったら、よその、人のく（他人の土地）の知らん山へ行て、猟師がどればあおるやら分かりもせんとこへ行て、猟ができるか。

県の猟友会長の伊藤さんが言うとたいてぇの人が言うことを聞く。そういう人を親分に持っちょるけん、わしは山口へ行て伊藤さんに言うちょる。

「猪は捕っちゃるが、わしを明くる年から狩猟免状を願えんようなことはしてくれるな」と。

「それはせん。おれが責任持っちょる」と言うた。それで、大船に乗った気持ちでわりいこともしよったが。どっからでも来い。猟のことならおらが調べ抜いちょる。

こりゃあ、なんぶ役場へ出よる偉い者やち、猟師をながしゅうやった者でないと、こんな理屈は知りぁせんぜ。

猟友会長、あの人はわしをだいじょう（大事）にしてくれた。猟師とのいざこざが出来たち、あの人が乗り出してきたら文句言うことはこたわらった（かなわなかった）。

⑥　地元の猟師がやいのやいの

山口県では猪をようけ捕った。徳山市の山は深いことは深いけんど、ここらの山より低いね。一つの山へ、畝へ一筋、中へ一筋、麓へ一筋の三通りの道が抜けちょるけん、罠を掛けたり見回りしたりするにも車で行けて楽やった。罠は一週間にいっぺんぐらい見回りよった。

山口県では雉が多うて、そりゃ雉撃ちが多かった。猪を捕る人はおったが猪は余り賞味せんかっと。けんど、わしがあんまり捕るもんやけん、猟師らが、

「猪がおらんようになる」とやいのやいの言うてきたけん、

「お前たちは自分のスポーツのためにそう言うが、百姓のためを考えちょるがか。おれたちは県に雇われちょるがやけん、文句があるなら県や市町村へ行って喧嘩してくれ」と言うとう。

(4)　日記帳から

①　仲間仕事は日記で記録

人と仲間仕事をするには、あてがい（あてずっぽう）ではいかんけん、日記で記録を取った。訳が分からん仕事をしては人に相済まんけん、コーヒー一杯でもじゃんと（きちんと）記録しとう。日記帳にじゃんと書いちょる。買うたもんと捕った猪の風袋（目方）を付けちょかんと忘れてしまうけん。狸に食われちょるがもある。「日越し」いうがは、腐ってしもうちょったがよ。

猪が二十四か三十四たまったら車に積んで勝間へもんた。その時分は肉のない時やったけん、なんぼでも売れた。大けな旅館や問屋へ出しと。問屋いうても中村の魚屋よ。角萬ぢゃ近藤ぢゃ浜田ぢゃいうて盛んにやりよった時ぢゃった。ニューホテルもよう買うてくれた。一キロ四百で卸してあとはお前らが儲けたらええとした。そのまま、上げもせん下げもせんかった。

「ノボル売り」いうがは、猪をこっちへ取ってもんて料ってから、うちの若い衆が売りに行ったが。「中山売り」は、隣の中山さんが魚屋をしちょって、そこへ売ったがよ。その時分は猪が商売になっとう。

②　盗られた猪の生き死にが分かる

ようけ盗られたこともあっとう。猪が多いけん、近県からも大阪、東京らの都会からもようけ来る。スポーツの関係で捕りに来て、主《ぬし》らよう捕らんで人の物でも盗ってゆく。けんど、盗られたがを追いかけるより猪を捕った方が早いがよ。

罠を外して盗られても、その猪が死んぢょったか生きちょったか分からんようでは猟師ぢゃない。

③　「七頭括れて六頭逃げて一頭捕れた」記事

逃げるがは掛ける位置がわりい。みなわしが掛けたがぢゃない。弟子らが掛けちょるがよ。わしが掛けたらそればあ逃げることはない。

猪には逃げられるよ。あれらもとてもたまらん（我慢できん）けんのう。一生懸命ばつって（暴れて）逃げにゃいかん。ワイヤ切れたり、撥ね木が折れたりいろいろして逃げらあえ。それをみな探し当てれんけんのう。

猪が止まっちょる（どこかで引っ掛かっている）、止まっちょらんは、ワイヤの切れ方や撥ね木の折れ方から見て分かる。ワイヤ切れたがは絶対おらん。

追いついても逃がしたと書いちょるがは、ワイヤが切れて逃げるが。どんな罠でも捕れた位置によって、逃げるがは多い。

撥ね木を折ったがはどこぞで止まっちょらえ。撥ね木を引き抜いて逃げて、ワイヤを立木に引っかけてもくい（巻き）付けて死んで腐るがもあるが、みなたんね（探し）てまわれん。たんねるより、後を捕る方が早いけん。

④ すれっこが回った

猪捕りぢゃち何ぢゃち、自分の性根を試すにゃあ、えっころがいな（よほど強い）人間ぢゃないといかんぜ。何もかにもおとろしいということぢゃあ、問題にならん。

猟のことを知っちょって、裁判でもできるばあ知っちょらったら、猟師というもんはできるもんぢゃない。何年も山口県へ行たけんど、わしをくびる（縛る）ことはこたわんぢゃあか（できんではないか）。

犬を殺したと言うてきたら、罠は掛けちょるが、わしの罠ぢゃない。罠は印をしちょるもん。わしの名前を付けてしゃんと（きちんと）しちょる、と突っぱねら。よそぢゃけん名前付けちょるかえ。その代わり、実際に名前を付けた罠に犬が掛かったら、

「損害賠償するが、損害をなんぼくり（いくらくれ）言うがぞ」とやる。犬をくびられた時に支払う額は、犬によって決まっちょるけん。犬をくびって損害くりぢゃどうぢゃ（損害をくれだとか何だとか）言うたち、なかなかくれるもんぢゃない。

それでもまだ、文句を言うてまわりよらあ（文句を言いつづけるなら）、

「猟友会長のとこへ行け。わしはそこで雇われて来ちょるがぞ。そこがいね言うたら、明日でもいぬる。お前らに勝手なことを言われて左右されることはない」と言うた。「個人で、欲のために来ちょるがでない」と言うて。

わしらみたいな、すれっこ（すれっからし）になったら、なかなかくびれへんぞ。「すれっこが回った」いうたら、すれっこが知恵をめぐらしたということよ。人間の生き道を知っちょって、わりいことをしたがをくびろうと思うてもくびれんということよ。人間を殺したち抜けるがある。あれと一緒よ。

＊注・昭和四十年の日記によると、犬の弁償代として一万五千円と一万円を支払った記録がある。

⑤ 犬をくびった高知の男の終い

高知の男の罠が犬をくびって問題になって、わしにひいとい（一日）おってくれ言うて、わしが解決つけた。

「徳山市の猟友会長に、この間のことに約束しちょるが。ここから雇われて（この男を）連れて来ちょるが」で終《しま》いした。

犬代が高い言うてつべくっちゃった（すねてやった）。そんな銭を払う余裕はないと言うたことよ。「わしらよそから雇われて来て、ここで一日過ごしたら宿賃を払わんといかんが。誰っちゃあ払うてくれんが。こまい（小さい）ことを言うたらそんなことも言わんといかん」言うたら、相手もこといちょった（参っていた）ぞ。ちょうど雨が降りよったがの。

⑥　スピッツ騒動（罠に掛かったスピッツが持ち込まれた顚末）

警察の奥さんの飼いよる犬ぢゃった。奥さんはだいぶの年の人で、犬を連れて山へよう行かん感じぢゃった。そんで、わしは言うたが。民間に犬は解き放していかんと指導する立場の人が、放し飼いしてかまんか。放し飼いせんと山へ行くはずがない、と決めこうど（決めつけた）。それで直にちゃがまった（手も足も出なくなった）が。町役場の男が、

「分かった分かった、俺らで終《しま》いつけるけん」と言うた。わしは、

「終いつからったらいつでも言うて来てくれ」と言うと。

罠に掛かった言うてスピッツを持ってきた猟師らはのう、わしをやろう（やっつけよう）と思うて犬を掛けて殺したがやった。猟師がやらにゃあ掛かるはずのないとこで掛かっちょるけん、そうと分

かっと。

地元の猟師が吊り木と罠のロープとを持ってきて、吊り木が長いけん犬を吊り上げたようになっちょったと言う。その時、犬とロープとを別々に持ってきた。実際に掛けてみたら吊り上げん。わしは撥ね木の裏でロープを巻いてこもうに（短く）しちょったわけよ。そいとを、うら（先）の端に引っかけて余裕あるようにしたわけよ。

大体、わしをくびらにゃいかんけんど、わしはあれらくらいの者にはくびられりゃあせん。「おんしら（お前たち）がバタバタしたち、はじまらんぞ、古い猟師にゃ」と思うてやったけん。

ワイヤ一つ提げて旅館がかりで県外へ行く猟師ながやけん（猟師なのだから）。もう、知って知って知り抜けちょるがやけん。喧嘩の相手にゃいつでもなってやろうと思うちょるがやけん。

町役場の男が妹かしらん（とか）をもろうちょる駐在も来ちょったが、

「ひとつ頼みます」言うと、その人も、

「分かった、分かった」言うて、「心配すんな」言うて。

「町役場の男が、一か月猪の駆除をやってくり言うて、猟期すんでからやりよったがぢゃけん。誰のために犬をくびったか」言うと。

「頼まれらったら猟期すんで無傷でいんぢょる（帰っている）がぞ。こんな問題が起きろうとは夢にも思うちょらん。ただただ猪を捕ってくり言うけん、猪を捕っちゃろ思うて十頭あまり捕っちょるがぞ」と言うて日誌見せて、

「猟期始めて十七、八頭捕っちょる。わしゃお前らに対しても、建前の立たんことはないと思うちょるが。役所行て言うてくれ」つうことになった。

「この追い山（猟師）の人らは何匹猪を捕ったか、比べて見てくれ」と。

わしみたいな人間をくびろうと掛かったたち、話になるかえ。まず、わしの足をゆるがさん（揺れ動かん）ように固めらったら、やることはこたわなあ（できん）。

先生には生徒を教える腕、わしには猪捕る腕がなかったら、いかんがやけん。

(5) 島根県の冬の猪猟

① 雪がふとってからの猪猟

島根県の人は猪を食べる。島根は寒い風の吹き当ての土地ぢゃけん、雪がふとい（深い）。雪がふとって（大雪が降って）猪がよう動かんようになるがを待って猪猟に行きよる。

雪のふとい冬の猪は谷へ追いこかす（落とす）。雪が深いと、背の低い猪は上へは上りにくいけん自分で谷へ落ちて行く。猪は背の低いもんぢゃけん雪が不得手ぢゃ。ちいと深い雪になったら、猪の通った跡は水路みたいになっちょる。

猪は大体は畝に寝よるもんぢゃが、雪が積もったら何日も食わんづくにおって力も落ちちょる。ほんで、雪がふとってから犬が追うと猪は下へ下へ落ちる。それを、撃チ（射手）が谷へ回って待ちよって撃っとう。

猪は寒さには強いけん、雪がなんぼ降ったち雪の中へべったり寝て平気なもんぢゃ。猪の形に雪が溶けちょるとこへ行きかかると、今まで猪のおった寝巣ぢゃと分かる。そういう時は、犬の足が軽いけん暫時《ざんじ》（すぐに）猪に追いつくもんぜ。

島根県の冬は罠を掛けるとこがない。雪が降り積もるとその重みで撥《は》ね木が撥ねんようになったり、雪の重みが蹴糸《けいと》を押さえて空撥《からば》ねしたりすることがあるけん。

② 島根と山口の追い山は違う

島根県の猪は雪がよけ積まんうちに山を越して、山口県の雪のこまいとこへ寄って行く。そうして、春の交尾期になると再び島根県に戻りよった。あいつらも暦は見んろうが、天候をよう知っちょらえ。島根県と山口県では追い山の仕方が違う。島根県では雪がふといけん猪は谷へ落ちるけんど、山口県では雪がこまいけん猪が山の畝へ上がる。それればあ猟が違うけん、互いに猟師の行き来はなかっと。

(6) その他の県の猪猟

猪は、温いとこにも、うんとひやい（寒い）とこにも少ないもんよ。

徳山市での猪猟の間に、広島県では福山の方にも下った。岡山県の新見《にいみ》市から広島県の三次《みよし》市の方に向けて下ったこともある。三次には猪を追う人も多かった。山口県から頼まれる前に、電柱の材出しに島根県と広島県の境の大佐峠に行《い》たことがあるが、猪がおったねえ。

丹波は雪が太いけん罠にはいかん。撥ね木が凍って動かんようになった。丹波の大宮という猪肉問屋があって、山口県の旅館に猪を買いに来たりした。

九州も猪が多い。熊本県から大分県の日田に多い。熊本から日向にかけて一年だけ行った。山が険阻なけん猪のハシリが決まっちょって罠をかけやすかったが、そこは追い山師がようけおったけんあまり捕れんかった。罠で捕る猟は百姓にはようても、猟師にとってはいかんものよ。

九州は宮崎のあたりから猪肉を買いに来たこともあった。

(7) 猟師は喧嘩したら猟がない

山口県に高知の人らが何人かで組んで来て、猪追いにも来たね。よその土地へ行たら、シガキは知らなあ。犬の掛けようによっても猪の逃げる方向が違うけん、追うて行て、ここにおる言うたら、取り巻いて撃っとう。

そうした猟師の喧嘩もあったが。捕れた捕れんはすべて金に関係するろう。おらが行かんと捕れん、おらのお陰で捕れたように言うて、自慢の言い合いから喧嘩することもあった。そこで、平素の個人的な問題が出てきて不和が生ずるようになる。

片方が弱ったりして、止《や》めらあえ(止めるよ)。高知へ帰ったり、仲裁が入ったり、自分で考えて仲直りしたりしとう。猟師は喧嘩したら猟がないもんぢゃった。

8 猪は食べるばあじゃない

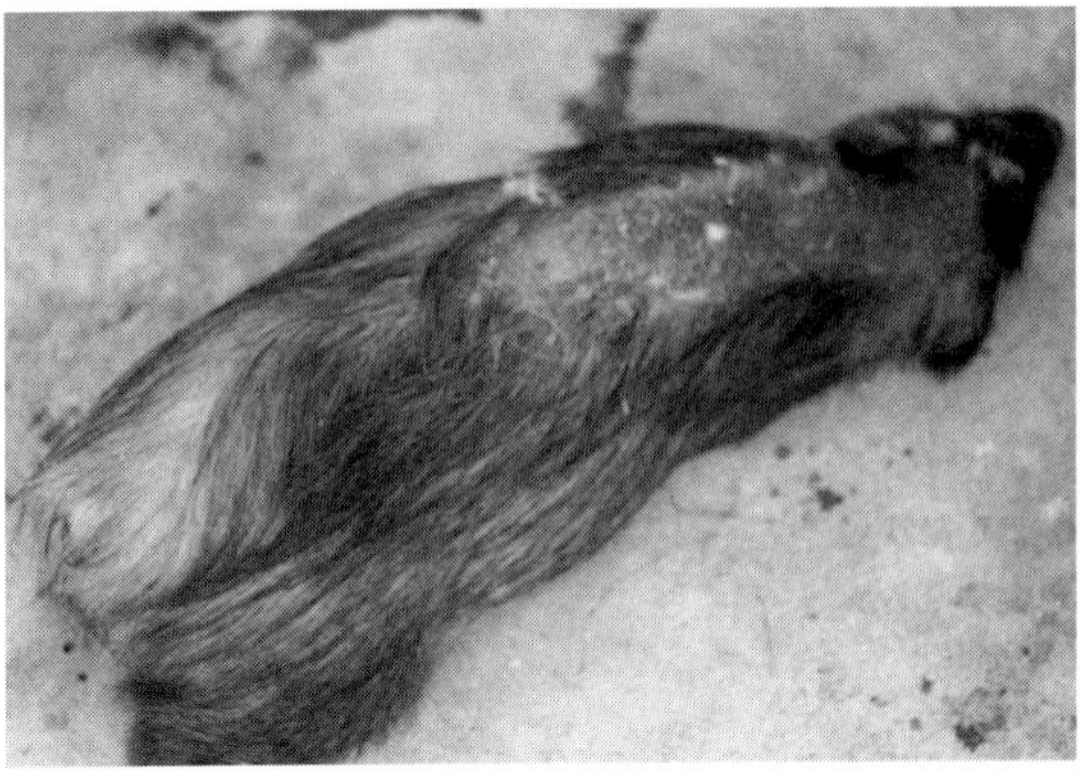

●イラゲを刈られた猪（残りの毛はミノゲ）

(1)　猪の皮は豚より丈夫

猪の皮はちょうど豚と同じで丈夫やった。猪の皮の方が豚の皮より丈夫やった。将校が腰へつらくった（ぶら下げた）図嚢《ずのう》（小型皮製かばん）や靴の革に使うた。また、背嚢《はいのう》（背中に負う皮製の四角い入れ物）のかわりの鞄にもした。

猪は毛を焼かんづくに、皮を剝いで出しと（供出した）。わしは毛皮をいちばんようけ供出したけん、猟友会から特別に地《ち》下《か》足袋を二足くれた。猪から狸、イタチ、貂《てん》、兎、ムササビら三月《みつき》の一猟期《ひとりょうき》に三百余り出しちょったけん。皆が草鞋を履いちょる時、わしは地下足袋を履いちょったぜ。

馬の背につける馬具の下には広い皮を敷いちょったが、猪の下敷きがよう使われちょっと。わしら戦争に行ても回ってくる馬の下敷きを見て、ああこりゃ猪皮ぢゃと直に分かった。それは、猪と豚では毛の丸さが違う。猪の方が毛がこまい、毛穴がこまいね。

(2)　猪のイラゲ

① イラゲをぎっちり買いに来る

仲買人がどっからともなくイラゲないか言うてぎっちり（絶えず）買いに来とう。

大体の猪にはイラゲという、かとうて丈夫な毛があっとう。吠えたてる犬らあに猪がおごっ（怒っ）た時は、イラゲを立てるいうて首筋から背中の毛を逆《さか》になるほど立てた。逆毛《さかげ》になるがよ。犬が怒ったときに立てる毛も同じよ。

猪の毛にはイラゲは少ない言うても、前足の付いたヒラカタから首筋にかけて猪一匹で何千というイラゲがあっとう。けんど、四、五歳の猪にならんと丈夫なイラゲにならんかっと。

どの猪にもあるわけぢゃないが、上へうんと伸びちょる荒い毛のことはミノゲといいよった。身体中の毛が総体に伸びちょるがをミノゲというたね。蓑着たようにだらっとした、雨の流れのええように、毛の流れたことをいうた。このミノゲは使い道も別になかったね。

ミノゲは毛がうんとあるようやけんど、実際は短い毛のパーマをかけたような綿毛の猪の方が温い。豚猪《ぶたじし》は毛が少ないけん、ミノゲの猪はおらん。

② 革を縫う針の用途

イラゲは靴屋が靴を縫う針として使いよった。イラゲでないといかんと言いよっと。

イラゲは乾燥させたら、本《もと》がうんとかとうなってうんと丈夫な針になった。やわらこうてかとうて、針金みたいに折れたりせんけんよかっとう。

靴を縫うには、革を型に入れて、縫うとこに機械で穴を開けて、その穴に両方から紐を差し込んで両方から締めて縫いよった。イラゲの本はかとうて針の先として差し込むにほん（とても）都合がよかっと。

イラゲのうら（先）は裂けて毛羽《けば》立っちょったけん、針の耳にして靴紐の先と綯《な》い合わせることができたがよ。紐の先をイラゲのうらへ綯《な》い込み、捻《ひね》り込んだら絶対に取れんようになっちょった。綯うたら、縒《よ》りをかけることぢゃねえ。

紐の両端にイラゲを付けたら、結び目もないけん両端から差し込んで縫えと。縫い終わったらイラゲの末から切り捨てたけん、いっさん（一度）使うたらそれで終わり。もういっぺい綯い合わすことはできらった。

革製品は靴も草履も、何でもイラゲで縫いよったけん用途が多かっとう。滅多に手に入らんもんやけん、猟師からもろうたイラゲを同業者が互いに分けおうて大事に使いよった。イラゲの役目は革製品を縫うミシンが出来て終わっと。

③　帆を縫う針もイラゲ

昔は、舟の帆を縫うがもイラゲやっと。帆前船の帆の厚い布に穴を開けちょいてイラゲで縫うた。帆も革を縫うほどかたいもんぢゃったが、イラゲなら折れんけんよかった。イラゲのうらに綿糸をよう綯《な》い込んぢょって縫うた。縫い終わったらイラゲのとこを切り捨てて終わりやっと。

昔、わしが木炭の運搬に使うたセンバの帆もイラゲで縫うと。

④　鰹一本釣りの蚊頭にも欲しがる

鰹《かつお》の一本釣り漁師らあも欲しがったけん、イラゲをやった。蚊頭《かがしら》(擬餌針)に使うたがよ。擬似餌の背鰭《せびれ》のあたりに付けて、投げ込んだらくるくる舞うて落ちるようになっちょっと。

鰹は集団になって食う習性やったけん、撒く餌につれて食うがよ。餌の魚で慣らしたらすばえて(じゃれつくように)食うがやけん。騙しやけん、鰹がのぼして(のぼせて)何を放り込んでも集団でこっぽり(残らず)食うようにさせちょった。一時《ひととき》食うて魚が少のうなったら食わんようになっと。

わしらみたいな馬鹿は、先になって食うてこっぽり釣り上げられる口やねえ。

(3) 牙に穴を開けてソコタテに使う

猪の牙は下顎《したあご》にある。上顎の太い砥石《といし》へ牙をもっていって研ぎたてて、包丁よりもっと切れるぐらい、ぞろぞろするばあとぎっ(尖っ)ちょることがある。

牙はうんとのぶ(伸びる)猪と、ぬばん(伸びん)猪とがある。なんぼ年取っても伸びん猪もおるし、若うてもよう伸びる猪もおる。猪の種類と思うが、真猪やカメイというような種類ぢゃない。個体によるもんぢゃ。

猪の牙に穴を開けてソコタテという道具にしちょる人が多かっと。ソコタテは藁で作るフゴや俵の底を作るに、縄を通す針に使うと。

*なお、翁の従兄弟の岡村三男さんは四万十川の川漁師で、昔の漁師は鹿の角や猪のカケバなどの山のものは漁にええというた、と言う。ボラの朝釣りに行くにボラ籠というちょっと風流な籠があって、その籠の上部を麻縄や

●「わしが胃潰瘍になって、試しに乾燥したイ（胆嚢）を薄うに切ってのうだら治った。なかなか病気に効くのう」

綿糸の網で塞いでいた。その口を縛るに猪のカケバや鹿の角を付けていた、と言う。翁に確かめると、そういうこともあったと言う。

(4) 猪の鼻をすり付ける

昔は猪の鼻を乾燥して大事に持っちょった。猪の鼻には毒消しの効果があると言いよっと。

蝮に食われたら、自分で血を吸い出しちょいてから、猪の鼻をこすり付けたら毒がまわん（回らない）言いよっと。猪の鼻をいいなり（そのまま）すり付けた人がおった。呪《まじな》いみたいなもんぢゃが、確かに効いたらしいのう。ほんで、人に頼まれて猪の鼻を取っちょった（取りのけておいた）。

(5) 猪のイで胃潰瘍を治す

猪のイは、いる人が取ったのう。イいうても胆嚢のことで、鯉でも鰻でもイがあって、苦みがある。だいたい腹痛《はらいた》にええ（効く）がやった。富山の薬屋がイを置いちょいてくれと言いよっと。

わしが胃潰瘍になって病院で注射を六十本せんといかんことになった。富山の薬屋から頼まれるがやけん、熊のイと同じように薬に売るがぢゃろうと思うて、試しに乾燥したイを薄うに切ってのう（飲ん）だら胃潰瘍が治った。青黄色のもんやけんど、なかなか病気に効くのぅ。

9　供養・法要

(1)　猪の供養

今まで主に山口県の方で二十年間で二千匹以上の猪を捕った。奨励金ももろうた。毎年その供養に、鵜の江の山の神神社に供養塔（卒塔婆《そとば》にあたるもの）を捧げてご祈禱師に祈ってもろうた。報い（祟り）のないように昔の教えに従っと。太夫が祈って「大山鎮め」をしたがよ。

(2)　千匹供養は人間の法事

狐、狸、兎らの他の獣も加えて千匹供養を何回もしたねえ。千匹供養をする者はようけおらん。部落にもわしらばかりのもんぢゃ。

獣は人間に等しい知恵を持ったもんぢゃけん、供養をせざるをえんと思うた。それに、千匹以上の獣を捕ったけん、道義的に供養せずにおれんと思うてやった。人間の法事と同じよ。法要よ。それがために、猟がようなるぢゃどうぢゃということは考えちょらん。

昔の太夫ぢゃいう人が不殺生ということを言うて、人間に等しい知恵を持ったもんもおる獣を捕る殺生は不治の病になりやすいという迷信があったけん、そんなことのないように供養したがよ。供養は祈ってまわる人がやってくれた。太夫というか山伏というか坊主とかいうもんやった。昔は、お医者がないけん祈ってもろうたりしよっと。昔のことばでおげつもんというた。あんな、人を治すこともこたわん（できん）に、祈ってまわる者をおげ（ペテン師、物貰い）といいよった。供養の石塔は立てんし、立てたがを見たこともない。

(3) 三回の千匹供養

千匹供養はこっちでどうせ（いずれにしても）三回した。最初は年寄りについて組に入れてもろうて猟をしよった。鳥、兎、イタチらあのこまいもんを捕りよったけんど、鳥も一つの命やけんね、四十ばあの時、最初の千匹供養をした。最初の千匹供養は、鵜の江の岡村吉次いう祈ってまわる男がやってくれと。石鎚さんにも行て先達をしよった山伏みたいな坊さんやった。千匹供養とどっちが先か忘れたけんど、四十ばあで召集になった。

復員してからうんと捕ったね。山口県へ行きだしてから一回供養した。その後で一回仕上げの供養をした。それらはこっちの猟の供養よ。山口県での猟の供養は向うの人らがしとう。

(4) 山の神のユスの木

千匹供養は家でご祈禱してもろうて御札を作ってもらう。その御札を山の入り口や、山の神を祭っちょる太いユスの木や榊の太いがのある辺りで立てた。そして、千匹捕らせてもろうた、また千匹捕らせてくれるように、また動物が成仏できるように、人間に害のないように頼む。

ユス（和名イスノキ）はうんと堅い木ぢゃ。堅いが穴の開くうとのある木ぢゃ。お宮になんぼでもあったが。今でも営林署の山なら多いもんよ。ユスいうたら笛吹くももがならあ。白い虫が入って葉っぱがかとうなってももになるがよ（虫こぶができるのよ）。あれを欠いだら、穴が開いちょるけんプープー笛を吹かあ。

(5) 家内がうんと骨が折れとうえ

わしばあ猪を捕ったもんでないと、猪の正体は分からなえ。やっぱ猟に掛かっちょるがやけん。二十歳の時から大方九十歳までやっちょるけんのう。猟のことは分からえ。猪の生態は自分の子どもよりもっと分かっちょる。

猟ばあにのぼして（夢中になって）ひとっつも家《うち》のことはせんかった。家の仕事は骨折れるけんねえ。ふといこと（非常に多く）の仕事。山田からふといことの仕事ばっかしぢゃけんのう。それを子あらい（子育て）するする（しながら）やったけん、家内がうんと骨が折れとうえ。

●植林の防除網に掛かって果てた鹿（奥鴨川）

三　鹿の話

1　鹿の今昔

昔はうんと鹿がおった。鹿は追うたら必ず人家《ひとや》の端《はた》へ出てくるけん、捕りよいもんぢゃっと。猪を追いに行っちょって鹿を追い出すことは多かっと。わしは鹿を年に五、六匹は捕った。多い時は十四匹ばあ捕ったかのう。

今りゃ捕らんけんど、昔は鹿追いしよる人がおっと。わざわざ山から鹿を追い出して捕りよった。昔は鹿は皮も角も売れるし、肉も売れと。他に食べる肉がなかったけんね。そんで高うに売れて鹿を乱獲したがよ。それに、鹿がいちばんおいしい夏には捕られんけんど、昔は捕りよっと。

猟期も昔は、十月十五日から四月十五日までと、今より三月長う開《あ》きよった。十一月十五日から二月十五日までの猟期になったがは、昭和十四、五年からぢゃったと思う。

鹿の数が少のうなって、一時止まっちょった。その禁猟の間に増えと。鹿は猪みたいにうもうないけん増える。人間の口が高ぶってきたがよ。今りゃ、鹿が罠に掛かってどもならん。猪と同じハシリ（獣道）を通るもんぢゃけん、罠に掛かるがよ。肉がおいしゅうないけん、山で捕っても山へ放ってもんてくる。

鹿は新芽を食べてどもならんが。鹿は杉、檜にうんと被害があるけんね。西土佐村では鹿一匹持って行《い》たら一万五千円くれる、と。（二〇〇五年四月十日の合併以前）

2 鹿猟

(1)　銅鐸の鹿から

鹿の絵を銅鐸に描いちょるいうがは、昔の人が鹿を重視したがよ。鹿が多かったがと、捕りよかったがやねえ。鹿は頭を下げて走ってポッカンポッカンと跳びよって、胴が高いけん撃ちよい。一発当たると直にかやっと（倒れた）。それに、鹿は皮を剥いで肉を切り分けるもんぢゃけん、どこを撃ってもかまん。その時分から皮はあんまり売れんかった。

猪は、追うと山へ山へと奥山へ逃げてしまうけんど、鹿は追われるとなろ（平地）へ下りて、必ず川へ落ちた。それで捕りよかっと。昔は、鹿も売れたけん鹿追いする人がおった。

鹿でも猪でも追うて捕ることを狩りともいうたが、普通は猪《しし》追いぢゃ、追い山ぢゃいうた。

(2) カジシは川へ落ちる

① 鹿は目がさどい

鹿は注意深ぃ。頭を地へすり付けて通るけに、角をそろえて首を括《くく》っちょることも、角を抜いてくびっちょることもある。

鹿は目がさどい（機敏で早い）けん、目で方々をよう見る。罠の撥ね木を切るときしば（木の枝）を切り返して散らかして、そこへ切って置き、ここへ切って置きしたらいかん。しばをつんと立てて自然なふうにしちょったら、鹿がそれほどおくれん（おじけづかん）ね。

② 寝巣起きしてから一間跳び

鹿は人や犬に気づいたら、シダの中におっても逃げると構えたら、二、三回か三、四回ダンダンダンと上ぃ飛び上がる。それを寝《ね》巣《ずお》起きという。大けなシダの中でも見えるように飛び上がらにゃ、向こうぃ飛び出さん。中半《なかば》の奥にゃ四、五匹の群れがおってその群れに合うと、「あこでも出た、そこでも出た」と言うて見とう。

そして、そりゃ速いわ、一間跳びに飛ぶ。最初は一足跳びに飛んでゆく。二本の角を首に寝さしつけて、背中に背負うようにして、頭をそら（上）ぃ向けて走ってゆく。枯れ枝を背中に背負うちょるように見えと。尾は十センチばあで立てちょる。尻の真っ白いところを篠巻《しのまき》というた。昔の人が「篠巻が見えた」と言うと。

鹿は年を取っても速さは一緒ぢゃが、角がよけぬんぢょらん（伸びてない）のが速い。頭がまぎらん（邪魔にならん）けんね。

広いとこぃ出ると、首を立て角をツンと立てて、立ち止まって見よる。警戒して見よるがやろう。

③　山からおきへ、おきから川へ落ちる

鹿は山を一、二回回ったら山からおき（下《しも》のこと。河川に面した方）へ出る。鹿は追うと爪が裂けて血が出るようになって必ず川へ落ちるけん、そんでカジシともいうたがよ。大川（四万十川）でもなんぼでも泳ぐ。向こうの山で追うたら、川へつかってからこちらの山へ逃げた。こちらの山で追うたら、川へつかって向こうの山へ逃げと。

鹿は山の奥で追うたら、谷へ落ち、四万十川へ落ちてくる。落ちるとこは決まっちょったけん、そこでシガキマチという待ち伏せをしたがよ。どこそこのシガキへ行くいうて、鹿追いは川で終《しま》い付けよった。川で捕れんと、また山へ逃げと。

(3)　シガキを切る

①　鹿の網代・シガキは決まっちょる

鹿の必ず通る通り道のことを網代《あじろ》ともシガキともいうた。今も、昔から来よったシガキへ来らね。

鹿のシガキは山の畝のどこそこと決まっちょる。落ちて来たら川へ入るもんぢゃけん。

シガキは網代ともいうた。どの畝のシガキに来て掛かる、どこそこのシガキに掛かるとか、どこそこの網代に掛かるというた。そこへ罠をかけたりもした。

●「大谷山で鹿を追うたら、勝間のえごかヒラバイへ落ちる。ヒラバイいうたら、（沈下橋の）下にあった大けな平たい石のはいのことやっと」

西土佐村には梅の木シガキぢゃ、楠木シガキぢゃというて、その木を切らんづくに（切らないで）置いちょって、その近くにしばを切ってきて、鹿から見えんように隠れて待っと。

② シガキへ来た鹿はきょろきょろ

必ず落ちるなろぃ待ち伏せするシガキを一、二か所作っと。

シガキは、鉈《なた》でしばを切って、笹や木を立てて鹿に気づかれんように作った。それをシガキヲキルという。

鹿はシガキへ来たらいっぺん立ち止まって、きょろきょろ辺りを見らね。そこをパーンとやらあ。

③ 渡リへシガキマワリを配る

鹿が常に川を渡るとこを渡リという。その渡リを鹿のシガキというた。そこへおったら必ず撃てるけん。

鹿は一か所の渡リに人影があったらよその渡リへ回る。渡るとこが二か所も三か所もあったら、どこへ通るか分からんけん、それぞれのシガキへシガキマワリという撃チ（射手）を配った。

その山に長《た》けてその土地に長けて、どこを通るか知っちょる確かな人が、シガキマワリにシガキを指定、指名した。シガキを配る人には責任があっと。

勢子《せこ》二、三人が犬を連れて山へ入って鹿を追う。シガキぃおったら、犬がキャンキャン、キャンキャン追い鳴きして来るけん、鹿がやって来る様子は手に取るように分かっと。

昔は、畑をよこし（横）に跳ぶけん、畑にいた人が鍬で叩いたら弱って捕れることもあった。けんど、鹿は追い出した人が采配する。鉄砲持った猟師には百姓は勝てん。

(4)　シガキのいろいろ

①　観音堂のシガキ

勝間の奥いうたら勝間川と西土佐の境あたりよ。そこで追うた鹿は、勝間川を渡って勝間の奥の観音堂という畝へ落ちて、また山ぃ上がって大谷山へ逃げると決まっちょった。ほんで、シガキを観音堂に切った。観音堂は牛馬の神様を祭っちょった。

そこは毎年の田役《たやく》（農具や用水路の整備などの労力提供）の時の土取り場で、その赤土を掘って水路に叩き付けと。晩にはだれて（疲れて）いごく（動く）のが嫌になるばあにのう（担う）たがね。今りゃセメントにしたけん、端をちぃと刈り寄せたらええようになっちょる。

もっと奥で追うたら勝間川部落の方へ落ちと。

②　えごとヒラバイのシガキ

大谷山で追うたら、勝間のえごかヒラバイへ落ちる。えごは水が湾になっちょる入り江のことで、沈下橋の上の中瀬《なかぜ》のあたりのことよ。ヒラバイいうたらこの下《しも》にあった大けな平たい石のはい（川岸の岩）のことやっと。そこがここらあたりのシガキで、そこから鵜の江のひら（側）ぃ渡った。ここらぢゃそれ以外のとこへは落ちんかった。

鹿は、山から落ちて畑をとうで（飛んで）、本川（四万十川）へつかって、反対側の山へ上がった。水には三十分もつかっちょらん。つかっちょるがを追うたら、またとうで行っと。

③　黒尊の丸小父はそそくり

西土佐村の黒尊《くろそん》川には、川の上へ大けな岩が被《かぶ》さったようになって、下に鹿の入れるばあの空洞があっと。山を回った鹿はうんと汗をかくもんぢゃけん、川へ飛び込んでその空洞へ頭から入り込んで体を冷しよった。黒尊の丸小父《まるおじ》がその鹿に何発も放したけんどよう撃ち殺さんかっと。丸小父はそそくり（あわて者）で、手を伸ばしたら届くばあのとこにおる目の前の鹿をよう撃たんかったがよ。

他の人が鉄砲を借って来てわしに撃ってくり言う。わしが行て、鹿が穴を出てそらの段へ飛び上がるがを撃ったがやけん。撃ったらぽったり川へ落ちと。三股の太い鹿ぢゃった。わしが料っちゃて食べと。わしらは猪をびっしり食いよるけん鹿は食わんけんど、そこらの人は普段から鹿をよう捕らんけん、肉でさえありゃ何の肉でも食べとう。

丸小父は人がひやかすもんぢゃけん、かばって（強情を張って）食いに来ん言う。それを無理に連れて来て食わして、「分けてもやらにゃいかん」言うて、肉も分けてやらしたことぢゃった。

④　中半の渡り

西土佐の中半《なかば》の奥には鹿がうんとおった。一所から三匹も四匹も出たことがあらぁ。その中半の、川向こうへ渡るとこぃ先に渡って待ちよったら、川のおき（下の方）へ出た鹿が人影に気づいて別のもう一か所の渡リを頼って渡った。ほんでシガキマワリが先回りして、それが落ちて来るとこを撃ちこかし（落とし）たことがある。冬の鹿は猪とちごうて水に浮くもんぢゃっと。

⑤　岩間の刈り寄せの鹿

鵜の江の関定《せきさだむ》と三股の鹿を一緒に追うて、西土佐の岩間《いわま》の渡リのシガキにおった。川の水の少ない時やったけん、ズボンを脱いで川を渡って藪の辺りで座って待ちよっと。鹿がそこぃ下りて来んづつ（来ないで）、そこを回して（迂回して）下の北の河口へ渡るとこぃ行こうち出よったもんよ。犬がキャンキャン通り過ぎたけん、ここで待ちよってもいかんと思うて立って見たら、その大けな三股の鹿が人家《ひとや》のそらの刈り寄せで犬に吠えられて立ち止まっちょった。犬が吠え止めちょっと。鹿が犬をまくろう（突こう）として立ち止まっちょったがよ。

その鹿をこちらの道路から撃った。胴に当たって肋のとこにボッタリ穴が開いて血が出だしたけん、「あ、いた（うまくいった）いた」思うて見よったら、かやって人家の背戸《せど》（裏側）に落ちと。大けな三股がちょうど関の目の前にこけ落ちて、

「誰ぞ、撃ったがは。おらが狙いよったに」言うておごっ（怒っ）たけん、

「ああ、お前が撃つがやったがか。お前が人家の背戸で狙いよることを知らんけん、また他へ行かしたら撃ちにくい思うて撃っとう」と言うたら、関が、

「仕方ない。先生ぢゃけん」と言うた。そういうこともあっと。

背戸は切り立っちょって高いけん、刈り寄せにおる関は下からは見えん。

勝間では刈り寄せは「刈り寄せ八間」いうて、立木の枝や葉が人家へかからんように、田んぼにしがんならん（下陰にならん）ように、家の背戸でも田んぼの端でも、誰の山でも立木や草を勝手に刈ってかまん許可があっと。刈り寄せ八間は、部落会で決まっちょったがよ。そんな決まりのない部落もあった。決まりのないとこは、相談せにゃ切られん。

⑥　野次馬にも肉を分ける

シガキへは肉をもらおうと野次馬が来て人数が出来ちょった。昔から、シガキに参加した人には肉を分ける習慣があって、昔からずっと守られてきちょる。

棒を持つ人がこれで鹿を叩いたぢゃ何ぢゃと言うて、いろいろあっとう。棒を持って来る野次馬は折節あった。それがどんな人ち（いうたら）、自分の見栄を張ってまわる人がそんなことをしてまわったが。実際にはよう捕らんけん。鉄砲には勝てんけん、鉄砲持っちょる者の前に立てる人はおらっと。

(5)　鹿は追い出しのもん

①　勢子の追い出し

鹿はどこを撃っても捕れるもんぢゃけん、撃チより勢子が大事やった。ほんで、「鹿は追い出しのもん」いうた。

猟師はシガキぃ回っちょった。犬が鹿を追い回して山を一、二回か二、三べん回ったら鹿はおきぃ、なろぃ下りて川へ落ちる。山の奥からシガキに掛けるようにするがを、「追い出し」といううた。

② 追い出しの権利は猟師の法律

追い出し組と止め矢した組とがあって喧嘩、口論になったら、猟師の法律に照らし合わせてやった。シガキで止め矢してもそれだけで権利は成立せん。撃ち止めの権利は一応あるが、追い出しに優先権があっと。

どこから山ぃ入って、その鹿に自分の組の犬がどれだけ付いちょるかという状況で権利が決まった。追い出しの犬が二、三匹付いちょった方が、犬一匹付いちょった撃ち止めの組より権利があった。権利がはっきりしたら止め矢の組も弱って、追い出した組に渡さあね。

全部取るか半分《はぶん》に分けるようにするかも相談したが、鹿を分けることは少なかっと。シガキぢゃなしに山道で撃って捕ったら、撃った者がえら（強）かった。

③ 鹿玉場でしば返し、鹿玉返しを撃つ

鹿を撃ったとこを鹿玉場《しかたまば》（猟場とも）というと。昔は、川で料《りょう》った。そこも鹿玉場というと。料る時には、しばを敷いて料った。笹でもよかった。石に血や汚れの付かんようにした。そのしばを洗うて元へ返す時には、「しば返しを撃たんといかんぞ」言うて、鉄砲を一発放した。それを、鹿玉返しを撃つともいうた。肉を区分してしばの上ぃ置いて、クジを引いて取ったものをかずらに差して帰っと。

④　背身は勢子が平等に分ける

勢子が鹿の背身《せみ》という背筋の肉を分けてもらうことになっちょっと。勢子の間では平等に分けた。背身は鹿の大骨の両脇に五、六センチずつ付いちょる上等の肉で、刺し身にしたり、塩振り焼きにしたりしたらおいしい。鮪を食べそめた者には、鮪身を食べるようなもんぢゃっと。

今こそ置物にしたり、刀掛けにしたりして売れるようになったが、昔は角をめっそ欲しがららっと。今は、追うた人らが欲しいと言うて取ったね。

(6)　鹿笛と大蛇

①　鹿笛は一間とびの皮を干して作る

鹿笛はひき（蛙）の皮を乾燥して吹いと。猟師は鹿笛を入れるつぎ（布）の袋を縫うて腰に付けて山を回りよった。わしらの代になっては鹿をあんまり捕らんようになってからぢゃけん、わしらあは鹿笛は吹かん。

鹿笛は一間とび（赤蛙）というひき（蛙）の皮を干して作りよった。高ひきともいうて、背の高うて赤い太いひきぢゃった。ピョンとうんと向こうに跳ぶけん、一間とびと言いよったがよ。

そいとの皮を長うにして、やおう（柔らか）にしちょって、引っ張って柴笛みたいにして吹いと。ひきの皮を型（木の枠）へ入れて吹く人もあっとう。

② 雄は馬鹿なものよね

鹿は盛りの時は山の畝ばかりにおる。鹿の雌《めん》はピシー、ピシーというて鳴いて二山《ふたやま》三《み》山《やま》越えた雄を呼ぶ。よう分かって遠くへ聞こえるけんねえ。

鹿笛を口に当てて、木の陰に隠れてピシー、ピシーと吹いて雄《おん》を寄せたら、近《ちか》まですっと来る。雄は馬鹿なものよね。色にのぼして（のぼせて）撃たれるけん。

盛りの時には、雄雌二匹一緒に捕れることもあった。盛りには四、五匹の群れを見たこともあるが、たいてぇよけおっても二匹ぢゃ。

③ 鹿笛を吹くと大蛇が付ける

古い猟師が「鹿笛を吹くと蛇が付ける」と言うて、嫌うちょっと。昔は、付けられたこともあった言うた。わしらの代になってはおらん。昔の人が言いよった憑《つ》きものよね。蛇もマシン（魔神）よ。

鹿笛は鹿を呼ぶ鳴き声をするがやけんど、ひきの皮でやっちょるけん、鹿も来るけんど太い蛇が付けると言いよった。蛇は主としてひきを食にするけんねえ。蛇が鹿の鳴き声ぢゃけんど、ひきでやっちょるけん、ひきをかんどる（感じる）もんぢゃねえ。昔にはそういうことがあったらしいね。わしらの代にはなかっと。

昔は、蛇がうんとおったけんねえ。山奥の国有林へ行たら蛇淵《じゃぶち》というもんがあって、大蛇がおったというとこがうんとあらえ。

④ 白ベン黒ベンは八色鳥

このそらの大谷山を越えた宿毛市の大物川《おものがわ》には、山田シンジの飼い犬の白ベン黒ベンが蛇に取られたような伝説があっと。

山田シンジが朝、猟に出よったら、犬が吠えるけん見ると大きな蛇が道を横切っちょってね、その大蛇を撃ち取って、死体をたま切って（丸太に切って）流したものの一つが引っ掛かったとこを井出《いで》（川の堰）にしちょるということぢゃ。

その時、白ベン黒ベンがおらんようになっと。昔は蛇にとられたという伝説があったね。山田シンジが白ベン黒ベンを探して山ん中を何日も「白ベン黒ベン、白ベン黒ベン」とようだ（呼んだ）声を聞き覚えた鳥が、八色鳥になったがやけん。そんで「白ベン黒ベン」と鳴くようになったがで、昔は大物川にしかおらったと。ここらでは、その鳴き声を山田シンジが呼んだ性根ぢゃと言いよっとう。今でも、ここらへ白ベン黒ベンは鳴いて来るぜ。

山田シンジが、撃った大蛇の鱗を一枚取っていんで（帰って）家に吊っちょったら、それが雌蛇《めんじゃ》だったものよ、雄蛇《おんじゃ》がきてよっぴと（一晩中）グルグル、グルグル家の周りを回った。それで山田シンジは、蛇は煙草に弱いいうけん、よっぴと火を焚いてうんと煙草をのうだ（のんだ）いうことよ。

3　鹿の利用

(1)　肉を食べる

① 背身の刺し身は鮪の赤身そっくり

鹿はどこもおいしいわけぢゃない。刺し身にしたり煮いたり焼いたりしたが、めっそ（あまり）うまいもんぢゃない。おいしいとこは背身《せみ》だけよ。肉のために鹿の頭を貰う人はおらん。もろうても角だけよ。

皮を剝いで裸にしたら、きれいに洗う。真っすぐにして背骨の真ん中に包丁を入れて断ち割ってから、背骨の左右に二、三寸ずつ付いちょる背身を切り取った。背身と足に切り分けと。背身は鮪《まぐろ》の赤身そっくりで刺し身にしたらうまかった。鹿は背がとがっちょったけん、猪より背身が少なかっと。

鹿は木の芽だちゃ木の皮を食うけん多少匂いがあって、松葉臭いとこがあった。

② 塩振り焼きに焼き鍋

焼くには塩振り焼きにしたり、身をそいで砂糖醬油で引き焼きにしたりした。引き焼きよりは塩振り焼きの方がうまかっと。鮪を食べそめた者は、鮪と同じ味ぢゃと言うた。

煮るには焼き鍋がよかった。飯炊く釜の壊れたがの周りを割って、窪い底だけにして、それで炊いたりした。厚い鍋で煮いたほど中のさかながうまかったけんど、煮ると味がないもんやった。

③ 鹿の臓物

猪の臓物はうまいけん人間が食べて犬にはあんまりいかんかったけんど、鹿の臓物は人間は全然食べんけん犬がほとんど食うた。中には肝を焼いて食べる人もおった。血も沖縄のように大事にしたりはせん。沖縄では生臭いに（のに）馬の血を分けて飲みよったのう。

④　鹿の塩巻きは一年でも二年でももつ

昔にゃ、鹿肉に塩して、すぼにして縄で巻いて、桶の中に置いて保存した。鹿の塩巻きいうて、一年でも二年でももっと。けんど、すぼにしちょったら塩が下へ落ちるけん、めったなとこへは置けれんがよ。

すぼは藁包みよ。昔の九月の祭りには、寿司をきれいな藁でこしらえたすぼに入れてやったり、もろうたりした。今りゃ折りに入れるけんど。

(2)　鹿皮の利用

①　なめして毛を抜いて鹿服を作る

皮は売れたけん、みんな取っと。中にはお前取っちょけ言うても、おらはいらん、うるさい（面倒だ）という人がおった。皮を張るには大きな雨戸にでも張らんといからったけんね。

鹿は腹を縦に割いた。きれいに皮を剝いで、雨戸に張り付けたり竹でこっぱり（張り）をやったりして乾かしと。皮は中村から買いに来て、目方で売った。

鹿皮は上着にもズボンにもして、鹿服というた。鹿皮の服というと値打ちゃった。山を回ってもばら（とげ）が入らんけん、うんとよかった。冬の雪の降る時でも風を通さんけん温かった。肉よりも鹿皮が値段が高かっと。仲買らもうんと来た。今りゃ、毛皮《けかわ》は一切売れん。

鹿皮の服を作るには、硼酸《ほうさん》らをつけてなめしてやおうにした。冬の猟期間《あい》に捕った鹿皮はなめしたら、黄色に近いような茶褐色になった。なめしようによっては白かったが、なめす材料のせいぢゃね。なめす専門家は京、大阪におった。

鹿皮は毛を抜いて布みたいにしとう。石灰を付けて地へ埋めちょくと自然に毛が抜けた。毛を抜くがは、山で鹿と間違われて猟師に撃たれん用心のためやった。わしは鹿服をいっさん（一度）しか着んかった。ばらが刺さらんいうても、暑うて着いちょれんかっと。

今日の人は、鹿であるか猪か犬か人であるかように確かめんがよ。ただ音聞いたばあで撃つけん、犬を撃ったり人を撃ったりすらあね。甚だしいことは、山口県で昼日中に田んぼの真ん中で稲刈りしよるおなごしを撃った人がある。腰（腹）がないけん、ただ音を聞いただけで撃つけんそういう失敗をするがよ。ほんぢゃけん、鉄砲で人を撃つぞと脅した猟師には、免状を渡さんようになっちょる。

② 鹿の尻皮は毛が折れやすい

毛皮にはミョウバンをつけたら脂が大体抜ける。そうしといて、竹を割って脂をすごき（しごき）よった。

鹿の尻皮を作るには、ミョウバンを使うと脂が抜けすぎるけん、新聞と米ぬかを厚うに合わせちょいて、そこに皮を当てて脂を吸わしと。日向に出して、ええ日和ぢゃったら三、四日かけたら、大体の脂が出てしもうた。鹿の尻皮は狸やノイより広い尻皮になったけんど、毛が折れやすかっと。

鹿皮は財布などの袋物にもして、鹿皮の財布ぢゃと言いよった。鹿の毛は折れやすいけん筆類には向かん。

毛皮で手袋を作ったり、靴を作ったりする器用はなかっと。皮の加工は本手（本職）でないとこたわん。刷毛《はけ》には犬などいろいろ、馬のえりがみ（たてがみ）、豚とか猪のイラゲなど荒い毛から取ったと思う。鹿の毛は刷毛にもせん。

③　毛皮と戦争

今りゃ鹿皮が売れん。毛皮が一切売れん。今りゃ戦争せんけん、防寒服をこさえんけに売れんがよ。うんと昔、ソ連が戦争した時（独ソ戦）には、狸やイタチや鹿の皮がソ連へ行きよった。

戦時中には、一猟《ひとりょうき》期に猪、鹿、兎、狸、イタチ、貂《てん》、ムササビらあの毛皮を三百枚供出したこともあらあえ。皮を買う仲買人もぎっちり（たえず）来よっと。

（3）　ハラゴモリは婦人病の薬

昔は猟期が四月十五日までやったけん、三、四月に出産する鹿のハラゴモリ（胎児）が取れた。まだこまい裸子《はだかご》の時のハラゴモリを婦人病の薬にしとう。昔は、血患いが多かった。子が出来た後のひきあがり（産後）が悪かったけんね。

ハラゴモリを陰干しにしてかとうにしちょいて、削って煎じて産後に使うた。産後の血が騒いで治らんおなごしに、うんとええいうと。けんど、出産間近の毛が生えちょるがは薬にせんかっと。

（4）　鹿の角の効用

① 角の先のすり付け

日本ぢゃ山を飛び回るけん、外国みたいな太い角では跳びはねられん。

角によって鹿の性格やスピードが変わることはない。頭がまぎらん（邪魔にならない）けん角がよけぬんぢょらん（伸びてない）のが速い。どの鹿も年を取るに従って黒うなる。

盛りの秋前には、畝の太いような、粗い木ぃ角の先をうんとすり付けて、角の先の白いとこをとぎらす。下の細い木では、すり切れるばあになっちょることがある。剣先みたいにとぎらせたら、犬も腹へでも通されたら死ぬる。盛りには雄が怪我をしちょる。

昔は鹿が、木の皮の粗い椎や松に角をすり付けよったけんど、今りゃそういう木が少のうなって、杉や檜の皮にすり付けて木の皮を傷めて人には喜ばれんがよ。

② 一本角は一声鳴き

鹿の角には一本角、二本角、三本角があって、毛の生えた際から毎年落ちる。それぞれ鹿の種類で、年を取ると股が増えたりするもんぢゃあない。

鹿の角と鳴き声には関係がある。一本角のすばえ角ホッタは一声《ひとこえ》鳴きする。ホッタは食うてもうもうない。二股の鹿は二声鳴きする。三股の鹿は三声鳴きするもんぢゃ。角の大小とは無関係ぢゃ。

③ すばえ角・漁角に魚が集中

鹿の角にはエンコー（河童）が付かんという。鹿の角を身に付けちょるとエンコーがおぢて（恐れて）人に危害をせんと言うと。

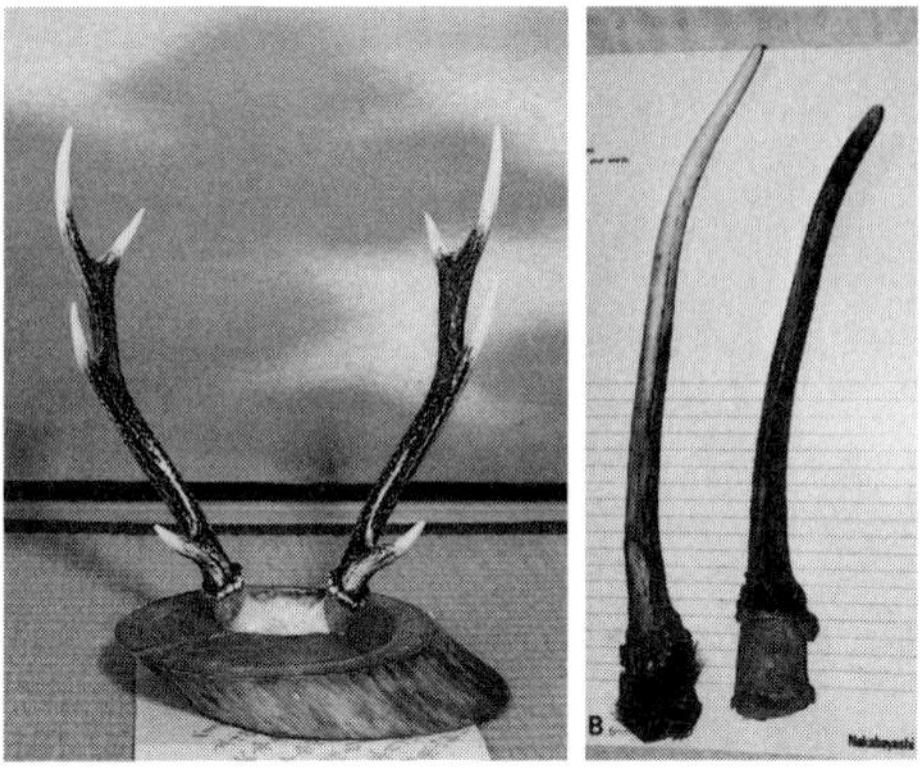

●右＝田辺翁が捕った鹿の一本角。「魚がすばえる」と、海の漁師の大切な呪物。
左＝翁が中村市竹屋敷で捕って、床飾りにしているこんまい三股の角。

一本角の鹿は昔から一本角の種類よ。それをすばえ角いうて、魚がすばえるというた。魚がじゃれて、鹿の角にうんと付くということよ。一本角でうんとのぶ（伸びる）ものは五、六寸も伸びと。一尺ばあのぶがもあっと。

すばえ角には魚が集中して来るけん、海の漁で大切にしとう。海の漁師らあは今でもたいてぇ持っちょって、籠に入れて漁に行きよる。それを漁角《りょうづの》いうて、持っちょるだけでええ。籠に付けちょると魚が付く、魚が寄って来ると言うね。

そんで、海の漁師らあが、船の漁具に付けるにくり（くれ）、くりとよう言うて来た。魚は、漁師がすばえ角を持っちょることを、よう知っちょったもんよねえ。

川漁の人はそういうことをあんまり言わん。わしもすばえ角を川漁に持っては行かん。けんど、昔はウクビ（魚籠《びく》）口に網をして水につけちょくに、麻や綿糸で網の止めをして、口止めに鹿の角を欲しがることもあっと。

山猟には欲しいと言わん。

④　ホッタは二、三寸の一本角

一本角をホッタともいうた。ぬずくった（短うて太い）、とぎらん（尖ってない）二、三寸の角のことで、昔の人は鹿がそれで地を掘ると考えて名付けたのやろう。

実際は地へ突っ込んで研いだりもするが、木の皮へもすり付けるがよ。それでうんと尖って長い角があり、折れて太うて短いもんもあった。そうやって角を研ぐもんで、固うなって先は白うなっちょる。中には先端だけが二股のものがあるが、ホッタはホッタで他には違いはない。

一本角は判子《はんこ》にしたり、元を引き切ってパイプにしたりした。パイプにするには、最初は錐で穴を開けちょいて、そこへ焼いた針金を突っ込んで穴を太らせと。

⑤　二本角と三本角は飾りやソコタテに

二本角は二股、三本角は三股いうて昔は刀掛けにしたり、壁に埋め込んだり、大けな台をつけて飾りにしたりした。刀掛けは一対いるけんど、二つともきれいに揃うがは稀やっと。鹿も木の中を駆けまわり、木をこね（角をてことして動かし）たりに苦労しちょるけん、角を曲げちょるもんも多かっと。

ここらでは三股が一番太い四歳鹿ぢゃったが、ここらにはうんと太い鹿はめったにおらなった。太い三股が捕れたら、人がくり、くり言うて取って行っと。

三股の角は引きちぎって、米俵のさんだわら（俵の蓋）を編むソコタテにも使うた。猪の牙でもしたね。鹿の皮を糸のかわりにして縫《ぬ》うと。まるこうに（丸く）立てていくがによかっと。形をくずさんように縫うたね。

⑥　白い産毛のようなウド
角の生える突起のあるとこを角座《つのざ》という。角は二年目、三年目になったら出来る。ウドはイタヅリ（イタドリ、虎杖）みたいな、芽立ちに毛の生えちょるもんよ。鹿の角の始まりは白い産毛のようなもんで、独活《うど》の芽立ちに似いちょったけん、ウドという。

これも昔は、陰干しにして削って煎じてのう（飲ん）だら血が治まるいうことを言いよったけんど、欲しがる人もおらん。二十センチばあのがを袋角というたが、禁猟の時ぢゃけん、わしらはやったためしがない。
⑦　落ち角
わしらも山で拾うたことがあるぜ。雉笛にしたり、判にしたりしとう。落ち角は死に角ともいい、赤茶色のものがなく、真っ白いこともあった。生の角みたいな細工ができんけん、めったに使わらった。

(5)　鹿　玉

①　猟親分が鹿玉の分配を決める
鹿には鹿玉《しかたま》が腹にあることが折節あっと。鹿の玉はめったにないけんど、わしゃ何べんも鹿玉を出したが。

猟する人の組の最も優れた人を猟親分ともいうて、わしゃ猟親分の内に入っとった。その親分が鹿玉の分配を決めた。わしは猟をそんなもんに頼らんけん、「誰でも持って行け」言うと。

玉はわた（腸）の中にあってじゃらじゃらしたシオコガリ（小便壺の内側に付着するような尿の無機塩類）が固まったもんが石になったもんぢゃね。本当言うたら、人間の大腸のわるい人と同じで、鹿の大腸に出来るもんで、塩の玉のようなものよ。猪にはないのう。

② 鹿玉返しは鉄砲の弾

鹿の玉が見当たった人は、「鹿玉返す」言うて、たいてぇ鉄砲を放した。鹿の玉を取って、鹿へ返すという意味で鉄砲の弾を撃った。料《りょう》ってすんでから、山へ向かって撃っと。

＊注・この部分は猪の説明と異なっているが、鹿玉返しの本来的な意味のように思われる。

川の端で料って肉をきれいに洗うて分けて、それぞれの肉をかずらに差したら、料るに使うたしばを引っ繰り返して水を掛けて血を洗うと。鹿玉が取れんでも、「鹿玉返しを撃つか」とも、「しば返しを撃つか」とも言うて弾を撃った。それから、自分の分け前を持って帰った。昔からの猟師のしきたりになっちょる。

③ 鹿玉持つとりょうがある

昔からの言い伝えに、すべてのりょうをするに、鹿玉を持っちょったらりょうがあるというた。何が効くやら知らんけんど、未《いま》だにそういうことが残っちょる。「鹿玉持っちょる人はりょうがある」と言いよったね。確かに効きよるやら効きよらんやら分からんけんど、りょうがあるもんよと思うばあのこと。

④　漁がたい人が持つと漁やすい

昔は鹿玉をよう取りよった。それを持っちょったら漁やすいというと。魚がすばえるというて、すばえ角とうんなし（同じ）よ。どういうわけで漁があるかは分からん。

昔から漁がたい（漁のできない）人が持っちょらね。布で包んで袋に入れてつらくっ（ぶら下げ）ちょったら漁やすいと言うたね。今でもおるね。今でも、なんぼ漁に行ても取れん人を漁がたいと言い、うんと取れる人を漁やすいと言う。

海の漁師らが玉を持っちょる人をたんねて来た。わしんく（家）へも何べんも来たぜ。すばえ角を喜んで取る人もおる、鹿玉を取る人もおった。

⑤　鹿玉と山猟

山猟につながるというて、鹿玉を乾燥して紐を付けて帯皮なら帯皮に付けちょる人もおった。勝間川の竹内喜多郎さんが持っちょって、「これが鹿玉ぞ」と言うて見せてくれた。竹内さんはいよいよ（本当に）真面目な人間ぢゃったけんね。猪猟師が鹿玉を持っちょると猪が捕れたね。

鹿玉を持っちょって、どういう訳で猪の猟があるか、海の漁があるかということは分からん。

4　鹿の暮らし

(1)　寝巣と食物

① 寝巣は山の畝

寝巣は、風通しがようて、人や犬がどちらから来ても聞こえる山の畝が多い。寝よいからぢゃろ、大けなシダの深ぃ中ぃでも寝よる。雪の中でも寝よる。子連れも一緒よ。だばい（平坦な）とこで、何かに（何やかや）食い切ったり、何かにくわえてきたりして寝巣を作らえ。虫除けの寝巣は八月から十月ごろまでの一時ぢゃけんど。

② 食物の四季

鹿は、コウカ（ネムノ木）の皮やアオギ（クロガネモチ）の葉をうんと食う。モチシバ（サルトリイバラの葉）いうて、もちの木の葉を芽立ちからうんと食う。

冬の木の葉のない時は、木の皮を剥いで食べる。大体コウカというねぶ（ネム）の木やブジュナ（ボウリョウ）の木の皮をきれいに剥いで食べる。鹿がようけ食うたがは、皮をぐるぐるっと剥いで食うけん枯れちょら。山の神の社殿にある木の皮を食べられと。椋の木も榎の皮も食べる。こんまい枝まで食う。椋や榎の皮は猿も食べるぜ。

春先になったら雌はやせちょるのう。子に乳を吸われるけんね。コウカやボウリョウやの木の皮をうんと剥いで食べる。フキノトウ、ヤマウドやタラノメなども食べる。

夏には茅の芽や蓬《よもぎ》の芽など草類はすべて食べる。イタブ（イヌビワ。桑科の一種）の皮や梶の皮を食う。梶は皮がつわっちょって（樹液がいっぱいで）剥ぎよい。秋には木の実も食べる。椎、梨、それからケンポナシもうんと食べる。ケンポナシは木の枝みたいなものを食べる。霜がかかったら甘いわ。わしら猟に行て食うた。猿も食う。うんと太る木で、この奥の国有林にあった。

③ 夏鹿は脂がのってうまい

八月、九月にはやおい物を食べて肥えちょるきに、夏鹿いうて脂がのっていちばんうまい。鹿の背身は刺し身で食べた。中には肝を焼いて食べる人もおった。蓬を食べる鹿を蓬鹿と聞いたこともある。

鹿は冬に撃って川に落ちたら浮くが、夏鹿は重いけん川へしもる（沈む）。

(2) 春日神社の使いの白い大鹿

西土佐の中半《なかば》の奥には春日神社があって、そこは昔から鹿のよう集まるとこやった。一所から三匹も四匹も鹿が出たことがある。そこには春日さんの使いの鹿ぢゃという、太い白い鹿がおると言いよったが、そんなことを試した人もなかろう。猟師は撃ったらいかんと言うたが、わしらまだ見たことがない。

(3) 鹿の遊び場は前がき

山中のだばい（平坦な）とこで、木をのけて広い間の地を掘って、とうで（跳んで）まわるようにして休み場、遊び場にしちょった。わしら、「鹿の遊び場」と言いよった。「鹿の前がき」とも「鹿掘《ぼ》り」とも言うと。

角でまくったり、足跡ばっかり爪跡ばっかりみたいしにして、前足で草や灌木をのけてとうでまわるようにしちょった。中半の奥にもあっと。

雄が木に体をこすりつけて匂いをつけ、コンヨー、コンヨーと鳴いて雌を呼んだ。雄が犬みたいに尿をつけた木の端は、周りををぐるりっと前がきしてうんとかいちょらね。ちょうど交尾時期に、そういう知らせをするようになっちょるねえ。

そこへ雌が近うに来たら、雄がうんと前がきをすらあ。一匹の雌をぼう（奪い合う）て何匹もの雄が集まって角を突きあいもしよっと。勢力争いしとう。勝った雄が雌を交尾場所へ連れて行っと。鹿の中には耳の裂けた鹿もあったね。喧嘩したり、バラ、かずらに引っかけたりしたんぢゃろ。

(4) 交　尾

① 紅葉の葉の落ちる時

鹿は旧八月にいちばん肥えて、発情して鳴くようになっちょる。盛りのころは山の畝ばかりにおった。盛る前後には群れの鹿がおることもあっと。

鹿の鳴く時は紅葉の葉の落ちる時ぢゃけん、誰が言うたか、紅葉踏み分け鳴く鹿の声聞く時ぞ秋はさびしい、と言うちょる。

② 二山三山越えてきれいに澄んで聞こえる

雌はピシー、ピシーと鳴き、雄はコンヨー、コンヨーと聞こえる。よう分かるけんねえ、遠くへ聞こえるけんねえ。二山三山越えても聞こえて、遠いほどコンヨーときれいに澄んで聞こえとう。

雄の声を近くで聞いたらうどみ（呻き）よるように、えげり（ギャーギャーと怒鳴り）よるように、いげり（怒ってウーウー唸り、泣き叫び）よるように聞こえるけんど、離れて聞くとコンヨー、コンヨーときれいに澄んだ声で呼びよるように聞こえとう。

③　前がき一坪

雄は近《ちか》までずっと来る。そこで一度立ち止まる。雌が受け入れるか、受け入れんかが問題よ。

鹿の交尾は毎年同じ場所で、広いなろい（平坦な）、坂のないとこやった。ほとんど山の上の方ぢゃが、山の真畝《まうね》（山頂）ぢゃなかっと。鹿の遊び場とは別よ。

交尾は実際には見ちょらんけんど、交尾したとこぢゃいうて一坪ばあのとこがあっと。雄鹿が前がきをしてうんと地を広うに掘っちょった。足跡がよけ付いて草もないほどきれいにかいちょら。

④　出産、子育て

春、旧三、四月（新四、五月）に子が出来た。お産は山の畝でもシダの中でもやるにかわらん（するようだ）。子鹿というだけで猪のような特別な呼び方はない。

最初は乳を飲まして、後は木の芽立ち（新芽）や木の皮を食うようになるけん、食うもんがようけあって、猪のようにない。

5　鹿と犬

(1)　野犬に捕って食われる

山犬のことをここらぢゃ野《の》犬、野犬と言いよっとぅ。昔は野犬が山を回りよったけんね。たかんで(まあ)他のものを食い殺して、食うと。そのおこぼれをもらうもんもおったね。

鹿は始終、野犬に捕って食われちょった。昔、雪降った時に奥山へ行たら、鹿も野犬も飛びまわっちょっと。飛びまわって川まで落としちょっと。川縁で食い殺しちょるがもあっと。鹿は他の動物がいちばん食いよいけんね。狸らあも食うた。貂《てん》も来て食うて、骨も何も砕いて食うと。

野犬に食われたがは、噛み砕いて残した骨の様子で分かった。それに、糞に鹿の毛が入っちょって、野犬が食うたもんぢゃと分かった。足跡でも足の拳《こぶし》が太い。地犬(なろ犬ともいぅ飼い犬)が山に入ったがは足跡がこまい。雪の日にはそれがよう分かった。猪も野犬に食われたが、少なかっと。昭和の最初のころのことぢゃね。

それから後は、罠で捕るけん野犬も罠に掛かっちょることがあった。そんで、ああいうもんがおらんようになった。

野犬が鹿や猪を退治してくれるけんありがたいぢゃ思うもんはおらん。

(2) 鹿 犬

① かずらの中でも鹿のハシリ

鹿は道の広いとこをよう通る。角のあんまり当たらんとこをよう飛ぶもんぢゃ。猪を追いよって鹿を追い出すこともあったねえ。ハシリは広いとことに限らん。かずらの中にもハシリがあっと。かずらに引っ掛からんようにうんと鼻を下げて、地に着くばあ下げて、かずらの中でもよう抜けちょっと。角を寝らし（寝かし）てかずらの中を飛んだということよ。罠はそんな障害物のあるとこぃは掛けん。そんなとこぃ掛けたら鹿が通らんけん。

② 鹿犬の追い鳴き

猪なら山で止まるけんど、鹿は山では止まらん。鹿犬は、鹿をながしゅう追い詰めて、川へ追い落としてくるがをええ犬とした。

わしが十歳越えてから鹿がようけ捕れた。当時ええ鹿犬がおった。ええ犬は鹿が見えちょらんでもキャンキャン、キャンキャン追い鳴きをして、鹿を下へ追い落としたね。鹿犬は山の畝をうんと追いまわすもんぢゃけん、なんぼ奥山で追うても、山の上を二、三回追いまわしたら、鹿は川へ落ちるもんぢゃっと。

山をうんと追いまわしたら、鹿の足の爪が裂けて血が出だす。そうしたら川へ入って泳ぎだす。足を冷やすがやろう。犬には獲物を追うて藪でも川でも飛び込むがもおるし、川原から吠えるがもおる。

(3) 兎犬は鹿を追う

鹿は木の葉を食うたりするけんかざ（匂い）が兎と同じせいで、兎犬がよう鹿を追うた。わしとこは兎犬のええがが出来たけん、「鹿を追うに貸せ、貸せ」と、よう人が言うて来とう。

猪を追いに行て鹿を追い出すこともあっと。地犬・なろ犬でも鹿を捕ることがあった。一匹で追うことも群れになって追うこともあっと。犬がよっぴと（終夜）追うて、昼になって山から出て来た鹿を猟師が撃つことがあった。犬は鹿を欲しがるけんど、鉄砲持った猟師にはかなわん。

人がよう飼わんようになって山へ放した家犬が、兎を捕って食うたりして暮らしよるがもあっとう。

四　猪と鹿を比べてみると

(1) 人家の端へ来る猪、山に棲む鹿

昔は、猪や猿などの獣は山の畝に行かんと見んもんやった。それが杉、檜を植林して二十年経つと、山の畝には猪も猿も食うもんがない。人家《ひとや》の端には食うもんを作っちょるけん、それを念がけて（狙って）来るがやねえ。鳥は昔から人家の方にも来よっと。

鹿は特に木の実、木の葉、木の皮を食むもんやけん、昔も今も下の方には下りて来んもんぢゃが、勝間川ではみかんやゆずの葉を食うてしまうということぢゃ。山に食うものがないのと、鹿の数が増えたがぢゃねえ。

(2)　鹿の目と猪の鼻

鹿は目がさどい（鋭い）、猪は鼻がさどいという。人間や餌の所在を、鹿は目で知り猪は匂いで知るということぢゃねえ。

(3)　猪と鹿のシガキ

狩りいうたら、鹿でも猪でも犬で追うて鉄砲で捕ることが狩りぢゃったが、猪と鹿はシガキの切り方が違うた。

鹿は山から川へ落ちる。鹿を山で追うと沖へ沖へ、里へ里へ、川へ川へと落ちて来る。四万十川辺りぃもたいてぇ（たくさん）出た。鹿は落ちる場所もハシリも決まっちょった。シガキも一、二か所切っちょったらよかった。

猪は追うと、里から山へ山へ逃げて奥山へ入った。猪は山から山へと逃げるけん、山の中のハシリもよけあっと。そんで、シガキもよけいった。

(4)　鹿は追い出しのもん、猪は撃ち止めのもん

獲物の分配の仕方を、「鹿は追い出しのもん」いうて勢子を大事にしたけんど、「猪は撃ち止めのもん」いうて、誰が追い出しても、主《ぬし》の前へ来て撃った者に権利があった。昔は、撃ち止めた者に首車(頭)を与えよっと。

(5) 鹿犬の狩り、猪犬の狩り

鹿犬は山の途中でいなり（そのまま）解き飛ばしで（放して）山を抜けよっと。鹿はどこで寝よるか分からんけんね。鹿犬は追い鳴きをよしとしとう。鳴き声で鹿の場所が分かったけんね。

追い山する猪犬は追い鳴きせんががよかった。猪は犬に鳴いて来られると逃げ足が速い。猪を本当に止めるがは、猪に近寄ってから猪を本気に怒らせる鳴き方をした犬やっと。がいな犬よりは人なつっこい、甘えるような犬にええ猪犬が出来た。そういう犬なら一匹犬でよかっと。

III　もろもろの獣の話

一　猿

1　猿の昔

(1)　猿の暮らし

①　餌袋をふくらかして寝場へいぬる

山に雑木がある間は猿は里に出んかった。戦後も、山に椎の実、樫の実がある間はなろいとこには来んかっと。

山で晩方猿に会うと、餌袋《えぶくろ》（両方の頬）をプーッとふくらかし（膨らまし）て山の寝場へいにに（帰り）よった。餌袋のもんは夜食うたり、朝食うたりしよっと。

寝場は、山の奥でもなろでも岩の上や小羊歯《こしだ》の中で、座って寝よった。岩のポコッと出たとこは、雨が降った時に岩陰に入れてよかっと。木の上の股でも寝る。木の股のとこで頭をもたせて寝よるがは、眠り込んで落ちそうになっても落ちはせん。

② ボス猿は高いとこから見よる

昔からこの奥には、猿の群れが十四群れから、二十四群れ、三十四の群れと三つも四つもある。交尾するがに掛かるえらい（強い）猿のおるとこが十四群れで、雄の弱いとこがようけの数で回りよる。いろいろあるねえ。太い群れには、こまい若い猿が一緒に行動しよるが、大けな雄がおるけん交尾さしてもらえんがよ。

大けな猿のことを昔からボス猿と言いよる。ボス猿はいちばん高いとこへ上がって、雌を取られんかと見よる。視力がうんとええけん、三里先の柿の実でも見るが。手をかざさんづくに（かざさないで）見えるものとみえる。

③ ボス猿の統治はようしたもんぢゃ

ボス猿が二声《ふたこえ》鳴きぢゃいうてホーイホーイと言うたり、三声鳴きぢゃいうて三回ホーイホーイホーイと言うたら、それを聞き分けて、今度は群れの方でホーイと言うたりギャアギャア言うたりして、逃げるなり隠れるなりする。二声鳴きも三声鳴きも友を呼ぶがぢゃね。いつでも呼びよる。

逃げる猿はギャアギャア言うて逃げる。母猿は子を背中に負うたり、腹へぶらくっ（ぶら下げ）たりして飛びよる。あるとこまで逃げたら、振り返って猟師の方を見たりする。ようしたものよ、ボスの言う通りに動くけん。

谷間《たにあい》で、ホーホーホーホー言うて食《は》みよる。それをボス猿が見守りよって、危険があったらホーイホーイと言う。あれほど大けな群れがボスの言う通りにしよるけん、よう統治したもんぢゃ。あれらも辛抱しようあえ。いろいろ気を付けていきよる。

ボスの次ぐらいの奴が先導したり偵察したりしよる。ボスは木の高いとこへおって、他のもんを逃がしてしまわにゃ自分は行動せん。そりゃ、ようしたもんぢゃ。

④ 大群れ

黒尊《くろそん》の奥の赤滝《あかだき》には大群れがあっと。人や犬が近づけん崖よ。岩松らふといこと（たくさん）生えちょるけんど、ロープを木へ括り付けてそのロープを持って下がらんといかんようなとこよ。宇和島に寄った方の愛媛県側に鬼ガ城山らにも大群れがあっと。山下亀三郎の山よ。餌をたんねて出てくるが、大群れのがは餌も暫時（見る間に）なしになるけんねえ。

⑤ 毛ざれひひ猿

ひひ猿はここらにゃおらん。よそへ行かにゃおらん、もううんと古い猿のことぢゃ。山口県から広島県、岡山県の方へ行たらおらあ。もう年功くうた（歳月を経た）何かに知って賢うなった古い猿よ。毛色がうんとされ（さらされ）ちょら。日光や雨風にさらされて毛ざれがしちょら。わしらがにの（蓑）着たのと一緒よ。さながらボス猿みたいになって、離れて一匹で行動しよら。もう目もようけ見えんようになって、離れて一匹で行動しよる。

●「（猿は）ココブ（ムベ）を取って一口噛んぢゃ放り、そこら中に青いココブを放っちょった。もう一時待ったら熟れるに……」

ここらにおって太いがはしれちょる（大したことはない）けん、あんまりひひ猿ぢゃとは言わらったが。こっちにおるがはひひ猿みたいな太い雄《おん》猿よ。ボス猿よ。がいにもある。人間にも向いてくる。それをひひ猿と言わにゃしようないわ。（ひひ猿はいない。強いて言えばボス猿があてはまるということ）

ひひいうたら、人間も怖いような仕種をするね。猿の中の、太い、荒い雄猿で、人間でもこんまい人には悪さもする。普通の日本猿みたいに弱い気を起こさんづくに、やっぱり（いつも）えらい気でおる。ひひ猿というのは太うて、古いけん度胸もある。罠に掛かって人間が近寄ってもあんまり逃げん。そんで、ワイヤつらまえ（つかまえ）ちょって鉈で叩き殺さあ。頭が太いけんね。（ボスの猿とよけ違いはないわ。）

⑥　猿の日常生活——いつも呼び交わす

猿は朝が早い。夜明け前にホーイホーイと鳴きよるがを聞いたことがある。夜明けには出てくる。それぞれギャアギャアとかホーイホーイとか言うてまわって、おるとこを知らせて歩きよら。それで、ボスには全部来よるか来よらんか分かりよる。

糞は出掛ける前にしたり、途中でしたりするが、いながら（そのまま）にして隠したりはせん。

水は谷端を通るけん勝手に飲まあ。猿は水に濡れることも嫌わんけん小谷も渡る。けんど大川は渡らん。

朝、腹いっぱいほうだら（食んだら）ホーイホーイ言うて集まって、座ってキャアキャア言うて毛繕いしたり寝たりする。毛繕いは毛穴の汗の固まりを食うもんぢゃ。遊びよる時は、ホーホーホーホー言うて友を呼びよる。

ボスは高い木の上で、群れが下で食みよるがを見張りしよるけんど、間《あい》に回って餌を食べる。時に、こんまい奴をギャアギャア鳴かしよらえ。捕まえられたらはや（すぐ）ギャアギャア騒々しく鳴く。山の谷間《たにあい》で、口へくわえちょる餌を引っ張り出されよるがよ。猿は谷間をよけ食みよるね。

⑦　猿の食事――秋には丸々太って赤うにつやつや

秋には山ブドウ、アケビ、ココブ（ムベ）、柿、樫、栗らあの好物がある。熟れた時分に回って行ってうんと食う。ひとせ（ある時）国有林へ入った時、ココブを取って一口噛んぢゃ放り、放りして、そこら中に青いココブを放っちょった。もう一時待ったら熟れるに、馬鹿なもんぢゃよ。ココブはアケビみたいなもんでうんとなるが、冬にならんと熟れん。ここらの小山ぢゃ一月末には熟れるが、大山のがはもっと遅いがよ。

椎や樫や栗でもがうんとなっちょる時分には、たるばあ（飽きるほど）食うたら、口のよこしの餌袋をいっぱいにふくらかして、キャアキャア言うていによる。餌袋に詰めたがは、手で押し出して食べと。秋には猿が丸々と太って顔も赤ぅにつやつやとする。

栗の毬《いが》は、口で割って皮を剝いだ。渋皮もきれいに剝いで出しと。人間よりまっと（もっと）きれいにして食う。

冬になったら、木の冬芽や昆虫らも食べる。石をうんと起こして、下に籠《こ》もっちょるいろいろな昆虫を食べと。

春先にはフキノトウも食べる。幼虫なんかはたいてぇ食べと。やがて、野苺も出来る。

夏になったら何かの葉を食いよるけん、虫がおったら太いもんでも喜んで食べるね。餌をぼうて（奪い合って）取っ組み合いしよることがある。太い虫でも取った時にぼうて、取られる方がギャーギャー言いよら。猿の喧嘩は声聞くばあ（だけ）のことよ。

大群れが来たら、谷間ではやっぱりギャアギャア言いよる。餌を取り上げるがやね。谷で年間通してあかいこ（赤蟹）を食べるけん、手で石を起こして行きよる。あかいこは猪も鳥らも食べる。塩分があるもんぢゃね。川エビやこい（など）は食べるようにない。

⑧　猿の害――稲は猪よりもっとわりい

里へ桑苺《くわいちご》（桑桃ともいう桑の実）やビワを食べに来ることはあっと。けんど、雑木がある間は里へは出んかった。杉がこまい間は雑木もあり、虫もおり、木の実もあった。植林して二十年すると餌がないようになるけん、ああいうもんが里へ出てくるようになった。猪であれ、猿、狸であれ、人間と同じような物を食うもんぢゃけん。

なろへ来て籾や他の作物を荒らすことがある。稲は猪よりもっとわりいことをした。特に雨が降ったら、足がうるさい（濡れて嫌な）もんぢゃけん、稲を踏みくしゃにして（踏みつけて）、穂をこいて（むしり取って）食うて、ひとせ（一時期）お宮の向こうでは稲を作れんようになって、ことうた（参った）。稲を食う時には駆除したね。わしゃ、何日も鉄砲下げて守《もり》に行たことがある。猪追いのような猿追いは昔も今もあんまりせん。

豆類も食べたね。大概のもんを食べる。椎茸やこいは食べるが、松茸は食べん。夏には桑苺やビワを食べに来る。わしの屋地《やぢ》に大けな桑の木があるけん、二、三月ごろそれぃ来て食う。それから、わしがやづま（家の背後）の辺りに接《つ》いぢょる栗を食いに来て何ちゃ残さん。栗毬《くりいが》の固いがを毬ごし口でくわえちゃ、口で剝いで実を出して食べる。

⑨　猿は自分の傷をうんと気にする

猿は顔を洗うもんぢゃね。川でも顔を洗う。朝でも昼でも、目に蜘蛛の巣が掛かったような時らあには、洗いよるがね。

猿は自分の傷をうんと気にする。傷口のかさぶたを取ったり傷どこ（傷の箇所）をなめたりして、傷をうんとせつく（いじる）。猿は自分の傷をなめて治すもんぢゃ言うけんど、なめたら傷がいちばいふとる（大きくなる）がよ。

猿が傷して鳴くがが、子どもの泣き声に似いちょる。顔色の変化があって、おごっ（怒っ）た時には真っ赤になる。黒いような色になる時もある。

⑩　盛りと出産

前は、猿を飼いよったけん分かるが、盛りは五月とは限らん。猿は毎年子を産むが、何年目から子を産むか、何匹子を産むかは確かめちょらん。

(2)　猿を撃つ

①　ボスが撃ちよい

猿は見えたがを撃つ。目にかかったら撃つがよ。そんでボスを撃つことが多かった。ボスは枝のない木の高いとこへ止まっちょるけん撃ちよかった。それに他の猿を逃がしてしまわんと逃げんがやけん、いつでも撃てる。ボスを捕ったら、その次の奴が群れをこさえる。群れにはそんな年取った奴がようけおるけん。ときどきに交代していかあ。

②　雲を透かしに見える

猟師が行たら、隠れてどこへ行たやら分からんようになるけんど、わしの通った後へ出てきて石の間からのぞきよるもんは多いもんよ。あるとこまで逃げたら振り返って見る猿もおったね。

木の股の間で隠れちょるがもある。しば（木の枝）を頭の方へかき寄せてじっと隠れちょっても、あいつらの知恵ぢゃ。分からんとおるかえ（分かってしまう）。雲を透かしに見えるけんね。ああ、あそこへおると分かる。

猿は人真似するいうが、そんなことはない。人に接することを嫌うがやけん。人や犬に石を投げるぢゃいうこともない。

山ぢゃ折節、猿が死んで頭が白骨《しらこつ》になっちょるがをみたことがある。猿は仲間の死体の上へ草を載せるぢゃいうこともあるらしいね。

③　ポッタリとポタッ

あいと（あいつ）は、太い弾で撃ったらどこを撃ったち死によいけんね。見えたとこを撃たあ。撃つ弾の大きさは鉄砲によるが、十六番なり二十番なり二十五番、二十八番、三十番なりを使うた。散弾なら、一番から六番まであって太い数字ほどこまかった。たいてぇ四番ぐらいで撃っと。四番ぐらいでないと死なん。

撃ってから、木の枝をつらまえてしばらくプランプランぶらくり（ぶら下がり）よってポッタリ落ちるがは、弾が当たっちょるが。そのうちに落ちてくる。

撃ってからポタッと落ちたり、ポーンと向こうへ飛んだりするがは当たっちょらんが。

④　椿の猿と長持ち岩の猿

いっさん（一度）罠を見に行って、営林署の者らが谷縁へ大根を作っちょったとこへ通りかかったら、ふといこと（多数）の猿が出てきて食いよる。そんで、向こうひら（側）の道からそらぃ上がって猿の帰りを待ちよった。

最初に一匹が、たるばあ食うたもんよ、ホーラ、ホーラ言うて上がってきて、自分の座りよるにきの椿の木に座りよる。下から来るまでに撃っちょっかんと、下から来るがを撃ったらこいつに逃げら

●「腰をくびられちょるけん、木へもくい付きよるが」(右)

●「猿はくびっちょってびんた張ったらこもうなるけん、捕りよいこと。その猿は許可取ってしばらく飼いよっと」(田辺竹治翁提供)

れると思うて撃ち落としたら、ポッタリ落ちた。雌《めん》の中猿《ちゅうざる》やった。

その銃声を聞いて、下からファーファァー、ファーファァー言うて上がって来た。見よったら、向こうの長持ちみたいな岩の上をこんまいがチョロチョロチョロッと走った。また来《く》りゃすまいかと思うて見よったら、今度りゃ大けながポイッと上がってツルツルーッと走った。撃ったら向こうぃポタッとこけ(落ち)た。ちゃんと(しまった)当たらったよと思うたが、まあひょっとということがあるけん思うて行てみたら、ざまな(大きな)ボス猿やっとう。あんまり(ひどく)ええとこへ当たったものよ。ポタッとこけたがねえ。猿は長持ち岩みたいな高いとこへ上がりたがるね。

そこは営林署の管轄やけん、撃たれんとこかもしれん思うて、宿からかまぎ(かます)いうて、みしろ(筵《むしろ》)を袋に縫うたもんをもろうて、それに入れて自転車に積んでもんてきた。

⑤ 猪の罠に掛かる

わしは昔からの猟師で人のためになる有害鳥獣駆除をうんと

やっちょるけん、猿の捕獲許可が下りと。幡多事務所の猟の先槍みたいなもんぢゃった。林業課が罠おせえ（教え）てくり言うけん、西土佐へも行た。海岸通りへも行た。

猿も猪もハシリ（獣道）は同じよ。猿も下のハシリを通って樫や椎の実を食べよったけん、樹木の透いたとこのハシリに罠を掛けちょったら、群れの猿だろうが外《はず》れ猿（離れ猿）だろうがなんぼでも捕れと。

猿は普通の歩き方で通りよって、カタワサにくびったり、首をくびったりしちょった。カタワサにくびっても死ぬる。古い猿ほどやで（腕）が長いもんぢゃけん、猪罠の蹴糸の高さでうんなし（同じ）ように胴をくびらあ。こまいがは手をくびったり、手を一本抜かして脇の下を袈裟（袈裟懸け）にくびっちょる。

ある年、林業課が、猿が椎茸食いに来るけん捕ってくり言うけん、捕ったが。腰をくびられちょるけん、木へもくい（巻き）付きよるが。

猿はくびっちょってびんた張ったらこもうなる（小さくなる。萎縮する）けん、捕りよいこと。兵隊のびんたは、わしゃ自分にもやられるがが嫌ぢゃけん、人にもやららった。

その猿は許可取ってしばらく飼いよっと。

⑥　中の猿が犬をてがう

犬には、猿を追い上げて下からうんと吠えるがと、追い鳴きして吠えるがとあった。けんど、猪のように吠え止めることはできらっと。

●「〝猿の手や足を馬小屋に吊っちょったら、馬が怪我せん〟と昔の人が言いよった」午年の新年のあいさつに使われていた絵馬の猿と馬

犬が下からうんと吠えよると、猿がてごうて（からかって）、木の枝をたわめてぶら下がって来て、犬の嘴（口の端）まで下りてくる奴がおらあえ。あいつらは木のうら（先）をまわる方が早いがやけん。

人が弱い奴をてがう（からかう）みたいなね。そういうことは、群れが下の方におる時に、犬が地から届くかと思うような時ぢゃないとせんが。ボス猿ぢゃない、中の猿が来るねえ。

猿があんまり近まで来たら、犬も逃げたり、やけにガンガン吠えたりする。どうしてかは知らんが、犬は猿に食いつかん。

犬が行く時は、ボスの命令で群れが移動しよるがやけん、そっち向いて追い鳴きして行かあ。あいつらは、木のうらをとうで（飛んで）行く方が、下を回るより、地を歩くよりもっとさどい（敏捷な）けん。

(3)　猿が好きな人もおった

猿はうまいもんぢゃ言うけんど、そんなことはない。そんなにうまかったら、みんなが撃って捕っと。迷信な人はあんなもの食わらった。

猿は皮を剝いで煮いて食べた。古いがはちいとかたいけんど、猿が好きな人もおった。独特な味で、おいしゅうてびっしり（いつも）食いたいようなもんぢゃないけんど、猟のできん（猪や鹿を捕れん）ような人が食べとうね。

猿の生き肝を食うぢゃいうことはあるもんぢゃない。

猿を山で捕って持ち帰るがに荷になったら、頭ばあ取って、後はいなり（そのまま）山へ放ってもんて（戻って）来た。今りゃ猿は捕らん。

(4)　猿の手足は馬のお守り

「猿の手や足を馬小屋に吊っちょったら、馬が怪我せん、過ちをせんお守になる」と昔の人が言いよった。どうしてやら知らんが、昔からそういうて牛馬の出るとこ（出入口）のそらぃオン（雄）でもメン（雌）でもかまん、猿の手を吊りよっと。牛も馬も一緒のだや（小屋）に入れちょったがよ。

朝、馬を引き出す時、「猿、猿、猿」と三べん言うて引き出したら、その日の馬の難が流れて馬の大難が除かれると言うたね。

わしらは山の中ぢゃち（でも）猿は猿と言うたが、商売人は朝「さる」ということばを使うがを嫌うて、「木の上のとんとさん」と呼んだりしよっと。

猿の毛皮は使わん。綿毛のない猪と猿とは毛皮を少しも使用せん。

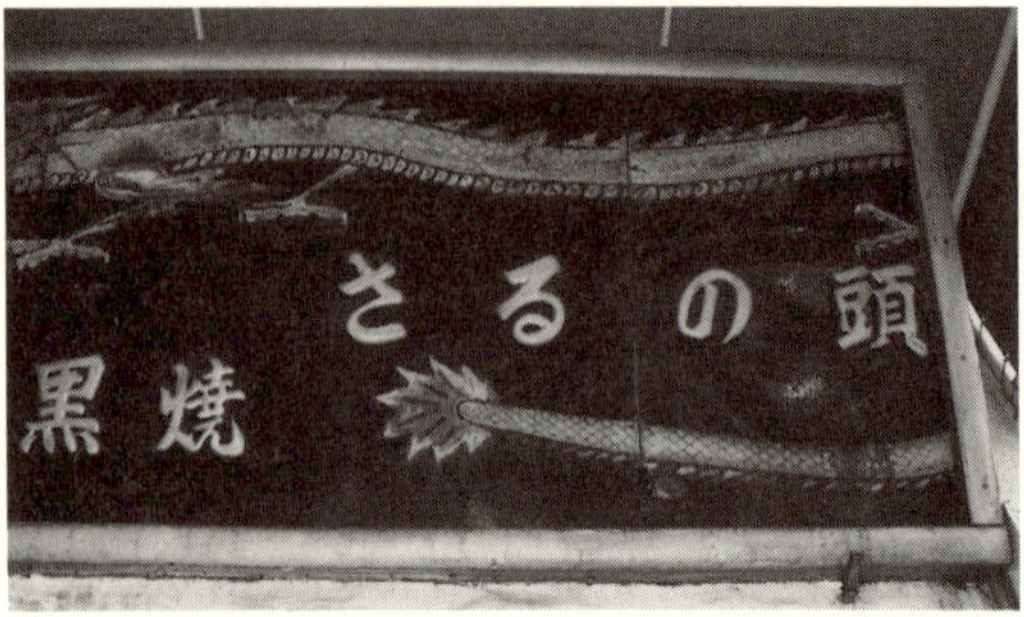

●かつて松山市内で見かけた薬屋の看板

(5) 猿を撃つことを嫌う

昔の人が人間の先祖は猿ぢゃ、そんで猿知恵いうて知恵もうんとあると言いよっと。昔の人で、猿を殺したら祟るという人もおった。

猿を専門に捕る猟師はおらん。大体猿を好んで捕る人はなかっと。古い猟師には、猿を鉄砲で撃ってまわることを嫌う人はよけおったね。わしは離れ猿ぢゃろうが、子を孕《はら》んぢょる子持ちの猿ぢゃろうが気にせんかった。わしは捕らんもんがないほど捕っちょる。何でも捕るけん。

ある家に、猿を捕って生きちょるがを叩き殺したいうて猿に似いた子が出来たと言われよっと。あんまりおらんが、そういうことを言うて猿を捕らん人がおった。わしはそんなことは関係なかっと。

昔はいろいろあった言うた。身持ち猿は撃つものでないと、昔の人が言いよった。心とがめる人には、子持ちの猿は拝みよるようにも、また泣きよるようにも見えつろうね。手を合わせるように見えるぢゃ言うて、そんなことはない。腹をなぜてみ

●勝間の集落の田に出没して稲を荒らす猿を追い出すために待機している田辺翁（一九九五年）

せるぢゃ、そんなこともない。嘘ぢゃ。

わしらになっては、拝みよるようなことも泣きよるようなこともなかった。好んで捕る人はわしばあやった。親を撃ったら、腹の子は死んだ。腹の子はこんまいものぢゃ。

なば（茸。椎茸など）食うたり荒らしたりしたら、「猿が作物を荒らす」言うて、林業組合が捕ってくり言うけん撃っと。

(6) 猿の薬

① 頭の黒焼きを三十も四十も

昔は血を清浄にするぢゃ、神経（ノイローゼ気味）が治るぢゃいうて、猿の黒焼きの注文が多かっとう。なんぼたんねて来つろう。ほんで、黒焼きを三十も、四十も作っとう。頭以外は捨てた。腹の子は黒焼きにはせん。

② ドゾウ焼キは血頭うずきにええ

猿の頭を土で包んで泥で餅にして、炭火の中へ入れて焼いたけん、ドゾウ焼キ言いよったのう。割れんようにかやし（引っ繰り返し）たり、割れそうになったらそこへ泥を詰めたりして焼いとう。黒光りするように、黒うにぎんぎん光りよるように何日もかかって焼いた。焼き上がりが白うなったりして、黒光りに光らんがは効かんかった。

黒光りする頭を木の棒でついたら、シャリシャリした光った粉になりよった。それをオブラートに包んで飲みよっと。飲む量は人によって、一日に杯一杯の人も半分の人もおった。

毎日のう（具合）が悪いぢゃいう人は、頭一つ分丸々飲んだらきれいに治りよった。のうの悪い中風系の人にはよう効いとう。血患いする人にはお医者さんの薬より効いてはよう治ったけん、皆も欲しがりよって、高うても買うたがよ。

女の産後の血頭で、毎日毎日頭が痛いひきあがり（産後）のわりいような人に飲ませたら端的ぢゃったねえ。男の人でもびっしり頭の痛い、頭に血が固まった血頭うずきにええ言いよった。

薬屋の売りよるがは湿気が来んように桐箱に入れちょったけんど、カンカン（ブリキ缶）で焼くがやけん、わしら焼いたように泥で包んで焼いちょらんけん白うなっちょるとこがあっていかん。白うに焼いたらなんぼ飲うだち効かんかった。わしは実際に飲ませてやってきちょるけん、そういうことがよう分かっちょる。

桐箱に入っちょるがは三万なり五万なりしよらあ。わしら売るがは一万なりせいぜい二万ぢゃけん、焼いて売ったち合うもんぢゃあない。薪がなんぼいるやら分からんけん。炭の粉をくべて焼かんといかんけん。

猿の黒焼き以外には、イ（胆嚢）やこい（など）薬にしたことはない。

●「二十年ばあ前、山口県で真っ白い狸が捕れたけん」（田辺竹治翁提供）

③ 猿の肉を煎じて飲む

女の血患いの人や頭の痛い人は、猿の肉を煎じてのう（飲ん）だり、食べたりしたら治った。この辺りではわししか県の許可が下りんかったけん、猿の肉をたんねて来たり、塩した肉を頼まれたりした。汁（味噌汁）にしたり肉を食べたりしとう。

2 平成の猿

平成に入ってから猿が柿や稲を食いに来よる。植林した杉や檜がこまい間は雑木もあって実もなり虫もおったけんど、二十年もすると杉も檜も太って山に動物の餌がないようになった。

今りゃ、人家《ひとや》の屋根を伝うてここらへも来るけんど、あれも人家の端へ来たいことはあるまい。動物は猪や猿であれ、熊、狸であれ、人間と同じもんを食うもんぢゃけん、山に雑木の実がなくなると人里に出て来るようになっと。

山口県では梨を目指して来る。猿捕る罠を教えてくり言うけん、罠を教えてうんと捕っと。

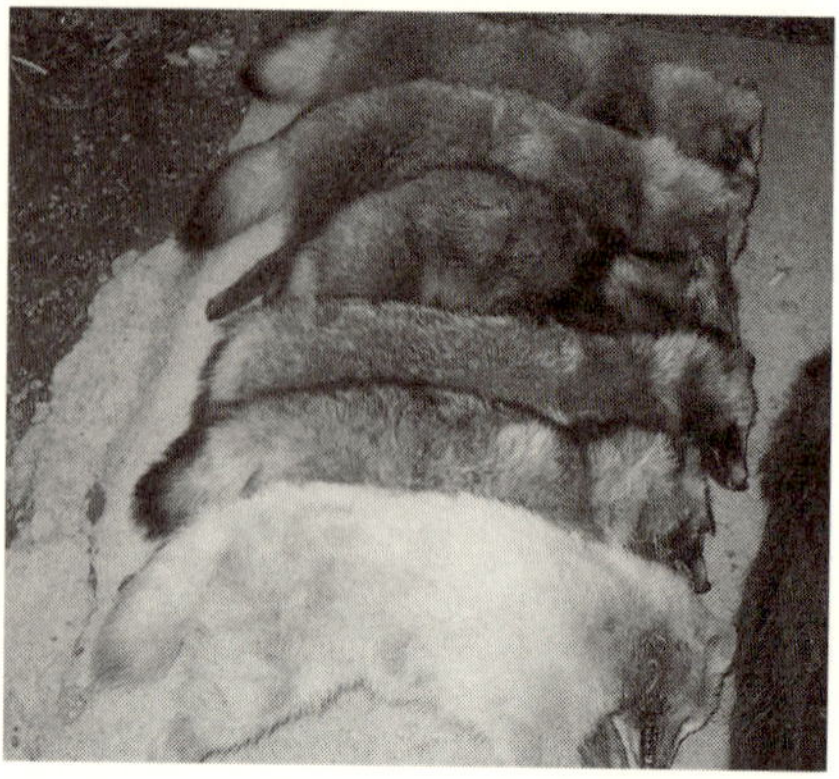

●「本狸は昔、なめしてショールになった。毛皮がソ連へ行きよった間は値がようて四、五千円した。今ぢゃ売れんけん捕らん」（田辺竹治翁提供）

近ごろの猿は手に合わん（手に余る）。人の通るとこはどこでも通る。この下の道路でも通りよるがねえ。家の中にまで入るもん。

なばを食うてしまう。他の動物と違うて、たるばあ食うたら、なばをほた（腐れ木）からなでこかす（落とす）けん困る。花火で追うたりもしよるがのう。

山のハシリぢゃ罠にかかるけんど、里に来るとじゃんとした（決まった）ハシリがないけん困る。里で鉄砲放すわけにもいかんけんのう。

二　狸とノイ、穴熊、狐

1　狸今昔

昔は、道やなろち（平地）で狸《たのき》を見ることはなかった。狸はうんと人おぢする（人を怖がる）もんで人家の端には来んかっと。

今りゃ人家の床の下へ入ったりするが、そりゃ横着ながぢゃない。ひだりい（ひもじい）がよ。山に植林して人家の端に来るようになって、うんとおる。わしらの戸口にも来るぜ。狸をホンタノ（本狸）というがは、狸にちょっと似いちょるノイいうもんがおるけんよ。

二十年ばあ前、山口県で真っ白い狸が捕れたけん、竹村火薬店へやった。

(1) 狸に化かされて山のその奥へ

昔は、化かされるいうて狸を恐れちょっと。

この村でも男が化かされることがあった。きれいな姉さんの姿になったりやこいして化けて出て「こっちへ来い、こっちへ来い。こっちへ行くと近いぞ」と言われちょるように思うて、山のその奥へ引っ張りこまれとう。

狸のような夜行性のもんの目は、夜は電池のようにピカーッとあかっちょる（明るくなっている）。目の光で幻灯のように幻を映して見せるがよ。目から光を出して、他のもんを人のように見せる訳よ。けんど、実際に化かされたかどうかのう。主《ぬし》（自分自身）が化けるのぢゃないか。主がここは寂しいとこぢゃ何か出やせんかと思うけん、草履の蹴上げの（草履の後ろが何かを跳ね上げる）音にもおぢる（恐れる）がよ。わしゃ、何か音がしたら見に行く人間やった。狐も狸も化かす力があるかえ。

(2) ショールになる

本狸《ほんたの》は昔、なめしてショールになった。毛皮がソ連へ行きよった間は値がようて四、五千円した。なんぼでも売れよったけんど、ソ連が潰れて売れんようになった。今まで捕った数は百や二百ぢゃない。何百も捕っとう。今ぢゃ売れんけん捕らん。

狸は皮を剥いで、割り竹で皮の脂をこさいで、板にうった付け（張り付け）て干してから出荷した。狸の皮は脂を抜くと皮がやおう（柔らかく）なって尻皮にはようなかった。そんで、わしら段ボールらの厚紙を芯に入れて包んで縁を縫うて尻皮にこしらえたね。

2 狸の習性

(1) 狸はおこぼれを食う

狸は鳥を好んで食べた。皮がないけん食べよかったのやろう。罠の撥ね木が短いと、罠に掛かっちょる兎でも山鳥でも狸に食われたりしとう。

狸はおこぼれを食うけんねえ。何でも食う。罠に掛かった猪の子から鹿は、一晩の間に食われてしまうこともある。鹿は食いよいけんねえ。一匹が食べだしたら山中かざり（匂い）だすけん、匂いによって山回りしよるが何匹も集まる。狸や狐や犬ぢゃいうもんは、相当遠いとこからでもかざって来るけん、何匹も来て食いよらあ。餌をぼう（奪い合う）て互いに喧嘩して、狸や狐が殺されちょることもある。

五、六匹から十四の大群れぢゃと、太い猪でも暫時（またたく間に）食う。はらわたから食う。腹がいちばん食いよいと見える。他の獣でも腹から食う。臓物を好いちょる。その次に、肋《あばら》を食う。足は残っちょる場合が多い。まだ食い足りんと、食いよる奴を食う。食い合いして狐や狸が死んぢょることがある。共食いはあんまり食わんが、食い殺しちょら。弱肉強食よね。

(2) 犬越しで犬を防ぐ知恵

狸はシダの中や岩の下や、赤土を深うに掘った穴の中で寝るもんやった。穴のずっと奥で子を育てよる。穴には犬越しいうて犬がよう来んせもう（狭く）なったとこをこしらえちょる。そんなことよう考えたものよ。犬の中には犬越しでよう出んようになって死ぬるものもあるけん、そういう時ははよ行て掘らったらいかん。

狸を捕るには、抜け穴をふさいぢょいて芥子《からし》を入れてふすべ（燻し）たら、コンコン、クンクンクンクンいうて出てくる。あんまり芥子がきついと、穴の中で死んぢょることもあっと。導火線がいちばんよかった。穴の奥まで差し込んで使うと失敗することがなかっとう。

昔、毛皮が売れるころはハサミ（バネの力で足などをはさむ罠）で狸を捕るに、そいと（そいつ）の肉をつこうて捕ったね。匂うけんね、匂うもんをやっちょかんと、そのにきを通りよったち知らんけん。それに猪の肉はもったいないけん。

狸道があって、川柳に「わが道を通って掛かる狸罠」とあるように、ハサミによう掛かっと。人の

●「ノイは毛がすくのうて尻皮にいちばんよかった。皮がかとうて毛が荒うて雨も吸わんけん、どこへ座ってもきれいなことよ」（翁の尻皮）

道もよう通ったね。なし（なぜ）ハサミ掛けるかいうたら、ハサミは甲種免状に入っちょる。今でも甲種免状でハサミ掛けたちかまんぜ。

(3)　ハッシ玉

昔は、食うたら破裂するハッシ玉を使うて狸やこいを捕った。ハッシ玉は火薬の中へ肉を混ぜちょったが。作る時相当用心せんと人間に危険なけん、わしら使わらった。あろうに混ぜたら人間にも発するけんのう。

餌は何でもよかったけんど、嗅覚が効くけんよっぽどええもんぢゃないと食わんかっと。わしの罠の師匠の竹内東次郎らがしよっと。

うまく狸が食うて破裂して上顎と下顎が外れても、その場で死なんづくに逃げて、後からよう見つけんがもあっと。

3　狸の脂と肉

狸の油は風邪薬やった。味噌汁を椀についぢょって、狸の油を一ぽっちり（一滴）落としこう（込ん）だら風邪が治っと。また、ようけ飲めるもんぢゃない。

狸の脂は皮へだ（皮の内側）にずうっと付いちょる。その脂を生のまま瓶に入れて保存した。脂類は生でも腐らんもんやっと。昔はカプセルぢゃいう効く薬がなかったけん、動物の脂で応急手当をしよった。

狸や狐の肉はわしらくそうてよう食わんが、うまい言うて食う人があるが。山口県には食う人がおる。当時の猟友会長もびっしり食うけん、ようけ捕って食わしと。土へ埋めちょったら、くそうないようになるという人もある。いろいろ工夫して食べとう。

火傷には馬の脂がいちばん効いとう。火傷は馬の大骨の間にある髄をつけたら治るけん、屠殺場に知り合いがおったけん馬の髄を分けてもろうちょった。火傷した人がおったら分けてやりよった。

4　ノイ

(1)　ノイは尻皮によい

ノイは毛がすくのうて防寒具にはならんが、尻皮にいちばんよかった。皮がかとうて毛が荒うて雨も吸わんけん、どこへ座ってもきれいなことよ。少々の水ははじくけん、雨降りの時も敷いた。杣《そま》する人や日傭《ひよう》らがよう使いよっとう。昔は山へすら（山の傾斜面に敷いた丸太）敷いて木を運んだけん、そういう時はどこにでも座らんといかんけん、日傭はみなノイの尻皮を腰に吊っちょっと。狸の尻皮は毛がやおうて雨も吸いやすかった。

(2) ノイの生態

① 狸に似いて猪にも近い

素人は山でもノイを猪の子と間違う人があっと。ノイは狸と同じ大きさで、狸に似いちょるいうても、いろいろとちごうちょら。猪にも近かったけん、ノイ（野猪）というがぢゃねえ。鼻がとぎって猪の面《つら》みたいな顔をしちょった。毛も狸とちごうて黄な色をしちょった。年を取って灰色になる毛を灰毛《はいげ》と言わあ。灰はかまどで焚いた灰のことよ。

② ノイの食生活

狸は木の実を食べるけんど、ノイは地を掘って木や草の根からミミズからカンタロー、地の底へこもっちょる虫らを掘り出して食べら。

ノイも木にも登るけんど、狸ほどは高いとこには登らん。

ノイは悪さする。田も畑も猪みたいに掘らえ。猪はきれいに突いて行て、山芋でも葛でもあったらそこを徹底的に掘る。ノイも猪とよけ変わらん硬い鼻で突いて行くけんど、とこどころチョク（杯）の周りばあずつ丸こうに掘らえ。餌を見つけたら掘るがぢゃろうと思うが。

③ 冬眠して春先に穴から出る

ノイは冬はうんと肥えてから冬眠しよった。寝巣も本狸《ほんたの》とは全然ちごうて、岩の下の穴を探して寝巣にしちょる。穴を掘っても、そんなに深い穴は掘らんもんぢゃっとう。春先になったら穴から出る。ノイはほとんど罠で捕った。山には炭焼きらが木をかたいだり、炭をにのうてもんたりした古道《ふるみち》がある。そんな古道をうんと通る習性があるもんぢゃけん、春先の二月、三月ごろそんなとこへ罠を掛けちょいたら間違いなかっと。ノイは狸ほどくそうないけん食べる人がある。

＊ノイ——四国の西部でいう獣の名で、愛媛県南宇和郡目黒村では、狸に似ていて、狸より値が安いという。
（『改訂綜合日本民俗語彙』）

5 穴熊

人家へ近いとこへおる。狸に似たようなものよ。狸系統よ。みんな犬越しを作っちょる。太いがで四キロか五キロぐらいぢゃのう。

手も何も熊と一緒よ。普通の熊みたいに、喉の方から胸にかけて平たい。手も熊の手みたいな平たい手をしちょる。毛も熊の毛みたいな黒い毛をしちょる。年を取るにしたがって、灰毛いうて灰色になってくる。年取って毛が熟れてくるがよ。ノイと一緒ぢゃけん尻皮にしたね。

普通の熊はシダの中か木のうろ（空洞。うとともいう）に寝るけんど、土の穴に犬越しを作って寝よる。ひやい時は土の穴に籠もって冬眠すらあ。二月、三月になったら出てまわる。春先になったら、

●「熊は三、四十ばあ捕ったろうか。広島の奥へ行て月ノ輪熊をようけ捕った。三十貫ばあの月ノ輪熊を捕ったぜ」（田辺竹治翁提供）

この向こうの道の端を掘っちょることがある。ノイや猪の子や言うけん行てみたら穴熊ぢゃっと。素人が見ると、ノイや猪の子と思うことがある。

浅い穴におることがあって、犬がくわえ出して来ることがある。ちょっこり（ちょっと）入っちょる仮の宿よ。本当の自分の子を育てるような穴ぢゃないがよ。

穴熊は食べる人が多いのう。おいしい言うけんど、わしは肉類でも雑物《ざつもの》はあんまり食べん。

6　狐は少数派

(1)　狐の襟巻き

狐は藪の方から山へかけておった。倒木のうろや岩の間に穴を掘って家族とおった。餌は木の実を主としていたね。狐は道路を通ってまわりよって、人家で鶏を襲うて食う。

罠に掛かった猪らを食うことは狸と同じこと。から（体）が太いけん狸より強いぢゃろ。罠でもハサミでも捕った。ようけ掛かって、毛皮の商売人に頼んでその職の人に出してもろうて襟巻きにした。一万円でじゃんと（きれいに）こしらえてくれと。身は臭いけん食わん。

ここらには、狸が多うて狐は種《たね》が少ない。狐の親が少ないということよ。

(2) 鹿の肉や柿の木に付く

捕った鹿を山に転ばしちょってそれを餌にしてハサミをかけて捕ったけんど、こっちでは十匹も捕ったろうか。こっちは狐があんまりおらっと。

山口県にはなんぼでもおっとう。野に柿の木が多うて、狐がその柿の木に付いちょった。一本の大きな柿の木に付いちょった狐を何匹も捕ったことがある。

下関に寄った方には鹿もおったが、鹿は口が開いちょららった（禁猟や）けん、鹿を転ばしちょいて罠、ハサミで捕ることはできらった。

三 熊

1 月ノ輪熊

熊は広島県、山口県で三、四十ばあ捕ったろうか。広島の奥へ行て月ノ輪熊をようけ捕った。太いがは多いものよ。三十貫ばあの月ノ輪熊を捕ったぜ。山口県で熊を捕った年には、罠に掛かっちょったがを鉄砲で七、八匹撃っと。

罠でくびれちょったが。この熊は太かったぜ。罠で手をくびられちょったち仕事はきくけん、もう辺りの木を噛んで折ってしもうちょら。杉でも檜の枝でも雑木でも折り集めて山のように積んで、そいとの中ぃ入って目を光らかいて（ぴかぴか光らせて）座りよら。そんぢゃけん、広島県、山口県では鉄砲持っちょらにゃいかん。

この熊は、鵜の江の人に十万円で売ったら、その人は剥製にさすのに三十万円かかった、と。それを今度、蘭《らん》に替えと。白い蘭の流行った時よ。

2 蟻熊（犬熊）

(1) 月ノ輪熊より獰猛な蟻熊

月ノ輪熊はこっちにはおらん。こっちにおるがは蟻熊で、犬のような面をしちょったけん犬熊ともいうがよ。月ノ輪熊より獰猛《どうもう》で、人間にでもむしりかかって（つかみかかって）くるがぜ。気性があろうてなかなか捕れんかっと。罠に掛かった猪を熊が食べちょることもあった。地へ残っちょる爪の跡で分かった。六、七歳になったら百キロばあのものは多いものよ。そんでも、十二、三匹は捕ったやろ。わしばあ何でも捕ったもんはなかろう。手当り次第ぢゃけん。

●「テンはテンの罠で捕らんといかん。動けんようにしちょかんと、ショールにするに傷が付く」（真ん中の二匹がキイテン、右上方は白い狸、手前は狸。田辺竹治翁提供）

高知県の方から雇われて、猪と熊を罠で捕獲をしながら、猟師に罠の指導もしとう。西土佐村の黒尊《くろそん》へ行って熊狩りをした。特に、植林した杉、檜の皮を剥ぐ蟻熊の駆除が中心やった。

昔は、県が一匹五十円で買い上げとう。熊の右手一本が五十円やった。昔の五十円はうんとふとかった（大きかった。値打ちがあった）。昔の五十円と銅貨の二銭とはふとかっと。

(2)　熊はぎの山

春先檜がつわって（新芽が出て樹液がにじみ出て）くると、皮へだ（皮と胴の間）へ白い、新しいやわらかい実（養分）ができらあえ。（それを新皮と言いよったね。人間でいうたら子が出来るも同じよ。）それがひっついて木が太っていくがやけん。蟻熊はそれもうんとなめる。カブト虫らがなめる樹液よ。そこに山の蟻がたかって黒うなるばあ付いちょる。蟻熊は、それをねぶる（なめる）がよ。そのために木の皮を剥いど。蟻熊のことを、蟻食いとも言いよった。

木の元の皮をくわえちょってシャーッと剥ぐと、五メートルから十メートルくらいそら（上）まで剥げる。檜がつわった五、六月にいちばん剥いだね。するとそこに蟻が付いて、その蟻を蟻熊が来てなめて行かあ。けんど、木はそこから腐ってしまうがよ。杉もやるけんど檜を主にやるのう。

前は、熊剥ぎいう木がようけあった。もしその山に、二、三匹の蟻熊がおったら、一山剥いでしまいよっとう。剥がれた山のことは「熊剥ぎの山」と言うと。

(3) 熊狩りには四、五人の組で

熊というと、今でも遅れ（おじけづい）ちょらあ。熊はおとろしい（恐ろしい）ものとしちょったけんど、熊狩りには四、五人で組んで撃ちに行っとう。けんど、熊は怖いもんぢゃなかった。熊を捕っても特別に祭るぢゃいうことはせん。

熊は木のうろで冬眠しよった。木の実の付いたころ、九月から十月の椚《くぬぎ》や椎の実がなるころには昼間でもおる。山桃にも付いちょった。黒尊のような国有林の大山には栃の木がうんとあって、栃の実がうんとあって熊もおる。

檜の皮を剥ぎよるところに行きかかると、ジャーッ、ジャーッという音がした。そしたら、気づかれんようにじいっと（だんだんと、少しずつ）しのいで、谷間のようななるべく音のせんようなとこを歩いて行って、熊を見つけて撃っとう。萬太郎さんは熊狩りが上手やった。

犬熊の肉はおいしゅうない。油が多いけん赤身にして食うたけんど、狸みたいに臭かっとう。

（4） 柿を食べるがで人に害

ものを捕るには、何を食べよるか何を餌にしちょるか分からにゃいかん。熊は木の実も肉もどっちも好きぎゃね。樫の実がなったがは樫の実を食う。ケンポナシがなったがはケンポナシも食う。たいがいなものは何でも食う。

家の周りの柿も食べる。柿を食べるがが人に害を及ぼさ。人が追うけんね。熊も人が怖いけん、敵対するけんのう。熊も人間に害するようになったら駆除せんといかん。

熊は猟師らあにも逃げんけに撃ちよいのう。熊であろうが猪であろうが、人間になんぼ向いて来ようが、そんなことはわしゃ頓着せんけん。熊やち猪やち人間に掛かってくるもんほど捕りよいがやけん。えっころ度胸が据わっちょらにゃ、そんなものはよう捕らんぜ。わしゃ獣類《じゅうるい》は、人間にかなうものはないと思うちょる。

普通の人はおとろしいけん、撃ち損のうたら食われるように思うちょるけん、罠に掛かった熊らあでもにきぃ（近く）行て撃つ度胸がなかっと。

（5） 弾着まで見にゃ本当でない

罠に掛かった熊でも、人間が近寄ったら威嚇するけんね、若い衆らではにきぃよう寄りつかん。わしの弟子が、熊がくびれて木へ上っちょるがを、にきぃ行てよう撃たんがやけん。鉄砲撃ったち鳴るばあで、弾が入ぃっちょらんがやけん。弾うち抜いて、状袋へ入れて置いちゃるがやけん。

わしは弾着があるかないか見て、弾着がないけん弾が入っちょらんと思うて調べてこさしたら、火薬ばあ入れて弾が入っちょらんかった。忘れたがよ。これには弾が入っちょるいうがを持ってこさして撃ったら、一発で落ちと。

猟師が鉄砲で撃つぢゃどうぢゃいうたち、弾着まで見にゃ本当でないわ。熊が木の股へ座っちょるに、弾が木の股にも当たらんがやけん、「弾着がないぞ」と言うがよ。どしたち（どうしても）撃ち逃したら熊が掛かってくると、ただおとろしいばあで、弾着を見る余裕がめったな者にない。猟師は弾着のあるかないかくらいは見定めんといかなあえ。熊撃ちぢゃったら、どこへ弾が行くくらいは知っちょかんといかん。

ケース（薬莢）には火薬だけ入っちょって、弾は自分が入れるがよ。兎ぢゃったら散弾、猪ぢゃったら実弾（一つ弾）を入れと。コロスというもので弾入れて詰めるがぢゃけん、帯皮に差したち落ちんがやけん。

とにかく、わしみたいな猟師になるには相当な度胸がなかったら、こたわんこたわん。

四　毛皮になった獣

1　テン

(1)　テンのショールはうんと温い

テンは昭和の初めごろから罠で捕った。最初のころは、麻縄でのうて（綯って）、渋してそりゃええ罠を作っとう。

ここらのテンはステンいうてちぃと黒うてこんまかった。山口県におったテンはキイテンいうてうんときれいぢゃっと。値段は両方ともようて五、六千円したねえ。

テンの皮はショールにするとうんと温かった。京都におなごしのテンのショールを作る専門店があって毛皮屋から送ってもらいよったが、その人がみてて（死んで）ショールにする人がおらんようになった。

(2)　脇の下を締め付けるテンの罠

テンは賢いのう。よけ捕れるもんぢゃないけんど、黒尊《くろそん》の方で二百や三百は捕った。テンや狐は鹿をよう食うけん、鹿を捕ったらいなり（そのまま）山へ転ばしちょって、それを餌にしてハサミ罠をかけてうんと捕っとう。鹿が骨だき（だけ）になって、骨を食いだしたちやっぱり捕れと。一匹の鹿で十四も十五匹ものテンを捕ったこともある。

テンはテンの罠で捕らんといかん。罠に掛かったがを動けんようにしちょかんと、ショールにするに傷が付く。それに歯がえろう（強く）てかじるにえらい（鋭い）けん、木を噛んで逃げるけんね。それでヒキコミいう罠を掛けと。木を二本立ててかなぐり（巻き）つける。罠を引き抜くように、狭うにして、うら（先）をくびっちょかんといかん。木の股の間に引き込むようにしちょらあ。そこへ引っ張り込んだらテンの脇の下を締め付けちょら。体が動かんけになんぼ逃げろうとかかったち逃げれんがよ。

兎肉を餌に罠を掛けるには、灌木らの小枝に吊るしてその下にハサミを掛けた。それを釣り餌というた。

2 モマ（ムササビ）とモモンガ

(1) モマをお宮で撃つ

モマは勝間のお宮にうんとおった。大きなユスの木があって、そのうとにモマがなんぼでも入っちょった。ユスは虫が食いやすい、うとが出来やすい木やっと。

モマは灯火を見せると目が光るけん、カンテラの明かりで撃った。大体は夜は鉄砲放されんが、モマは夜撃ちが撃ちよいけんね。お宮というお宮で撃った。高瀬、田出の川のお宮や、川登《かわのぼり》の駐在所の後ろでも撃った。墓石に腰掛けてお墓の灯の明かりでも撃った。交尾期にはうんと鳴くけん捕りよかっとう。

モマは胴の端へ風呂敷みたいに広がる皮膚があって、高いとこから低いとこへ滑空して、木のうらを飛びまわって椎や樫の実や木の葉っぱの茎（芽立ち）を食べよった。椎の実のなる時は実がばらばらと落ちるけん、木の下で拾うて食いよる時もあっとう。

(2) モマの毛皮

昭和十四年ごろから、モマの毛皮がソ連へ売れ始めて値がようなった。日当が七、八十銭の時に、モマの毛皮が三円やった。それを一晩に四つも五つも捕ることがあっとう。

モマとムササビは同じ系統で、ここらはモマ言うたが。山の奥へ行くほどモマと言いよっと。

(3) モモンガ

モモンガはモマと食べ物も同じやったが、モマよりもこまかった。飛ぶけんど羽がなかった。木にも登るけんど、地でも椎の実やドングリを拾うて食べよった。ここらには、おらっとう。

3 イタチ

(1) イタチ道切り火道切り

朝、猟に出がけにイタチが道を横切るとよくないと昔は言いよったね。昔は、イタチが道を通ったら、方角を変えたり家へいんだりした人もあった言うのう。けんど、「イタチ道切り、火道切り」と呪《まじな》いを唱えたらかまらった。猟がないというよりか、人間が危険な目にあわずにすむためぢゃね。

(2)　商売にうんと捕る

イタチは商売にうんと捕った。千匹やそこらぢゃないぜ。イタチの皮は戦前、戦後にかけて、ソ連行きの防寒具にようけ捕った。わしらもイタチを捕られん時（禁猟時期）にでもうんと捕って、警察に一回やられて罰金を払うたりもしとう。戦後は、皮一枚が三千円から五千円しとう。

皮をきれいになめして服にしちょった。毛皮の方を内側にして縫うて、尻尾をびろびろ垂らしてぶらくり（ぶら下げ）よっと。

(3)　オシの猟

オシは石の重みで押しつぶす罠ぢゃっと。イタチは谷縁や水路の縁、川原の隅になったとこへ集って蟹や魚を取るもんぢゃけん、足跡が付いちょる附近へ竹を組んだ角なものの上に石を載せたオシを作って鰻を餌にして捕った。鰻は一日や二日では腐らんけんよかっと。イタチの身は臭いけん捨てた。

イタチの皮をつこうてイダ（ウグイ）を追い出す漁は、この奥の方やら東北の方やらでしよっと。

(4)　イタチ禁猟と朝鮮イタチ

イタチは田んぼの鼠を捕るけに百姓のためになるけん、昭和七、八年から十四、五年まではイタチが禁猟になった。

昭和の初めごろには、朝鮮イタチを入れてその繁殖の奨励もした。朝鮮イタチはちいとふとうて値がよかったが、捕られんかった。昭和の中ごろだいぶ繁殖した。今でもおって鶏や池の鯉が取られたりすらあね。

五　獺とエンコウ

1　獺

(1)　ショールに最高

わしは捕らんかったが、獺《かわうそ》はオシやハサミでようけ捕りよっと。獺はテンよりふとうてショールにええ。最高やっとう。

ハサミはパッチリの太いがで、踏んだらバネが上がって捕れるがやった。昔は、狸を捕るがに使いよっとう。ようけ掛けちょったぜ。今りゃ、横幅十センチ以上のパッチリはいかんし、甲種免状がないといかん。犬が掛かってもいかん。人間が掛かっても怪我するけんねえ。

オシは鰻を餌にした。獺は生きちょる魚をすんで（潜って）食うけん、死んだ餌では食わん。

(2)　砂子に足跡が付きよっと

獺はおおむね、海に近いところに棲んぢょった。海は餌がいつでも取れるけんねえ。須崎、窪川、宿毛あたりにはよけおっとう。

ここらぢゃ、この上のえご（入江）の勝間のひらの水制（水勢緩和）の辺りにおった。水制いうたら、石を詰めた蛇籠《じゃかご》を組んで木柱で止めた水の堰やけん、魚がようけおったとこよ。この沈下橋の上の砂子に足跡がよう付きよっと。糞もようけあった。谷の岩の間や土の中に穴を掘って棲んぢょった。

2　エンコー

なかなか太いもんぜエンコー（河童の類）は。イタチよりも太い、犬よりも太い。テンの三倍くらいあって、狐とよけ変わらんようなもんにあった。ここらにもおったけんど、大体はこの下におったね。「あこにはエンコーがおる」と、昔からやっぱり言いよったけん。

人間の子やら猿の子やら分からんもんで、体には毛が生えちょる。エンコーと獺は似いちょっと。獺が座りよるがを見てエンコーと思うたがやねえ。

(1)　子どもが座りよるにかわらん

親父と舟に乗りよるころのことよ。雨のしゅうらぶる（しとしと降る）日に下田から戻りよったら、山路《やまち》の渡しいうてあったが。不破《ふば》のひらの高岸の川縁に、子どもが座りよるにかわらんように（そっくりに）座りよった。それを見て、親父がエンコーがおると言うた。くらみやい（夕闇）にチャポンと水に飛び込んで向うへすんで（もぐって）行《い》た。

数は十匹くらいかのう。丸うなって座りよるがを見たら、子どもが座りよるにかわらんように見えと。中村の不破から八束《やつか》へ渡る山路渡しの辺りにはなんぼもおった。坂本の渡しのあたりにもうんとおっとう。行動範囲が大きいけん、皆によう見えと。

(2) 川へ行く子に瓜の頭、鹿の角

年寄りが、エンコーが「相撲とろ、相撲とろ」と言うて来る、なんぼ放り投げても「相撲とろ、相撲とろ」言うて掛かって来る、と話しよった。

エンコーは相撲とるようなもんぢゃなかっとう。気の動揺する人でないと化かされん。わしは、化かしてまわるもんはこの世にはないと思うちょった。もし化かしても、負けんと思うちょったがよ。

子どもが川へ行くときには、いど（肛門）を抜かれんように鹿の角を持って行かしよった。それから、エンコーを避けるには瓜の頭を持っちょったらええ言いよった。瓜の頭は苦いもんぢゃけん、ええがぢゃなかろうか。子どもが川へ入る前に、

「エンコー来ぃ、来ぃ。瓜の頭食わす」言うて、瓜の頭を投げ入れたがよ。

わしゃあ鹿の角や瓜の頭を持つやこいいうことに、頓着がなかった。人みたいにたかで（非常に）川が寂しいぢゃ、山が寂しいぢゃいうことがなかった。そういうことでわしを脅そうとかだまそうとしても、脅されんしだまけらっとう（だまされなかった）。わしゃ山ででも何か音がしたら、にきぃ寄

ってみようかという気分の男やっとう。

(3)　エンコーは獺みたいなもん

エンコーは獺みたいなもんよ。方々に出た。この下の藪の端の砂地のとこに猿の掌みたいな足跡があった。水かきの跡があったね。ここらのえごの砂の上にも足跡が付いちょっとうえ。魚が入ると逃げ場がないえごのようなとこにエンコーが寄って来た。えごは丸うに入江になった地形をいうた。対岸の川原が高うなって、手前が沼になっちょって水がたまりよった。大水の時には砂がたまりよっとう。今のこの下はえごの形をしちょるけんど、渦がえらい（きつい）けん砂がたまらんがよ。

獺が棲むようなとこを「エンコーがおる」言いよったがやけん、ありゃ実際は獺ぢゃったがやのう。獺はイタチにかわらんようなもんぢゃが、獺の太いがが川縁に座りよったら人間の坊主が座っちょるにかわららった（変わりなかった）のう。

六　兎、リス、モグラ

1　兎

(1)　兎の猟は罠が主

兎は追うて捕ったり、罠で捕ったりした。罠が主《おも》よけ捕れたぢゃろうね。一日に五、六匹という日は多いもんぢゃっと。今までには何百も捕ったね。兎を数えるに、町に近いところでは、鳥を数えるように一羽、二羽と言いよったね。

猪罠でも掛かりよったが、猪、鹿とは違うワサ（罠）で、掛けるとこもちごうと。肉のない時ぢゃけん、山の畝でなんぼでも捕って食べた。狸に半分ばあ食べられちょることもあったね。

罠は見通しのええように、兎が抜けれるようにしちょく。下からは二寸ぐらいの高さにする。罠のわっこの太さ（直径）は四、五寸で兎の頭が抜けるようにした。兎の頭の太さはちょうど握り拳の太さぢゃけん。わっこが太すぎると兎の腰をくびるようになっと。

輪が端へ寄らんように、両方に木を立ててわっこを張っちょくが。けんど、木をせぼう（狭く）に立てたら兎が通らん。

撥ね木を抑える罠のカギは撥ね木のカギとも止め木ともいうて、ほぼ直角になった木で止めちょる。兎や狸が掛かって揺れると、撥ね返って首を締めるようになっちょる。

(2)　兎の習性

大体は山で捕るけんど、藪ぃでもどこへでもおるけん、どこでも捕れる。大体はシダ類におる。石の間にもおる。雪が降ったりしたらそんなとこへ寝巣を構えちょら。濡れんけん、石の穴に入っちょ

●兎罠の模式図

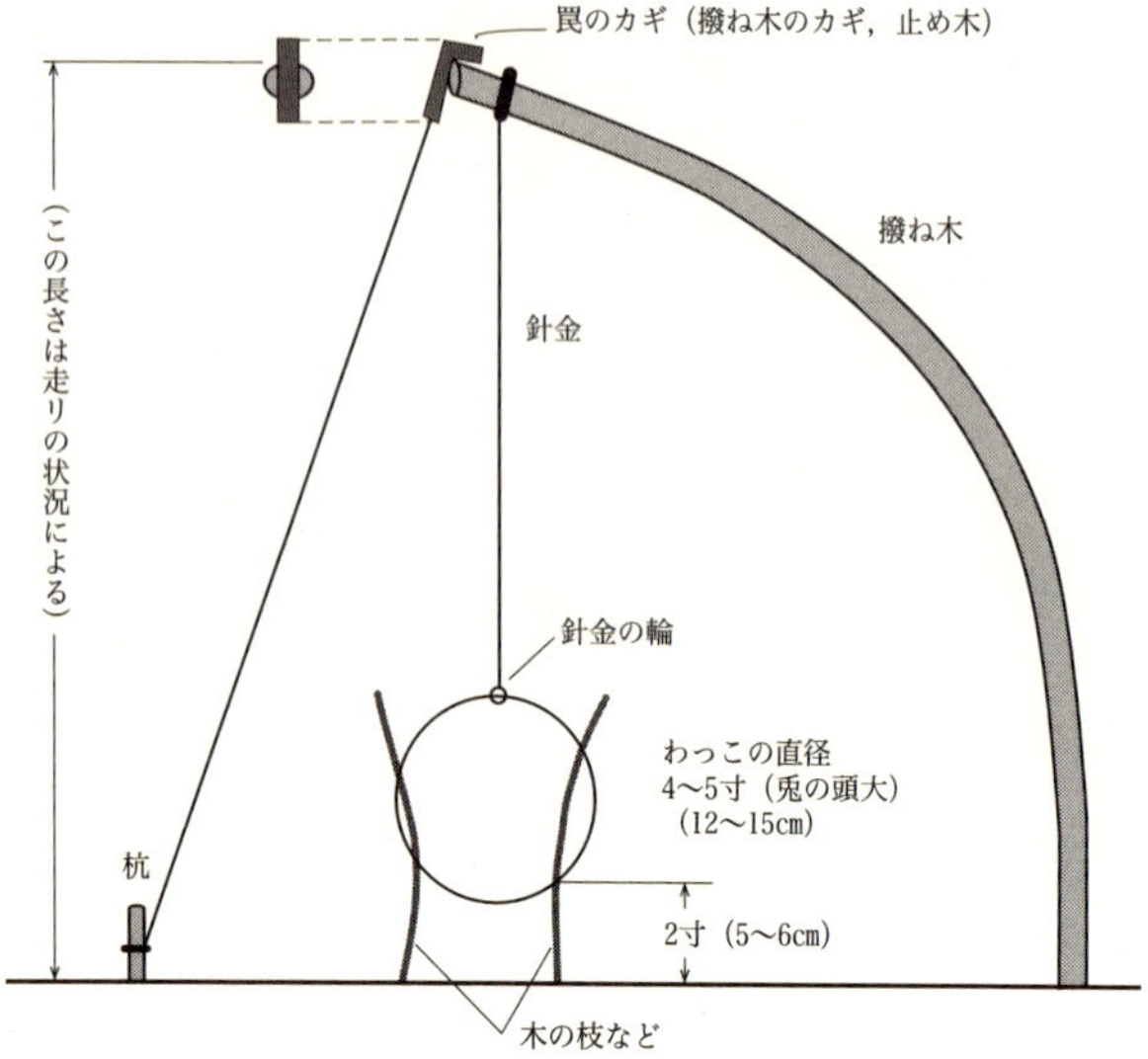

っと。二、三匹一緒のこともあるが、群れではあんまりおらん。

兎の嗅覚はなかったね。兎の毛の色は一年中変わらせん。生まれたばかりの子は裸子《はだかご》というた。人間の赤子と一緒よ。山で捕った兎は家で飼うても、直に檻を破って山へいんだ。

山で追われた兎は四万十川を泳いで逃げと。勝間から鵜の江のひらへ逃げたり、鵜の江から勝間のひらへ逃げたりした。川原へ上がるとしばらくじっと伏しちょるもんぢゃ。泳ぎよるがは舟の上から叩いて捕っと。

麦の芽や豆類が好物で、山の端の麦や稲を食われることがある。

(3)　兎のシガキでは膝まで来る

鉄砲で捕るには、犬で追わして追い出さした。兎の来るとこは分かっちょっと。両方に高い畝があったら、畝の間の窪いとこが出来らあね。そこを兎のシガキというた。そこぃは、鳥類も獣類もみな集まるとこよ。鹿も猪も跳《と》うで来るところやけん、鉄砲の上手な人を行かしたとこよ。

兎は一所へ何回でももうて（回って）来たけん、何匹も捕れるがよ。犬がキャンキャン鳴いて来るけに、ああもう兎が来るはずぢゃと思いよったら来らね。

昔は、兎を弓矢でも捕りよった。兎はハシリから、昔の古い道を通るけん道に隠れちょっと。犬が追うてきて隠れちょったら膝まででも来る。膝までいうたら、間数で言うたら一間ぐらいぢゃね。

(4) 兎網

① 飛び込んだらすぼんで締まる

兎には兎網を使うた。兎網は捕れるぜ。

兎が十センチくらいの高さからポイッと飛び下りたとこへ、二本の竹にやま（ひぼ、紐）を通して金のわっこ（輪）を付けた網を張っちょく。十センチばあある段を飛び越して兎網に飛び込んだら、やまを通した網がフッとすぼんで締まるようにしちょった。

兎が網の中で跳ぶほど金のわっこがよう締まって、まるこい袋になっと。そんで袋網ともいうたね。

竹は二尺ばああるかのう。その二本の竹の間は二、三十センチあっと。綿糸の網は渋（柿渋染め）してやまの色と分からんようにしちょく。金のわっこを付けた長いやまが網を通っちょって、両方から締まって袋になるがよ。二本の竹は、それぞれ二本ずつの支柱で支えちょっと。

わしも持っちょった。普通の網で捕れるけん。竹を通してシューッとひぼ（紐、やま）で締まるようになっちょっと。

② 兎が飛び越す段

ハシリで地形が下りるようになっちょって、段のとこを飛んできてポーンと飛び下りるようなとこに、網をひらべったに（平たく）、たるませんづくに（たるませずに）しちょく。段がよけない時は、丸さが十四、五センチの木の腐ったようなものをやって、兎がそれをまたいで飛び越すようにやる。兎が網の真ん中へ飛び込むようにしちょく。兎より知恵がようないといかん。

③ 網を差して犬を追い出す

ハシリに網をいくつも差しちょいて、犬を連れて追い出す。この山で一つ捕ったら、次の山ぃ行たら、またそういうとこがあるけん、そうしたとこぃ兎網を差しちょく。そうやって、日に何匹も捕れと。

兎網は犬が追うて来ちょるけん、犬が近いほど捕りよい。犬が向こうで追うたら兎がだいぶ早うに来るけんね。飛び込んで丸うになってバタバタしよら。ながしゅう暴れるほどもつれて、コロコロ、コロコロしよら。そこへ犬が来て食い殺しちょる。

鉄砲持ってない人はにきぃ（側に）隠れて座りよらの。人間がにきぃ座りよっても兎は通るきに。

(5) 黒尊の兎罠に二十二、三匹

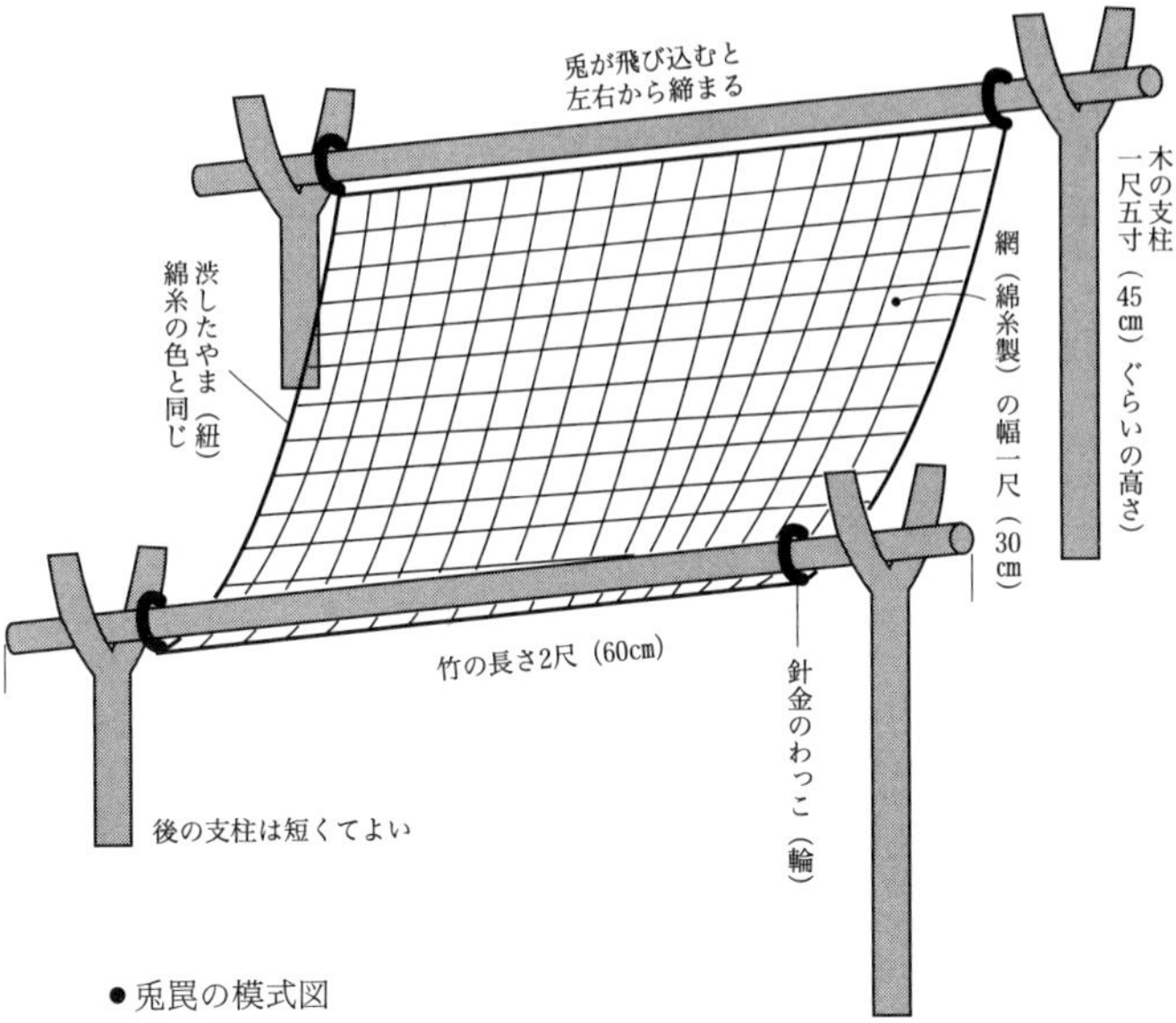

●兎罠の模式図

黒尊《くろそん》で兎罠を掛けちょったことがある。黒尊へは昔は、自転車で行きよった。後は車でも行っと。

田に沿った水路には、水あて（水を田へ引きこみ）に行く道が付いちょった。そいと（そこ）へ上下《うえした》する兎や山鳥の道が付いちょった。兎はこんまいごそ（障害物）のある中を通りそめちょる。わしら、もう一目見たらここは何が通りよるか分かっちょるけん、そこぃ罠を掛けちょっと。

その後ぃ雪が降ってね、今度取りに行ったら、二十四、五掛けちょったん（が）のう、片っ端取れちょるがやけん。二十二、三掛かっちょったことがある。博士（翁のこと）が掛けちょるけんのう。雪が降ったけん、兎がちぃと透いたようなとこを通ってきたがよ。

その兎をくびって、ぶらぶらしながら担う

てもんて（持って）来た。猪捕ったばあ重かったぜ。宿屋の柿の木へ引っかけちょっと。兎はそんなに食えるもんぢゃない。平野さんいう土木の大将がおったけん、「お前ら煮いて食わんか」言うたら、「貰うのかんぢゃない（もちろん喜んで貰う）、みんな喜ばぁ」言うと。酒がよけいっと。

こものはうんとおって、うんと捕れた。兎もなんぼか（どれほどか）やった（捕った）ろう。ひいとい（一日）やったら十から下はない。そればあにないと、猟師はできん。

大体この罠で兎や狸は捕ってかまんが、鳥は捕られんがぢゃ。罠で鳥を捕るには途中に節をして、罠に掛かっても締まらんように、死なんようにせにゃいかん。

(6) 兎を煮いて食べる

兎は煮いて食べらあ。皮剥いだら包丁でわた抜いてきれいになるきに、骨も一緒に炊いたら、身が骨から外れた。兎の骨の髄はこまいけん食べん。

＊米子媼の話・谷《たね》の川で毛をたったたった（さっさと）むしって、引きさばいと。二つも三つも川で料っても一時ぢゃった。昔の家の隣の店ぃ持っていって安うに売っちゃったら、皆が買うて食うのかんぢゃない、と喜ばれたね。

(7) 兎の皮はやおうて温いが裂けよい

戦時中、猟友会長の指示で猟師がみんな集まって協猟会をやっと。みんなが捕った獲物は全部供出するようにして、わしは猪の皮らあを三百枚供出した。兎の皮らこものも何も入っちょるが。猪を捕らん人は兎やこい（など）捕って供出したね。兎の皮は毛がやおうて温いが。けんど、兎の皮は薄うて裂けよかったけん、木綿の裏が付いちょっとうね。

2　リス

リスはなんぼでもおるけんど捕らん。けんど、兎ワサに掛かることがあった。こまいけん巻きつけて死んぢょることも、ワサの針金をねじてねじてねじ切ることもあっと。

3　モグラ

(1)　オゴロの皮は財布やショールに

モグラのことはオゴロともオゴロモチともいうた。オゴロは日が当たると湿気のあるとこにおった。昔はオゴロの皮を取った。なめして財布にしたら値がよかっと。つぎ合わせてショールにした。昔は、皮が売れよった。何でもが安い時に、オゴロモチの皮は一枚二、三百円で売れよった。

(2)　オゴロ捕りのつつんぼ

オゴロは畑をもちかやす（荒らす）。土を持ち上げて穴を開けるけに大根でも何でもいたむけん、オゴロ捕りで生け捕りもした。まるこいトタンのつつんぼ（筒）を仕掛けて捕って捨てと。

今でもトタンでオゴロ捕りを仕掛けちょる。畑の真ん中の穴は両方に逃げ場があるけんいかん。畑の隅のようなとこの穴をたんねて仕掛ける。筒っぽに入ったら戸が閉まっと。戸舌《とじた》が閉まるようにしちょった。その入口の調整をようしちょかんといかん。

オゴロモチの本通りに、石二つを並べてその間にモグラ捕りを仕掛けた。石をしたがは、横に穴を開けて抜けんようにしちょるが。ええ穴では毎日捕れて、一か所で十四も捕ったこともある。

(3)　オゴロは百姓の大敵

昔はオゴロの開ける穴を見張りよった。畦に穴を開けて水を捨てるけん、オゴロは百姓の大敵ぢゃった。そんで、昔は役《やく》にかかって（手間をかけて）殺しとう。

四万十川が増水したらオゴロが泳ぎよるもない（たくさん泳ぃでぃる）。大水が出たら地の底を行くオゴロは行くとこがないけん、藪の方から岡を頼って泳いで行く。それを竿を持って道に立って叩き殺しもした。水の中ぃしめ（沈め）て殺しもした。道端はオゴロばっかりになりよった。百姓がぃろいろやっとう。

(4) チチゴとオゴロ突き

チチゴという日は魚も獣類も餌を食む日よ。猪、狸ぢゃち、鯉ぢゃちすべて餌を探す日。池の鯉が口を開けて待つようになるとチチゴぢゃね。昨日鯉がえらいさわぎよった。餌を欲しがって食みよった。あれがチチゴになるが。チチゴにカナツキ（魚を突き刺す道具）を持って畑ぃ行てオゴロを殺しと。

チチゴを（暦で）繰る人は部落に五人とおらんかった。お祖父《じい》さんはよう繰りよっと。チチゴの時間は二時間そこそこ。夜昼通して月に二、三回あっと。

昔、原田留吉という男がおった。それがチチゴを繰って、オゴロ突きというてオゴロモチをカナツキで突いて捕った。カナツキ持って畑の隅ぃ行て立てりよったら、絶対そこへもって（掘り返して）来たのう。オゴロが土を持ち上げてミミズを取って食うと。土を持ち上げてひび（割れ目）が来て、もって来よることが分かっと。

畑の四方の隅ぃオゴロの来る穴があったけん、そこで静かぁに立てりよった。音を立てたり、あそこへ来よるけん思うて足を踏み替えたら逃げる。オゴロは後へ向いて逃げるにうんと早いもんぢゃけん。

わしは猟に、自分の仕事に熱中しちょったけんのう。こまいことまで覚えて忘れんがよ。

Ⅳ　犬と野犬、猫と山猫

一　犬の話

1　飼い犬

(1)　犬と飼い主

①　田舎ではなんぢゃかんぢゃ言うてはいかん

飼うちょった猿かえ。近くの犬が檻の柵を食い破って食い殺してしもうた。勝間川は山の奥ぢゃけん、犬は放し飼いしよったけんね。その（北海道の）犬の放し飼いについては、人にも恐いということは考えよったね。他にもいろいろあって皆がうどうど（ぶつぶつ）言うたけんど、田舎ではなんぢゃかんぢゃ（余計なこと）言うてはいかん、お互いに生活するにはペットも飼うもんやし、一つのことで、何でもないことで喧嘩してはいかんもんよ。その犬は後で死んでしもうたのう。

② 神経質な犬もおり、機嫌の悪い時もある

犬にも神経質な犬もおる。そういう奴が人間に被害を与えるけん飼い主がとくと気をつけんといかん。犬やち人間と一緒で、腹が立ったり、うまいことといかんで機嫌の悪い時もある。猪をかみ殺す犬が、いつ人間にも掛からんとは限らんけん、飼い主が注意しちょかんといかん。

今りゃ犬をペットにしちょるけんど、犬というもんは何でもかぞうて（匂いをかいで）まわって、人の見んとこで何をかざんぎょる（かいでいる）やら、何を食うちょるやら分からん。

③ 犬を呼ぶくせをつける

わしらは猟犬は放し飼いにはせん。猪でもかみ殺すような犬は、猟に行たち猪に放すまでは解かれん。

猟に行て犬を呼ぶには、大声を上げて呼んだりはせん。コイコイ、コイコイと呼ぶけんね。それから、コーコー、コーコーとやおうに甘えるように呼ぶ人もある。飼い主が犬にくせをつけたがよ。犬も晩方になったら、人の声を頼ってもんて来る。勝手に家に帰ったりやこい（など）する犬もおる。それから、ひいとい（一日）でよう戻らんづくに、二、三日して帰ってくることもある。それは、町近（町の近く）の残飯をよう捨てるとこでないとそんなことはせん。

④ はぐれ犬の飼い賃

人の家に迷うて行て、犬好きな人らにもろうて食うて、もんて来んようになる犬もある。その人家《ひとや》

に落ち着く犬もある。飼い主との調和が取れちょららったら、そんなにならえ。

他のもの（動物）は三日飼うてもしゃあ知らん顔（まったく知らん振り）をしちょるけんど、大体犬は三日も飼うたら飼い主へ尾を振って来るけんね。

何日もたんね（尋ね）て、飼い犬に行き当たってもろうてくることもある。そういう時は飼い賃というもんをやらにゃ。なんぼ（どれほど）ええ犬でも、ふといこと（たくさんの謝礼）のできんことがある。百万円の犬でも、一万か二万円出してもろうてくる人もある。その犬の使い道によるけん。

⑤　おとなに聞こえた犬

拾われて飼いよる犬は、おいそれと取ってくるわけにはいかんぜ。かなりな謝礼をしとかにゃ、取ってこれん。「おとなに聞こえた」犬ぢゃったらね、三日飼うてもろうたら謝礼せんと戻れん。

「おとなに聞こえた」とは、たとえば誰それの犬が何万円もすると聞くことよ。その道の専門家みたいな人らの間で評判の立っていること。例えば、わしの犬が中村ぃ迷うて行たち、中村の人が飼《こ》うちょるということになったら、こっちの猟師らが、

「こりゃ、なかなか粗相ならん犬ぞ、値打ちのある犬ぞ」と言うことを、おとなに聞こえると言わあ。言うたら評判よ。そんな犬もあらあえ。

相手が畜生ぢゃけん、三日飼えば尾を振るというて、飼い主は知っちょる。元の飼い主が、わしの犬ぢゃ言うて連れて戻るわけにはいかん。やっぱぁ相談してもらわにゃ。三日飼うてもろうたら、その値打ちのあることに対して謝礼をしちょかな戻れなぁ。

⑥　飼い主との調和の取れちょらん犬は野良犬

ええ犬と知ったら、売ろうち（売ろうとして）戻さん人があらあえ。

鴨川の人の犬がうんとええ犬で、よう猪を吠え止める犬ぢゃった。それが迷うて勝間川の方ぃ来て、その犬を飼い付けた人がおって猟へも行きよった。その犬を宿毛の人へ売っちょって、買い戻されて、罰金も払うと。

そんなええ犬になったら、警察に頼んぢょるけんね。それに猟犬は鑑札も付け、注射もせんといかん。鑑札付けちょらん犬はよけないけんね。

犬は山を回っちょってはぐれたがよ。犬というもんはどこの残飯でも食いたがるもんぢゃけに。山回って腹が減ったら特にそんなことがあるけん。

大体そんな犬がね、家の飼い主との調和がよう取れちょらん犬ぢゃ。飼い主が大事に飼うて、子のようにかわいがってよう飼うちょる犬ぢゃったら、よう知っちょるけんど、そうぢゃない犬は誰にでも付いてまわる。

「その犬をどう言うぞ」と言うたら、「野良犬ぢゃ」と言うとうね。

(2)　家の庭と犬の教育

①　家の庭が犬を育てる

家の庭によって兎犬の育つとこ、猪犬の育つとこ、鳥犬の育つとこと、育つ犬が決まっちょっとう。

ええ猪犬の育つ庭があっと。鳥犬は洋犬やけん、洋犬が入って来たがは大正の初めからぢゃったのう。他に、上《あ》げものやる犬が出来た。猿や狸や穴熊やいうて、木に登るもんを追う犬がおった。木に追い上げたがを猟師が撃ち落としとう。

ガンガンガンガン食いつくように人を吠える犬ばかり出来る庭もある。人に吠える犬の出来るとこは、何匹飼うても同じように吠える。ひとつも吠えん犬でもその庭に来たら吠える。人に吠える犬が性悪というわけぢゃない。唸る犬も吠えん犬とよけ変わらん。

ええ犬を買うたち、わしんくへ来たら猪に吠えんがあるけん、庭によるね。人に甘えて吠えん犬の出来るとこも同じよ。庭によるね。長い間試して分かっちょる。

② ええ仕事した時にほめる

ええ犬にするには、ええ仕事をした時にほめる。口でほめ、なでてやり、餌もうまいとこを食わす。普段、わた（腸）しかやらん人なら身をやって食わす。それも生で食わす。犬は獣の生の匂いで追うもんぢゃけんね。

猟犬はだいぶ年取っても使いよった。ええ猟犬やったら種犬に置きよっと。悪い犬でも殺すことはせんかった。自然に死んだりしとう。

③ 人がようないと犬はようなれん

人がようないと犬はようなれんぜ。猪がどこへ寝よるけん、どっちへ飛ぶ。そんで、どこそこで待ちよらんといかんと作戦が立たんと猪は捕れん。作戦のええ人を、ええ人と言うがよ。

猪をよう止めん犬を素人犬ぢゃいうて、猪を捕ったらその犬に噛ましました。そうしたら多少勇気が出るけんねえ。おぢる犬でもじいっと（次第に）出来るようになっと。

(3)　犬のよしあし

①　虎毛は犬がえらい

毛色では、黒、白、それから茶色によう猪に向かう犬が出来た。色が混ざってもかまんけんど、大体虎毛が猪らによう行たね。虎毛は犬がえらかった（きつかった）。犬の気性が荒かった。そんで、猪犬に使うと。けんど、人にも掛かりそうな気のつおい（強い）、人に食い付くようながいな（粗暴な）がは山の猟には、猪の猟にはいかん。猪を飛ばしてしまう。

②　めけんとうしは主を狙う

丸顔と長い顔があったたね。うちのハチはちと長めやった。丸うても長うても、ええ犬は猪を追うた。眉に白い紋があって、それが頭の上を通って首まで通っちょるがを、「めけんとうし」と言うと。眉間から頭の後ろまで紐を引いたように赤い毛が抜けたり、黒い毛が抜けたりしているがもあっと。そういう頭を二つに割るように毛が付いちょるとうけんわりは「主《しゅう》を狙う」言うたね。「飼い手を狙う」言うてあんまり喜ばらったが、猟には関係なかっと。

目がわりあい白っぽい犬を「めじる」と言うてまわったが、猟には関係なかった。黒い目がええとは言いよったが、確かめちょらん。口黒《くちぐろ》いうて口の黒いがはよう獲物に行く。（勝間川のゴンも口黒。

一八八頁写真参照）

③　耳とけん

耳は、土佐犬らはみな立っちょっと。柴犬らはすべて立っちょったけんど小さかっと。耳が垂れたがは大体洋犬ぢゃけんね。耳のうんと垂れたがはビーグルいうて、耳をばら、かずらで掻《か》いちょって傷ばっかりよ。耳と耳との間にけんがあるがもあったが、それも猟とは関係なかった。

④　うだきと臆病犬

前足が開いて胸がぐっと張っちょる犬をうだきというた。前に力の入る犬ぢゃったね。走るに速うて相手に威圧感を与えて、猪犬に向いちょった。「うだきの猪犬ぢゃ」と言うと。反対に前足がすぼん（しぼん）ぢょる犬もあっと。ここらぢゃ「臆病犬」と言いよっと。走るに遅いけん猪や鹿を追うには向かんけん、兎を追うたりやこいした。けんどやっぱり、兎を追うにもうだきがよかっと。

⑤　足の裏の毛と蹴爪

足の裏の毛は多うてもかまん少のうてもかまんが、やっぱり毛の多い方が足にはこたわん（疲れん）やろね。

後ろ足の蹴爪《けづめ》のうんと長いががあっとね。岩場ぢゃ足の掛かりがよかったろうが、ここらぢゃあんまり岩場がないけん、別に関係なかっと。

⑥　短い尾の犬はかぶ

尾も犬の出来に関係なかったが、短い尾の犬はかぶぢゃ言うた。短い株になっちょるということよ。

土佐犬はみな巻いちょるが。うんと巻いちょる犬はちょっとがいな点があっとね。

肛門は太いがええぢゃとか、いろいろあったけんど、猟をするには関係なかっと。
⑦　気のつおい犬の友喧嘩
気のつおい犬が喧嘩をしとうね。犬見たら吠えかからにゃおらんような犬がおった。犬同士の喧嘩を「友喧嘩《ともげんか》」と言うた。気のつおさと猟には関係なかったね。

首もちぎれるばあ引っ張って行きよっても、猪が四、五間向こうを通っちょったら、すうっと綱を引いて行て、猪が息を吹き掛けちょる木をねぶって（なめて）まわるような犬がおったが、そういう犬は猪へよう行たね。
⑧　気の弱い犬
綱を持つ人を引っ張り転ばすように引く犬でも、猪の後へ付けたら押してもちっとも行かん犬もおった。気の弱い犬ぢゃねえ。

犬でもたいてぇの犬は猪がおとろしいけん、吠えても猪との間《あい》（間合い）が出来よった。間が出来たら逃げられと。
⑨　人なつこいような犬のおぢ吠え
人に甘えるような、人なつこいような犬に、猪にええ犬が出来た。そういう犬は猪によう行っと。

「猪におぢ吠え」言うて、おぢ吠えいうがが一番よかった。手洗川におったがね、折節ワンワンとこもうに（小さく）吠えた。なかなか太い猪でもよう止めたぜ。どうでもこうでも吠えさえすりゃあええ。猫の太いようなががが吠えだしたら、猪はよう逃げんけん。

⑩　洋犬、雑種犬、秋田犬、柴犬

猟には土佐犬らがええ。洋犬よりも柴犬がまっと（もっと）ようけ追うたね。

大体は太い犬を土佐犬、こまい犬を柴犬というと。けんど、太うても柴犬ともいうと。雑種犬でも兎や雉によう行くがあったね。

紀州犬や秋田犬らは、はや気がつおい。あれらもええが、その代わり危険もあっと。子どもを食い殺したりする犬ぢゃけん。柴犬にも気の強いがおるが、そういう危険はなかっと。

（4）　うちの庭

①　吠えておさまりがつかん

うちには兎犬のええがが出来た。ええ犬を飼うたち、わしんくへ来たら猪に吠えんがもある。兎犬のええがはよう鹿を追うたけん、人が「貸せ、貸せ」とよう言うて来た。

うちの犬は、うんと吠えておさまりがつかん（手がつけられん）かっと。人が来た時には、吠えたてて気の毒なくらいやった。ほんで、ぎっちり（しっかりと、いつも）つないで、郵便配達が来ても噛まんようにしておかんといからった。

猟に行ても犬を解く時間は、一瞬の猟の間だけよ。終わると直に腰元につないぢょくもんやった。

② うちのハチは性のええ犬

ハチと名を付けたうちの犬は、ええ犬で人には吠えたけんど、静かなかわいい犬やった。性《しょう》のええ犬やった。昭和二十年そちこちのことやったかのう。うんと言うことを聞いて、一口《ひとくち》（ちょっと）呼んだらどこにおってもきおうて（急いで）もんて来た。よう追い鳴きする兎犬やった。鹿の追い鳴きもしたけんど、当時は鹿は捕り尽くしておらっと。

戦争をはさんで十年も十四、五年も猟をして年がいて（年取って）、どこぞで死んでしもうた。死骸も分からん、死に場所もとうとう分からんかった。昔から、ええ犬は死骸を見せんと言いよっと。

(5) 赤犬を食う人

昔は、犬を煮いて食べる人がうんとおっとう。赤犬はうまいと言う、犬が好きな人もおった。赤犬の肉や肝は体が冷える人にはええというた。勝間にも飼い犬をもろうてきたりこいして煮いて食う人がおった。

犬にはそういう人が分かるけん、そういう人が来たらガンガンガン食いつくばあ吠えたてよった。この隣い犬を食う爺《じい》が来よったが、どこへ行たち吠えられよっと。犬はよう知ったもんよ。

猟師は犬を大体食わんかったが、食う人もおったね。山の奥の人らあは猪に行かん（立ち向かわん）犬を食うてまわった。わしは犬を殺したり食うたりせんかった。犬は炊いたら臭いし、第一犬を食うという考えがなかっとう。

川の下流の方には、犬を殺したり売ってまわったりする人がおった。舟で上下しよったら、はい（川岸の岩）の突き出た川縁でよう犬を料《りょう》って、皮は川の底にしめ（沈め）よるとこがあった。犬捕りの許可を取って犬を捕りよったがやけん、猟の犬でも放しちょったがを捕ったらなかなか返してくれんかっとう。

(6) 犬を育てる

① 子犬は上犬がええ

子犬の中では上犬《うわいぬ》がいちばんええ。子犬たちが寝よる中でいちばん上になったつう（という）犬がいちばんええとした。上へずんで（腹這って）寝るがいちばん見込みがあるとした。たいてぇの人が上犬を飼う。雄でも雌でもどちらでもよかっと。

子犬の時に子どもらとじゃれ遊んでいても、ええ猪犬になった。やっぱり猟犬は根性が強いね。

② 雌がええね

わしは雌を飼うちょった。やっぱり雌がええね。おぢ吠えに吠えるけん。それに雌の方がやっぱり根《こん》が詰《つ》む。止めんづくにごとごと（ゆっくり、じっくり）探して追う。そして長らく使える。

③ 種を取る

盛りがきたらええ犬と掛けて檻へ入れちょった。ええ犬の種を取っても育てるがは、たいてぇ一匹や二匹。注文があったら二、三匹飼うて太らせて分けてやった。昔は田舎やけん、犬をやったりもろうたりして、売るぢゃいうことはなかった。わしら知ってから、犬の売り買いをしだした。

④　偶然に育って高う売れた犬

わしとこは兎犬が育つとこぢゃが、偶然に猪犬が育つことも時々あっと。

ある年生まれた子犬が上犬ぢゃったが、普通の犬ぢゃと思いよった。その犬を欲しいと言う勝間の人にやった。その犬が猪に行きだして、偶然に出来た猪犬ぢゃった。

一日《ひとひ》山へ行て晩方に戻りよったら、その犬が猪の寝巣から猪を追い出し、吠えて止めちょったけん一匹撃った。また、下でも吠えたてるけん急いで行たら、植田作太郎さんの罠に掛かったがを吠えよった。撃ったとこへもんてみたら十四、五貫ある猪やっと。

その犬は二年ばあして二百万円で値ように買うた人がおる。わしゃあ、売りどころぢゃない、猪が捕れるけん欲しいが。けんど、人の飼いよるもんぢゃけん、金が取れりゃ売らさんといかん。値段を問いに来たけん、その当時二百万円はするねえ言うたら、売ろう言うて、鴨川の人が買うた。

その犬を手に入れた鴨川の男は、わしを呼びに来て、わしが猪捕ることを教えとう。

⑤　ええ犬の特徴

その犬は耳は立っちょって、尾は巻いちょって左巻きがええ言うがのう。

四肢の先は、大体黒豆がいちばんええらしい。足を下に押さえる、毛の生えんとこの爪の下は白より黒いがええという話はしよった。

鼻先の色は気にかけて見んかった。口髭という顎の下の長い毛は問題にならん。

⑥　先犬には人間の食うええもんを

犬は放し飼いにはせん。犬小屋は日当たりのええとこで、小屋の中ぃ日が射し込むように作っと。犬の飯は朝夕二回やの。雑飯《ざっぱん》いうてざっとした（粗末な）もんを食わすのが普通やった。猟に行く者は三回食わしよった。わしらは、いちばん先によう吠えて猪を止める先犬には、人間の食うもんと一緒のええもんをやった。訓練いうては鳥犬《とりいぬ》以外は別にせんかった。猟期の間だけ世話しとう。

⑦　生け捕りした猪で練習

生け捕りした猪で練習させる人がおった。猟師ぢゃ何人もおらんが、中山萬太郎さんは犬で捕りよったけん、やりよったが。

猪の口をくくって練習させせと。練習させたら猪によう行くということは、人間に度胸が出来るように、犬に度胸が出来ら。けんど、度胸が出来るがと出来んがとある。

⑧　猟の褒美

猟の褒美《ほうび》には料《りょう》る場で猪の身を食わした。身は犬がよう働くし、力もつきやすいと思うた。他の犬には、腸や胃のわたをやった。犬は臓物で喜んぢょる。その区別を犬は分かっちょっと。犬への褒美はその時よ。料る人にもよったが、たいてぇわしが料ったけん、わしがええようにした。

⑨　ええ猪犬は絶える

猟師が一代で当たるええ犬は大体二、三匹か三、四匹ぢゃねえ。

ええ犬をもろうて飼いたてた（育てた）がもあっと。もろうたら、独り立ちできるようにだいじょうに（大事に）飼うて太らせとう。ええ犬は掛け合わせて種を取らね。

大体、ええ猪犬は何代も続かん。猪に切り殺されて二代か三代かで絶えることが多かっとう。

(7) 犬の埋葬

猪に切り殺された犬は山に埋葬したり、家《うち》で藪なりに丁寧に埋葬したりした。その山で埋葬する時には、木を尖らせて穴を掘っていけた（埋めた）。ええ犬やったらいけた上へ角な石や丸長い墓石を載せ、掘り出せんようにした。なるべく平たい太い石にした。

わしらのとこにはなかったが、誤って撃ち殺したような犬も、山なり藪なりに丁寧にいけた。家で死んだ犬も同じように藪へ墓をこしらえた。犬は死期を悟るね。

ジステンバーが出来たりして病気で死んだ犬は、外へ出さんように深い土中へいけた。水葬にするがもあった。首をくびって重しの石をつけて水の深いとこへしめ（沈め）こんだ。

人知れず死ぬ犬もあっと。ええ犬は死んだ体を見せんと言いよった。よくあったことよ。

2 山犬と野犬

(1) どす声の山犬、かんな野犬

山犬のことをここらぢゃ野犬《のいぬ》、野犬といいよった。人によっては山犬という人もおっとう。野犬も山犬も狼のことよ。

野犬は昔、大山《おおやま》におったぜ。川奥という大山におった。雪の降った時に、おお、こりゃ野犬が通っちょるねえ、と分かりよった。山を駆けまわりよるけに拳《こぶし》が、足の握りが太かっと。

遠吠えいうての、そらぃ向いて鳴いた。一所（同じ場所）ぃ来て何回も詰めて鳴いた。

山犬と野犬は遠吠えの声が違う。山犬はながしゅう鳴いて、声はどすい（太い）、どす声（だみ声、どら声）よ。野犬の遠吠えは、短うて声がかんな（神経質で激しい）と言うて、甲高い、あかい（明るい）声で、よう響く声やっとう。人間やち、そういう女の人の声はうんと遠くまで響くやろう。そしたら家の飼い犬も鳴いとう。

(2) 野犬の体型

① たきが長く拳が太ぃ

野犬は大型の柴犬ばああっと。たき（胴体）は長い。たきに比して足が短うて拳が太かった。口が切れ込んでやせちょった。犬が五尺あったら野犬は六、七尺あるもんが多かった。雪が降ったら山をうんと回りよった。兎を追うたりして夜回りしよっとう。

大雪の時、山奥の雪の上の足跡から、足に蹴爪《けづめ》があり、拳が犬よりずっと太うて、歩くにとゆうに（大きな歩幅で）歩くと分かる。足跡の間隔があるということぢゃね。昭和十年ごろまでは足跡を見た。

② 野犬の食い残し

猪や鹿の食い残しを、「野犬の食い残し」と言うた。太い鹿らになったら食い残したけんねえ。いちばん最初に食うとこははらわたぢゃった。足は食うちょる。皮を剥いで肉を食うて、食いきれん胴体や骨のとこや頭を残しちょる。後から食おうと残しちょる。

何が食うたかは雪の上の足跡で分かった。罠の猪を熊が食べちょることもある。それも地へ残っちょる爪で分かる。

野犬の食い残しを取ってきて食うてまわる人がおったが、烏が行たり飼い犬が行たりした後に人が行くがよ。その人のとこへは野犬が来たね。山犬はなお来とう。取って食わにゃいかんけん。

③ 野犬の水掻き

猟師に追われたら野犬は川でも泳ぐ。見たことはないけんど、川を渡って逃げと。野犬には水掻きがあると言いよったし、実際あったにかわらった（にちがいなかった）。

それが雪の降ったおりに分かっと。足跡で、水掻きのあるがの大けながあったら、わしらはこれは野犬ぢゃねえと言いよった。

③ 寝 巣

野犬の巣というもんはない。寝るとこを岩の下や、木の根の下にこしらえちょった。雪が降った時足跡がそこぃ入っちょったけん分かった。野犬は足が太いけんね。

(3)　野犬の子を飼う

①　人付き合いのわりい犬

めったにおらったが、野犬の子ぢゃ言うて飼いよった人があった。猟にうんと行く言うて飼いよっと。そりゃ野犬の子ぢゃけん、自分で猟をせにゃいかんけん、猟に使うにええ言うて飼いよる人がおったね。

野犬の子は山におったね。そりゃ野犬ばっかりが交尾したがぢゃない。野犬と部落に飼いよる土地の犬（地犬ともなろ犬ともいう）が山に入った時に交尾して、半《はん》（混血）のがが出来たがぢゃねえ。猟好きな人がその子を飼いよった。勝間川や勝間川の奥の川奥山へ行く人らが見付けて連れてきて飼いよったが、あれは人付き合いのわりいもんぢゃった。

②　指の間に水掻き

その犬に、水掻きがあっと。全部の指の間に水掻きがあっと。親になってもあったね。水掻きのあるがは、泳ぐ系統の犬よ。大体はあったかのう。けんど、みんなに付いちょるわけぢゃなかった。水掻きのないがもあっとう。

地犬にも水掻きのあるがある。昔からの地犬にわりあいある。今りゃ、外国の犬と交配して混じってしもうたが、水掻きのあるがもあるね。

(4)　野犬と罠

① 罠の猪を食うて毛ごし糞

野犬はようけおったけんど、あんまり捕らんかった。わしは捕ったことはないけんど、食われた鹿の骨の様子や糞に混じる鹿の毛の様子で野犬、山犬がおることが分かっちょった。罠に掛かった獲物を食われた時でも、その周囲にしちょる糞で何が食うたか分かっと。昔はうんとおったけん、野犬やら熊、狐、狸らあが食うとう。山犬が罠の猪を食うたら何ちゃ残さな。みなきれいに食うてしまう。雪の中ぃ毛ごし（ごと）糞をしちょるけん分かっと。

② 罠に掛かる野犬

ハシリへ罠を掛けちょったら、野犬をくびっちょることがあった。野犬はどこでも通るけん、ハシリも通ることがあるけん、罠に掛かるがよ。野犬ぢゃ思うがを二、三匹取って捨てと。野犬も犬の類やけん肉も食わず、毛皮も使わんづくに捨てとう。だんだん（ぼつぼつ、次々と）猪罠にくびれて死んぢょることが多かったけん、野犬がおらんようになったがぢゃないか思うのう。

戦前は野犬も野良犬もうんとおった。野良犬は、飼いよる人が捨てたがぢゃねえ。

③ 野犬は口の切れ込みが深い

野犬は口の切れ込みが深うて普通の犬と違うことが分かっと。歯も太い。うちらの犬は口が短い。それに、罠に掛かった野犬は死ぬまでに口の届く辺りの木をうんと噛まあえ。飼い犬はそんなことはあんまりせんね。

奥山には野犬の骨、牙、爪などもあったがそのままにしちょった。

●「野犬がよう鳴くとこがあっと。勝間小学校の対岸あたりやったけん。勝間ぼきとも、勝間のほきとも言うた」（今は国道が抜けている）

(5) 野犬の遠吠え

① 人間から逃げる野犬

野犬は人間を見たら逃げたね。昔、猪追いに行きよった時、猪を追うがに犬を放したら野犬がおることがあった。野犬は猟犬と喧嘩して逃げとう。野犬はえらい（強い）ことはえらいけんど、猟犬は数が多いけんねえ。

そうして、向こうに行たら、オーオーオーオーと遠吠えをしとう。人間を怖いと思うちょるがやねえ。そんで、友達を呼ぶがやろう。鳴き声がかんなけん、わしらは、「おお、野犬がおるのう」と話しと。

遠吠えは、鳴き声は飼い犬と同じやけんど、口をそらの方へ上げてうんと長いこと鳴かあえ（鳴くよ）。その遠吠えを聞いても牛馬がおぢたりはせんかったね。

② 野犬の鳴くほき

野犬は人家《ひとや》のにきでは吠えんづくに、人けのないとこでそらい向かってよう吠えとう。野犬がよう鳴くとこがあっと。鵜の江の上のほきいう一所へ来て何回も詰めて鳴く時もある。ウォーヨーと長く引っ張る時も、ウォーィというがもあった。そういう時は、人が死ぬかちょっとふさい（不吉、不幸）なことがあると言ぃよった。

昭和十年ぐらいまでの、あんまり自動車の通らん時に、鵜の江の上の道路で、川のそらぃ道路を広げちょったとこで鳴きよっと。鵜の江と久保川の両部落の間の鵜の江よりのとこで、勝間小学校の対岸あたりやったけん、勝間ぼきとも、勝間のほきともいうた。

野犬は上へ向いて鳴くけん、上へはうんと太うに聞こえるけんど下へはあんまり聞こえんもんぢゃった。勝間のほきの道路で鳴く時は、ちょうど学校の方へ向いて鳴くけん、勝間の人には直接耳へ入って「犬鳴きがわりぃ」と言うたがよ。けんど、久保川の上の端（集落の北端）まではきれいに聞こえることはなかったね。ほきで鳴くがは要注意やっと。

＊ほき――（崖）山腹のけわしいところ、がけ。（『広辞苑』）

③　人の悲しむような鳴き方

夜暮れて戻りよったら、野犬が鳴きよることがあっと。野犬の遠吠えいうて、山の奥でうんと大きな声で鳴くと遠くまでようとおる。それを聞くと、「ああ野犬が鳴きよるねや」と話した。

大体言うたら、ふじょうという鳴き方をしたねえ。それは人の喜ばんことの、悲しいような、人の悲しむような鳴き方をしとう。そんなことがちょいちょいあっと。

野犬はようとおるきれいな声やけんど、夜にモマ（ムササビ）を撃ちに行った時、にきで聞きよったら唸りよるような声やっとう。

④　岡吠えには人が死ぬる

昔は、野犬が二晩か三晩詰めて遠吠えすると、「ああ、また人が死ぬる」とここらの部落で言うと。そうしたら実際その通りに、二、三日うちに近くで人が死んだということを聞いた。迷信のようでもあったが、迷信とばかりは言いきれんかっと。

死ぬるがはそのほきだけぢゃない。鵜の江か久保川か勝間かの誰かが死んどう。

その時は、そりゃ長いこと鳴いた。難儀なような、寂しいような声やった。それを聞くと、野犬が人間の辛さを考えて自分も辛いというような鳴き声ぢゃいうことが、聞くもんにもきれいに分かっとう。それを岡吠えともいうた。死ぬる前から鳴いて、そんで不思議なように言いよっと。

＊イヌノオカボエ――愛媛県北宇和郡で、犬が岡吠えすると大漁があるか死人の出る前兆という（『民傳六ノ五』）。（『改訂綜合日本民俗語彙』）

＊オカボエ――犬の岡吠え。夜更けに首をかしげて悲しげに長吠えすること。火がたかぶる、火事があるなどいい、凶事の前兆とする村は多い（『土佐史談七七』）（同上）。

⑤　犬鳴きがわりい

犬の遠吠えを「犬鳴きがわりい」と言いよった。犬鳴きでも「勝間ぼきで鳴くがが、いちばんわりい」と言いよった。烏鳴きがわりいと同じことよ。

犬鳴きは、わしら中年時代にうんと鳴いたね。昭和十年ごろぐらいまで聞いたのう。

昔の人らが、こういう鳴き声に気を付けて、こうした人がこうなったと経験を積んで、言い伝えを

●大分県と宮崎県の県境にある祖母・傾山系にて（二〇〇〇年七月、西田智氏撮影）

残しちょる。昔の人らが長年試したことを言いよったがよ。これはなんぞあるぞと気をつけちょったら、不意死にしたとか、怪我をするとか、命にかかわる事件に巻き込まれることとがあっと。

昔は、こういうことでもないと試しようがなかった。今りゃ、放送でいろいろ伝えられるけん分かるがよ。

(6) 九州の山犬（二〇〇〇年末に新聞各紙に取り上げられた犬の新聞写真について尋ねた。二〇〇一年一月）

これが日本狼かという写真かえ。こりゃ狼の尾をしちょる。おばち（尾）が太うてとぎらんづくに（尖らずに）丸い。胴が長いけん歩幅も広い。山を広う歩く関係で、足が太うて歩幅が大きかっとう。口が太い。耳が土佐犬の耳ぢゃねえ。やぱり山犬系統ぢゃねえ。日本狼ぢゃねえ。

昔、そういう足跡があっとう。捕ったことはないが、そういう犬がおっとう。滅多におららったが、昭和十年ぐらいまではおったのう。それから先は兵隊に取られたり、そんな遊び役はしよれらった。うちの仕事も考えてせにゃいかん時期になっちょっと。

(7) 続・九州の犬（西田智氏提供の八つ切りのカラー写真について尋ねた。二〇〇四年一一月）

① あいの犬

こりゃ野犬《のいぬ》にも似いちょるけんど、ここらのセバート（セパード）に似いちょるが、こりゃ。おばち（尾）が短いわ。これが上へ曲がっちょったら野犬ぢゃけんど、口も野犬ほど切れちょるしのう。口が切れちょることはええが、こりゃあセバートとのあい（雑種）ぢゃのう、おばちが切れちょるけん。上へ曲がっちょったら、上へ巻いちょったら野犬よ。山犬よ。野犬と山犬とは一緒よ。（走る姿の写真を見て）走るに野犬に近い。ああこりゃ、セバートとのあいぢゃのう。おばちで分かる。

普通に歩いても野犬はおばちの先が上がっちょらにゃいかん。こいように（このように）下へ向いて行く時は、人にも掛からん静かな時ぢゃ。これが怒った時は、歩きよったちおばちがそら（上）へ向いちょるけん。

② うだきで構えて遠吠え

前のうだき（前足と胸）もええしのう。野犬《のいぬ》のうだきよ。口も切れちょるが、セバートはこのくらいまで切れちょらえ。野犬はまっと（もっと）耳の下まで切れちょるけん。

遠吠えする時にゃ、たいてぇ曲がり角におるがのう。そこで止まって、いつでもうだきで掛かれるように構えて、そらぃ向いて吠えよら。すべての、犬が来ても、他の障害物が来ても、こっから後ろ足で立ち上がって、ここでうだきで構えよら。後足で踏ん張っちょって、立ち上がっちゃ、鳴きよら。ホーイホーイ言うて。

うだきは、やで（腕）が、前足がそらを向いちょら。いつでも自分の思う体勢に掛かれるようになっちょら。めったに見たことはないけんど、昔はよう見よったのう。このおき（川に面したところ）の勝間ぼきへよう下りて来よったのう。

遠吠えする時はのう、おごっちょる（怒っている）けん、この前のうだきらが変わらあえ。変わるということは、足を両方上げちゃあまた下ろしてのう。

そんで人が棒でも持っちょったら、おごって人に掛かるけに持っちょられな（持っていられない）。これが遠吠えしよったら、他ぃ棒を置いちょいてにき（近く）へ寄らにゃいかん。

③　野犬はもっとやせちょる

首は太りすぎちょるのう。野犬《のいぬ》はもっとやせちょらえ。これは合犬《あいけん》ぢゃけん胴が太いわえ。これが野犬ぢゃったら、山犬ぢゃったらもっとやせちょらないかん。耳はええ。こればあ立っちょるががええ。野犬系ぢゃ、こりゃ。目は十分からんけんど、まあええのう。おごってものに掛かる時は鼻のとこへ皺が寄っちょら。

これらあ面《つら》がうんとやさしいわ、他の野犬と比べたら。前のうだきも太いし腹も太いわ。こりゃ完全に合犬《あいけん》よ。

④　野犬は鹿を選って追う

野犬《のいぬ》は山を駆け回るに速いけんのう。夜なり、夜明けなりに獲物を追わにゃいかんけん。朝方でも鹿でもよう追い出して来らあ、これが。昔は鹿をうんと選《よ》って追うたねえ。一匹で追う場合も二匹の場合もあったが、たいてぇ追いはじめも追いじまいも一匹ぢゃのう。一匹が食い殺す。

どこち（どこを食うかと言うても）、こりゃもういごかさん（動かさん）ように背中でもどこでも手当たり次第に食うけんのう。野犬は直ぐに弱るようにどこでも深うに食わあ。鹿は角が付いちょるけん、わりあい頭の方はやらん。はぶん（半分）から後の方を食わあ。野犬が食うた後は、鹿なんかは首の方が食われちょらあ。

⑤　野犬と山犬

野犬《のいぬ》と山犬とは多少違うね。鳴き声も犬の相も多少はちごうたのう。山犬は毛がちょっと長いね。野犬はかんに（気性が激しく）鳴くねえ。山犬、これもよけ違いはない。なろで回り角のようなとこで、どっちも見えるようなとこで鳴きよら。遠吠えしよらあえ。山犬は山で追うたち、逃げて人の目にかからん。

野犬はやっぱぁなろへ出てくるね。餌が多いけん。人の犬にやっちょる食い残りらあを食わあ。飼い犬もあれらががいなことを知っちょるけん、うんと噛まれるけん、おる時にゃ避けちょるけん。ここらのなろいうたら、人家の端で学校までをいうと。

わしが見たがは、主に野犬を見たがよ。山犬も見たけんどね。野犬はなろ犬に馴れ合うが、山犬はがいながちがう（非常に粗暴な）けんのう、なろ犬は山犬の雄とは一緒に回らな。山犬が喧嘩仕掛けるけん、直に喧嘩になるけんのう。

山犬と野犬は違うと言いよったけんど、体付きはちがわなえ（違いはないね）。一緒よ。両方とも狼よ。山におるけに野犬になるわけよ。狼も山におらえ。
昔の狼は野犬《のいぬ》のことよ。山犬のことよ。おんなしいわえ（一緒よ）。めったに食わんけん胴がやせちょってなごうて、足跡がとゆうて（間隔が遠くて）足の握り（拳）が太いわ。うだきがちがわあえ（違うよ）。やっぱぁ野犬が山犬になるがやね。山でびっしり暮らしよったら気性も違うね。その子が出来、子が出来して山で増えたがよ。山犬なら歩幅がといい（遠い）わ。長いわ。普通の犬が一尺なら二尺。なろ犬が二尺跳ぶなら三尺ばぁ跳ぶね。

⑥　あい犬の猪犬

これは太ったが。これらあ、あいぎゃね。やっぱぁなろ犬に掛かったがぎゃね。野犬《のいぬ》とも掛かるけんど、野犬との掛かりぢゃないのう。

これらあはやっぱ、山犬でおってなろへ出てきて、なろの雌《めん》をたんねて掛かってあいになったがぢゃね。これのおとう（父親）がなろ犬に掛かってこれになったがよ。こればあ太いがになったら猟犬にゃ太すぎるけんね。

昔は猟犬にも野犬を使いよったぜ。やっぱぁこれとおんなしようながぢゃ。営林署の林区《りんく》（営林署員の呼び名）が種を取って飼いよっと。野犬のあいになったらなかなか猪に行くけん。猪犬ぢゃけん飼いよっと。

種を取るち（取って）のう、こういうがの種取らして練習して、普通の犬にならすようにしよる人がおるけん。なろ犬の雌に掛けるがよ。こんなあい犬ぢゃったら下りてくらあ。野犬もこれらも下りてくらあ。

⑦　馴れ合いになって引っ付き合う

種は置いちょいたら、じいっと（だんだんと、少しずつ）馴れてこにゃあ。向こうもこっちゃの地の犬も盛っちょるがぢゃけん。（相手を）呼びたいけん。自然にずうっと馴れ合うて、引っ付きあおう（くっつくだろうよ）。里へ下りてくる野犬はめったにないが、そうなったら多少あい犬になっちょら。あい犬になっちょるがが下りて来らあ。

ほんであらの（なろ犬の雌と接触してない）野犬《のいぬ》ぢゃったら食い合いするけんのう。なろ犬が寄せつけなあ。けんど、あらの野犬も何回も来よって、それで一緒になるがよ。

片一方（野犬）は食われるけん用心してやっぱぁがいに構えちょる。片一方（なろ犬）は寄せつけんと、またがいな（乱暴な）目に合うけん、寄せつけるようにしちょらあえ。けんどねえ、やっぱじいっと普通の犬みたいに馴れ合いになってくらあ。あれらも一緒になるがに、夫婦になるがに長いことかかるけん。

そうしたことは盛った時でないと分からな。人間には分からんけんどのう。あいとら（あいつら）にゃ匂いで分かっちょるけん。どうして仲ようしよるか分かっちょる。盛っちょるけん、すでに両方が馴れ合いにならあ。いっぺん馴れ合いになったら、何べんでも下りて来るね。

（その犬は）山へも帰るけんど、猪でも鹿でも追うたらね、なろの犬と一緒になってそっち追わえ、こっち追わえしよる。そうした間に仲ようなるがよ。なろの犬も昔は放し飼いぢゃったけん。

猟犬は放さんけんど、つないぢょったち一緒よ。たかで（まあ）とんで（まったく）寄せつけんけんど、発情期が来たら雄《おん》を欲しがるけん。

ここらぢゃ、他の犬には雄が二、三匹付いてまわりよるがのう、野犬《のいぬ》と一緒になったがにはよう付いてまわらんけん。野犬と仲ようなったなろ犬のとこへは、食い殺されるけん、他の犬は寄りつかん。こりゃ野犬が来てうちの犬を連れてまわりだしたよと思うたら分からあ。他の犬は寄りつかんけん。林区がそういう雌犬を飼いよっと。たいてぇ毎年掛かりよったね。

野犬は兎らあも直に捕らあえ。大体分けて食べるが、それればあ仲ようになったら、そいとに主《おも》食べらすけんのう。それは、犬飼うたもんでないと分からな。

⑧　犬の正体

この犬は野犬《のいぬ》の掛かりと言やあ、野犬の掛かり（あい）よ。野犬の掛かりぢゃないかもしれんが、犬の正体が野犬ぢゃやけん。すべて犬を見たら直ぐ分から。こりゃ。けんど、山ですたっちょる（捨てられている）野良犬かそれとも野犬か、そこのみさかい（見分け）はなかなか分からんね。

山犬、野犬は構えが違う。こういういつでも喧嘩のできる体勢でおる。これらは何時《いつ》でも来い、と思うちょる。山犬と野犬とは、これが遠吠えしよる時は他のがはよう寄りつかなあ。

この犬もいつでも喧嘩のできるように構えちょら。これの吠えよるとこへ行て、てごろかしよったら、直に噛まれらぁ。「てごろかす」いうたら、やっぱぁこいつの愛している雌《めん》を取ろうとしたらね。

⑨　太い拳でグッス、グッス

狼の仕種は普通の犬の仕種とは違わあえ。山を回ってもパサーンパサーンと、人に近づこうが何に近づこうが、跳び方が違わあ。音が太いわ。犬も太いが、音が太い。歩く音も太い。

これ（写真の犬、三二六頁）がのう、本当の山犬ぢゃったら、握り拳みたいにこれから下が太いわ。犬に蹴爪《けづめ》があるが、蹴爪から下が太いわ。この犬もあんまり小さいこたぁはないけんどのう。ちょっとこまいわ。野犬は雪が降った時にグッス、グッスと踏んで行くが。わしら後を付けて見ちょるけん、雪の中で分からあ。

二　猫と山猫

1　家猫の祟り

猫も殺したらいかんという人がおった。猫を殺したけん頭の毛がなしになったつう人がおった。下《しも》の方の男が魚を食う猫を殺したけん頭の毛がなしになったと言うて、まこと毛がなかった。けんどそんなことがあるか。猫にそんなことがこたう（できる）なら、言うことあるかえ（恐れ入って何も言うことはない）。わしは、猫がどこでも歩きまわるがが嫌いで、ハサミ（罠）で捕って頭を割って川へ放り込みよったけんど、どんな祟りもなかっと。

2 山猫の消滅

(1) 毛色、姿で一目で分かる

山猫は勝間川にかけてこの一帯におっとう。猫とよけ変わらんけんど、毛色、姿で一目見たら分かった。虎毛みたいな毛をしちょっと。毛色はきれいなもんはおらんで、灰色の縞の毛色で、普通の猫よりは横縞のもんがよけおったね。

盛った時やろか、ちょっと甲高い声で鳴くことがあっとう。

小鳥をむしった跡がうんとあって、こまい骨に毛が多少混じる小鳥の糞をしちょった。糞の毛で兎を食いよったがも分かっと。

(2) 罠でうんと捕る

戦前から戦後のころ罠が流行っちょって、うんと罠をしちょったら、山猫がうんと掛かっと。猪捕りのワサぢゃのうて、コワサいうて兎や山鳥を捕る真鍮のワサやった。今ぢゃ鳥類は罠では捕られんけんどのう。

山猫がワサにくびれて死んぢょったらそのまま捨てた。生きちょったら、後々罠に掛かって猟の邪魔になるけん、叩き殺して山へ放り込んだ。大物《おもの》川の下の谷のとろではようくびれよった。大けなもんも、こんまいもんもあっとう。とろは水がのろやか（緩やか）に流れよる淵になったとこぢゃ。

山猫はエバサミというもんでようけ捕った。餌の魚くわえて引っ張ったら、猫の頭を挟むようになっちょった。餌は腐りにくい鰻らあを使うたね。

なし（なぜ）捕ったかいうたら、人が罠で捕っちょった鳥らあでも文柱の木に上って取るけんねえ。そういうもんを取り除けるようにしたがよ。

(3)　山猫のハシリ

山猫のハシリは兎も同じやっと。こまい獣は谷や山の畝の窪いとこをみな一緒に通りよっとう。狸も外国から入ったハクビシンらもそういうとこを通るね。

山猫は昭和天皇が亡くなるころまではおったけんど、今ではほとんどおらん。

終わりに

惜しいことをしたと思う。翁と共にさまざまな山猟や川漁を経験できる機会がいくらでもあったのに、仕事に追われるままにその機会を失してしまったことだ。

田辺竹治翁と出会ったのは、一九六三（昭和三十八）年夏のことだった。勝間神社の祭神、勝間兵庫のことを調べに勝間の地を訪ねて翁に出会った。堂々とした体躯。日本一の猪猟師としての自信に溢れていた。

二十数年ほど前からぼつぼつ、猪のことや赤米のことなど、その時々に興味を持ったことについて翁の話を聞くようになった。猪猟の話は尽きることがなかった。実体験に裏打ちされた翁の話は、その語り口とともに引きつけられるような魅力がある。当時は、時間が取れたら山口県での翁の猪捕りについて行ってみたいと思いつつ、自分の趣味のために休暇を取ることには抵抗感もあって実現することなく終わってしまった。

翁は現役を引退しても暫くはゲートボールに熱中していたが、十年ほど前から家に落ち着くようになって、そのころから聞き書きをはじめた。やがてその他の鳥獣の猟についての話になり、近年は川漁の話になって、これがまた、尽きることのない話となった。翁はありとあらゆる動植物と森羅万象についての知識と哲学を持つ博物学者のようにも思われる。

会うたびに、新しい話題へと展開する。問うたびに、豊かな、広がりを持つ答えを返してくれた。それは、視野の広い、奥行きのある人生を生きてきたからではないか。翁の心中には人生や生活や仕事のそれぞれの場面が鮮明な映像として記録されていて、それを生き生きと語ってくれる。そして、同じ話について確認してもほとんど振れることがないどころか、その話がさらに広く深く展開してゆく。翁の話からは、二〇世紀前半の豊かな自然の姿と、その後の変貌をうかがい知ることができる。

翁はきわめて合理的な思考の持ち主である。そうでなくては、無数とも言える獣たちを仕留めることはできるはずもない。それに翁自身が古い狩猟伝承を迷信だと否定していたので、古い時代の狩猟のことは聞き出せるとは思っていなかった。ところが、翁が九十歳を過ぎたころから、弓矢の猟や落とし穴などのことも詳しく語ってくれた。古い狩猟の姿もかいま見えたように思う。

翁の体を通した、実体験を通して刻みこまれた記憶は朽ちることがないように見える。狩猟に打ち込み創意工夫を凝らしていくと、いくらでも知恵が湧きあがったという。現代の教育が体を動かさずに、体験から切り離された知識の教育に偏していることは、あるいは人生そのものの豊かな根を育てないことになるのではないか、点を取るための知識はたちまち忘れ去るもので、豊かな人生を共に生きてゆく力にはなりにくいものではないかと思われてくる。

それにしても、松山義雄氏『狩りの語部』（正・続・続々の三部作、法政大学出版局）などの知識しかない素人の質問によくぞ丁寧に教えてくれたものだと思う。もし、専門の研究者であればどれだけ多くの成果があったか分からないと思う。それでも、優れた猟師が狩猟というものについて語った内容は、さまざまな角度から利用できる資料になるのではないかと思っている。

(1) 人獣交渉史として

田辺竹治翁の語りは、二〇世紀の四万十川流域において人間が獣とどのようにかかわってきたかという観点からも見ることができる。

この百年は、日本人自身が歴史の奔流の中でもがいて生きてきたのと同じように、動物たちの世界もまた厳しい試練を受けてきた。世界大戦によって毛皮の需要が増大して狩猟圧が高まった時代もあった。やがて日本の隅々にまで貨幣経済の波が押し寄せ、金になる獣たちが捕らえられ、金にならなくなると放置された。また、生存に必要な山林が、戦後復興や経済成長の中での伐採や開発のために狭められただけでなく、残った自然空間も奥山まで人工林へと大きく変質させられてしまった。かつて山奥に潜み棲んでいた獣たちは、食物を求めて里に出没する有害鳥獣となっていった。

その間に戦前には、山犬とも野犬とも呼ばれた犬科の動物が消滅したようだ。西田智氏提供の犬の写真をめぐる翁の話からは、野犬、山犬という山に棲む犬となろ犬、地の犬という放し飼いの里犬とはさまざまにかかわり合い、時に交渉を持つような間柄だったことも分かる。翁の「正体が山犬ぢや」との表現は、現代人の分類による認識の体系とは別の認識の仕方をしていたことをうかがわせる。翁は犬の形態よりも気性や正体で分けている。山中で出合った犬が自分に立ち向かってくるか否かを瞬時に判断していたのである。しかし、その犬が野犬なのか野良犬なのかの識別もむずかしかったように話す。

戦後間もなくカワウソが姿を消した。昭和の時代とともに山猫もほぼ姿を消したのではなかろうか。一方では、朝鮮イタチやハクビシンが導入されて定着している。

(2) 田辺竹治翁の狩猟生活

翁の狩猟生活は実に桁外れともいえよう。特に、猪猟においては彼自身が日本一の猟師と自負しているように、生活のために仲間と共に猛烈な数の猪を捕獲してきた。

翁は古い時代の狩猟観と古い信仰を受け継ぎつつ、新しい時代に変えていった人物である。故千葉徳爾氏が調査した西日本の猪についての伝承の多くの部分(『狩猟伝承研究』風間書房)を翁一人で経験しているように思われる。

千葉氏は『オオカミはなぜ消えたか』(新人物往来社)の中で「日本人の微かな伝承的狩猟行為の中にも、人類共通の原始以来の文化の一部が存在し、それを研究できることになる。また、われわれのそれが、日本という自然的にも社会的にも特別の環境の中で、どのような変容作用を受けているかについても、知るための手がかりが得られよう」と述べている。

翁も青年時代は、古くからの伝統的な狩りを受け継ぎ、山の神を祭り、アカビを避け、猪の分配も撃ち止めた者に首車（頭）を与えるという伝統的なものに従っていた。また蜘蛛をマシンとし、人間にとって最も恐ろしいものとしていた。そして翁は、アカビの身で山に入ってマシンを退治した女猟師おかねの勇気を繰り返し語ってくれた。そこには、そのような古い世界を克服した翁の心の過程が投影されているように思われる。

そして、彼が猪猟をリードするようになった時代には、労力に合わせて平等な分配をするようにしたという。古来からの狩猟仲間の分配の平等性をさらに強めたことになる。次第に貨幣経済が浸透してきた時代のことである。戦後の日本社会の平等な分配という社会原理と軌を一にしているように思われる。その根底には、非常に古くから続いている共同体原理が働いていたように思われる。

また、彼が山口県での猪猟で、捕獲頭数とその体重、日々の金銭の出納について正確な記録をつけ、きちんとした金銭管理をし、平等に分配しているところにも、かつてのリーダーの姿が重ね合わされよう。

(3)　田辺竹治翁の獣観

翁は、動物たちの鋭い五感を知り抜き、それをしのぐ知恵と度胸で彼らを数限りなく捕獲してきた。しかし、奥山の造林で彼らの食べ物がなくなって人家の側まで食べ物を求めて来ることには大いに同情している。

一晩に何俵もの米を食う猪に対しては、盗みをするようなもんは頭がよくて用心深いと、人間になぞらえたとらえ方をしている。さらに、逆上して犬に向かう猪を自分の性分に近いと言い、さっさと逃げて生き延びるものを賢いと言う。

「人間の祖先は猿ぢゃ」と昔の人が言ったという。あるいは、進化論が瞬く間に四国の果ての狩人にまで伝わったのかもしれないが、それはもともと知恵を持つ獣を人間と等しく思っていたからこそ受け入れたものであろう。古い猟師たちが、猿の殺生をためらったり避けたりしたところにもそれは見てとれる。

しかし翁には、猿を殺すことへの抵抗感はない。まったく意に介していないと言い切る。仏教の影響も認められない。そして「猿の知恵もなかなかのもんぢゃが、人間の仕掛けたもんに掛かるけん、すべての動物のうちでは猿の方がもっととろい（愚鈍だ）」と言う。

その一方で「あれら、山のものを食べることについてはわしらよりすべてに知恵がある」と話す。傍らから夫人の米子媼も、そうした獣たちを「鹿から猿から山の人は何が食えるかよう知っちょる」と言い、「何ぢゃち（どんな獣でも）りこい（賢い）がもそうでないがもある」と話す。それを受けて、翁は「猿知恵いうてりこいがもある。わしらみたいな馬鹿ながもある」と冗談を言う。人間と獣との間に線を引いていないし、獣を軽視することもない。下流の手洗川集落に育った米子媼の「山の人」という呼び方も印象的である。

翁はまた、人間と獣は肉体的にも違いはまったくないと言う。「人間も獣も内臓は似いちょる。鹿や猪と人間に違いはない」と話す。そして、千匹供養は命あるものの供養、人間の法事にあたると言う。

(4) 百姓——古くから続く山民の生活形態

翁は自らを「百姓よ。昔は、百姓いうとう。土百姓いうて、いまだに鈍な」と言う。翁と共に生きた猟師たちもまた農業が生活の基盤だった。だから、翁は自らを「百姓」と言い、山猟や川漁に明け暮れた自らのことを「山行き川行き道楽もん」と言う。

堂々たる体躯。九十を越してなお衰えない筋骨は、四万十川の山と川という豊かな蛋白源があったからであろう。そして、酷使に近いほどの労働をし、体を使った狩猟や川漁に没頭してきた。そうした生き方が翁の抜群の記憶力の源ではなかったかと思っている。

鮎の産卵期だけは禁漁にしていたように、一年だちの鮎の増減に現れる川の生態系はわりあい早くから意識されたといえよう。それに対して杉、檜の植林の、山の動物や川や海への深いかかわりへの認識が遅れてしまった。それは、千葉氏の指摘したように、動物を自律的な存在と考えたために、かれらの生活への心配をしなかったためであろう。

古く、人間は森の民であった。その森を開いて都市を発達させ、森の影響を遮断してきた。山と森に住む人々は、しばしば時の政権に反旗を翻したが、その抵抗も近世をもって終わった。今や、山と森に生きる人々がもはや自立的な存在ではなくなってきつつある。そうした山人の消滅は、戦後、山々が杉、檜によって埋め尽くされたことからもうかがえよう。

さらに、経済成長によって生じた所得格差が山に住む人々を山から追放している。それに抗する力は少ないが、山を滅ぼして日本に明日はあるのであろうか。かつての山男の力の記憶を翁の面影にわずかに重ねてみたい思いにかられている。

山に比して漁師にはまだいささかの力が残されているのであろう。時に山と海を守ろうとしている漁師たちの活動が報じられることがある。本来、山と海と川とは一体のものだった。歴史の中で分断されてきた者たちが、共に山と川と海を守る時代の到来を祈りたい。

(5) 教育の課題

現代の大きな課題の一つは教育の問題である。子どもの現状から考えれば、子どもが十分に体を使うことと創造的な学習能力との関係は大いに意識されてよいと思う。

翁の生活では常に自分の目標がはっきりしている。仕事をなすための正確な見通しをもっていて、その実現のための計画と段取りが的確である。物事に熱中して取り組み、研究熱心で優れた観察眼をもっている。そして、そのために人々と協力したり、統率したりする力がある。一人一人の仲間の力を的確に見抜いており、しかもその成果を人々と平等、公平に分けようとする。

そして、その意思を伝える表現力があり、人々をしのぐ力量、大きなパワーをもっていた。そして、自らの人生を語って倦むことがない。使い古されたことばで言えば、みごとに自己実現できている。

翁の語りに登場する人々も、はっきりとした相貌を持って浮かびあがってくる。

おそらく、日本のむらの生活にはこのような人間を育てるさまざまな生活技術が蓄積されて、子どもの時から人々に——若者にも子ども同士でも——揉まれて大きく育つ、体とことばと社会生活の学習の環境があったにちがいない。

それは、現代社会のような官僚化した組織を守ったり、組織に従ったりすることによって豊かに暮らす生活や金もうけに奔走する人生とは無縁の生き方が、日本の各地にあったのであろう。語ることばが「民俗誌」たりうるような世界が存在していたのであろう。

そういう子どもの学習環境や社会生活は、次第に学校生活に取り込まれて知識教育に重点が移った。さらに、経済成長とともに受験教育が重くのしかかってきた。そのような中からは、とても翁のような、物事に熱中する中から生まれる創造力やパワーは生まれにくいのかもしれない。

また、翁が九十七歳にしてなお朽ちない記憶力は、脳を支える力がおそらく体に、筋肉にも骨にも蓄積されているのではないかと思われる。歩き、物を背負い、耕して、体を使う——筋肉を使う、骨に強い負荷をかける生活は、人間の歴史を背負った基本的な条件なのではないのかとも思えてくる。

子どもたちに体を使う実体験の機会を与えよう。それが、知識や知恵が定着し、体験が記憶として刻み込まれ、ことばが生き生きと生み出される原動力なのではないかと思われる。

なお、第Ⅱ巻「川行き」は、四万十川の鮎、鰻、スズキをはじめとしたさまざまの魚の生態と、翁が知恵を凝らし手と体を労して行なってきた川魚漁を紹介する。また、翁の観察した多くの小鳥たちの生態と巧みな鳥の猟についても紹介したい。そこはまた、民話の生まれ故郷でもある。
第Ⅲ巻「村らは万華鏡」(仮題)は、百姓仕事の話。若い衆《し》組の泊まり屋での生活から始まるむらの生活と人間模様。むらによって助け合って生きてきた個性豊かな人々。また、衣食住の生活と数多くの山野の植物の利用法。さらに、山犬などについての俗信の数々とむらの信仰の衰退などについて紹介したい。そこに、さまざまな挿話が折り込まれる。かつての地方の時代の生き証人といえよう。

最後になったが、このような時流とは遠く離れた聞き書きの出版を快諾してくださった法政大学出版局にはお礼の申しようもない。特に、このような趣旨の出版に深い理解をいただいた編集代表の平川俊彦氏と、地域のことばでの語りに深い理解を持って取り組んでくださり、このような端正な本として世に送ってくださった松永辰郎氏をはじめとする編集部の皆様に深く感謝申し上げたい。

二〇〇五年一月十一日

永澤正好

著者略歴

永澤正好（ながさわ　まさよし）

1940年高知県中村町（現四万十市）生まれ．東京教育大学文学部史学科史学方法論（民俗学）卒．元香川県高等学校教員．元香川県学校図書館協議会会長．高松市在住．小山学園愛育幼稚園顧問．日本風俗史学会，民話と文学の会，四国民俗学会，香川民俗学会等会員．
著書・論文に『四国の歳時習俗』（共著，明玄書房），「大力の女——土佐のお兼考」（『民話と文学』8・9号），「椿と小袖——椿の民俗学的研究」（『風俗』79号），「山男の系譜」（『国立歴史民俗博物館研究報告』第18集），「田辺竹治翁聞き書き」（『四国民俗』28, 30, 31, 34, 35号）など．

四万十川 I 山行き
〈田辺竹治翁聞書〉

2005年8月1日　初版第1刷発行

著　者 ©永　澤　正　好
発行所 財団法人 法政大学出版局
〒102-0073 東京都千代田区九段北3-2-7
電話03(5214)5540／振替 00160-6-95814
印刷／三和印刷　製本／鈴木製本所

Printed in Japan

ISBN 4-588-30031-8